Mailand
Zeit für das Beste

Highlights – Geheimtipps – Wohlfühladressen

Das ist der Dom… ein Spielzeug für Riesenkinder. Im mitternächtlichen Mondschein gewährt er noch den besten Anblick, dann kommen all die weißen Steinmenschen aus ihrer wimmelnden Höhe herabgestiegen und gehen mit einem über die Piazza und flüstern einem alte Geschichten ins Ohr…«

Heinrich Heine, Reisebilder 1826

Mailand

Zeit für das Beste

Bettina Dürr
Thilo Weimar

BRUCKMANN

INHALTSVERZEICHNIS

Die Top Ten	6
Mailand – die spröde Signora	8

UM DEN DOMPLATZ

1	Der Dom und seine Piazza	30
2	Palazzo Reale und Dommuseum	38
3	Das Museo del Novecento	42
4	Die Galleria Vittorio Emanuele II.	48
5	Die edlen Department Stores	52
6	Luxus im Modeviertel	54
7	Die Via Manzoni	62
8	Das Museo Bagatti Valsecchi	70
9	Das Museo Poldi Pezzoli	72
10	Die Piazza della Scala	76
11	Das Teatro alla Scala	78
12	Die Gallerie d'Italia Piazza Scala	84

VON BRERA ZU SANT'AMBROGIO

13	Das Viertel Brera	92
14	Brera: Pinakothek und Kunstakademie	98
15	Die Piazza dei Mercanti	106
16	Um die Piazza Cordusio	108
17	Pinacoteca Ambrosiana	112
18	San Maurizio al Monastero Maggiore	120
19	Das Museo Archeologico	124
20	Die Basilica Sant'Ambrogio	126

DAS KASTELL UND DER NORDEN

21	Das Castello Sforzesco	136
22	Der Parco Sempione	144
23	Das Triennale Design Museum	146
24	Studio Museo Achille Castiglioni	150
25	Die Via Paolo Sarpi	152
26	Der Cimitero Monumentale	154
27	City Life, Casa Milan San Siro	158

PORTA NUOVA UND PORTA VENEZIA

28	Das Piccolo Teatro	166
29	San Simpliciano	168

S. 2/3: Der Arco della Pace
Oben: Nicht nur zur Fashion Week begegnet man schönen Frauen.
Mitte: In Mailand stößt man auf exzentrische Architektur.
Unten: Mailänder sind neugierig auf fremde Speisen, so auf Schwedisches in der Brasserie Björk.

30 Von Brera zu Porta Nuova	170
31 Eataly und 10 Corso Como	178
32 Das Isola-Viertel	180
33 Die Stazione Centrale	184
34 Um die Porta Venezia	186
35 Casa Museo Boschi Di Stefano	192
36 Giardini Pubblici I. Montanelli	194
37 Villa Reale und PAC	196

PORTA VENEZIA – PORTA ROMANA

38 Das »Viertel der Stille«	204
39 Die Villa Necchi Campiglio	210
40 Um die Università Ca' Granda	212
41 Um die Porta Romana	216

VOM ABENDMAHL ZU DEN NAVIGLI

42 Das berühmte Abendmahl	222
43 Das Museum »Leonardo da Vinci«	228
44 Um San Lorenzo Maggiore	232
45 Um die Porta Ticinese	238
46 Die Navigli	244
47 »Design District Tortona«	250

AUSFLÜGE

48 Die EXPO 2015	256
49 Die Abteien südlich von Mailand	258
50 Die Gartenstadt Varese	262

REISEINFOS

Mailand von A bis Z	272
Mailand für Kinder und Jugendliche	282
Kleiner Sprachführer	284

| Kleiner Sprachführer | 286 |
| Impressum | 288 |

Oben: Mailand wartet mit vielen schicken Department Stores auf, hier das Brian & Barry.
Unten: Die Funde im archäologischen Museum geben Einblick in das antike *Mediolanum*.

DIE TOP TEN

DOMPLATZ (S. 30)
Den weiten Platz beherrscht der majestätische Dom, ein filigranes Meisterwerk aus Skulpturen und Türmchen, grandios ist der Blick vom Domdach. Ebenfalls an der Piazza befinden sich das reich bestückte Dommuseum, das Museo del Novecento mit der italienischen Kunst des 20. Jahrhunderts sowie Italiens schönste historische Einkaufsgalerie, die Galleria Vittorio Emanuele II.

»QUADRILATERO D'ORO« (S. 54)
Mit Gold ist hier die Luxusmode gemeint: In einem Quadrat aus vier Straßen – eine davon ist die mythische Via Montenapoleone – reiht sich eine Edelboutique an die andere, hier sind die großen internationalen Luxusmarken vertreten und natürlich die Flagshipstores der Italiener, allen voran Armani.

CASA MUSEO POLDI PEZZOLI (S. 72)
Typisch für Mailand sind die Case Museo: museale Wohnsitze voller Kunst, Kostbarkeiten und edlen Einrichtungen, das Erbe kunstsinniger Großbürger aus dem 19. und 20. Jahrhundert. Jedes in seinem ganz eigenen Stil, wie das prächtige Stadtpalais Poldi Pezzoli voller alter Meister.

PIAZZA DELLA SCALA (S. 76)
Den eleganten Platz flankieren das Teatro alla Scala, der weltberühmte Tempel des Melodramas, und das imposante Adelspalais Palazzo Marino aus dem 16. Jahrhundert, heute Sitz des Mailänder Rathauses. Weitere Palazzi an der Piazza beherbergen die sehenswerten Kunstsammlungen der Intesa Sanpaolo, Italiens größter Bankgruppe.

PINACOTECA DI BRERA (S. 98)
Im beliebten Innenstadtviertel Brera mit seinem Pariser Flair steht der Palazzo Brera. Seine mächtigen Gemäuer beherbergen die altehrwürdige Kunstakademie und eine der bedeutendsten Kunstsammlungen Italiens mit Meisterwerken von Andrea Mantegna, Giovanni Bellini, Raphael und vielen anderen.

BASILICA SANT'AMROGIO (S. 126)
Das spirituelle Herz Mailands schlägt in dieser alten Kirche. Mit ihrer Giebelfront und dem roten Backstein ist sie ein Musterbeispiel für die lombardische Romanik. In der Kirche findet sich das älteste Heiligenporträt überhaupt, Ambrosius in einem Mosaik aus dem Jahr 470.

CASTELLO SFORZESCO (S. 136)
Mitten in der Stadt breitet sich die Burganlage aus, einst die Wehrburg der Stadtherren Visconti, die höfische Residenz der Fürsten Sforza und heute Sitz der städtischen Museen. Einer der Höhepunkte ist eine unvollendete Pietà des großen Renaissancebildhauers Michelangelo. Hinter dem Kastell erstreckt sich der Parco Sempione.

TRIENNALE DESIGN MUSEUM (S. 146)
In der Stadt des Made in Italy gibt es seit 2007 auch dieses Designmuseum. Im Kunstpalast von 1933 im Stadtpark Sempione kann man die Klassiker der letzten 50 Jahre oder Ausstellungen der Avantgarde bestaunen. Gleich daneben geht es auf den Torre Branca mit dem schönsten Ausblick über die Stadt.

»ABENDMAHL« VON LEONARDO DA VINCI (S. 222)
In das Refektorium eines Klosters malte der große Renaissancekünstler, Ingenieur und Wissenschaftler Leonardo da Vinci die berühmteste Abendmahlszene der Welt. Gleich nebenan erhebt sich die Kirche Santa Maria delle Grazie, die als die schönste Renaissancekirche Norditaliens gilt.

DIE NAVIGLI (S. 244)
Einst war Mailand von Kanälen durchzogen, die die Stadt mit den lombardischen Flüssen verbanden. Der gesamte Handelsverkehr lief über diese Wasserstraßen. Ein paar Kanäle sind noch übrig geblieben, so der Naviglio Grande und der Naviglio Pavese. An den Ufern des Naviglio Grande liegt eine der beliebtesten Ausgehmeilen der Stadt.

Oben: Auf dem Motorroller kommt man rasch durch den Stadtverkehr.
Mitte: Das Selbstbewusstsein des bürgerlichen Mailand zeigt sich auch beim Dekor am Bau.
Unten: Mailand: jung, schick und modern.

Mailand – die spröde Signora

Mailand ist eine Stadt mit vielen Gesichtern. Auf den ersten Blick mag sie kühl und verschlossen wirken, ihre Bewohner unnahbar und ständig in Eile. Kein Wunder, ist Mailand doch die Stadt des Geschäftemachens, der Finanz- und Rechtsexperten. Die Stadt der Frauen, die ihre High Heels so trittsicher aufs holprige Pflaster setzen wie sonst nirgendwo auf der Welt. Die Stadt der Männer, die auch im Sommer in ihren perfekt geschnittenen Anzügen nicht schwitzen, während sie mit Stöpseln im Ohr und Tablets unterm Arm durch die Stadt hasten. Mailand – Stadt der Optimierer und Perfektionisten, in der niemand Zeit zu vertrödeln hat.

Doch auch das ist Mailand: Der Tourist mit der Karte in der Hand lässt kaum zwei Minuten den suchenden Blick umherschweifen, da fragt ihn schon ein eleganter Mailänder – oder eine schicke Mailänderin –, ob man ihm helfen dürfe. So straight die Menschen hier ihre Aufgaben angehen, so hilfsbereit sind sie, wenn es nötig ist. Hinter den Kulissen engagieren sich viele Bürger ehrenamtlich, und die Sozialprogramme von Schulen und Gemeinde müssen den Vergleich mit den nordeuropäischen Musterländern nicht scheuen. Für den Besucher erkennbar liegt noch etwas anderes in der Luft: Mailand hat heute mehr Lust denn je, sich seinen Besuchern zu öffnen, ihnen Zutritt zu seiner vielfältigen Schönheit zu gewähren und zu zeigen, dass es mehr ist als nur luxuriöse Schaufensterauslage.

Grünes Mailand

Das Bild vom grauen, smogverhangenen Mailand kann man getrost ein wenig aufhellen: Die Stadt

Steckbrief Mailand

Lage: Mailand liegt auf 120 m. ü. M. in der oberitalienischen Po-Ebene, der Padania, nördlich erheben sich die Alpen, mit Übergängen wie dem Simplon- und dem Gotthardpass, die Mailand seit jeher mit dem nördlichen Europa verbinden. Zwischen Bergen und Ebene erstrecken sich die großen oberitalienischen Seen wie der Comer See oder der Lago Maggiore. Im Süden steigen die Apenninhügel an, die die Po-Ebene von der Toskana und Ligurien trennen. Flüsse wie Lambro, Seveso und Olona speisen die Stadt bzw. einstmals ihr Kanalsystem. Auch wässern die großen norditalienischen Flüsse wie Po, Ticino und Adda die Padania und machen aus der Lombardei ein besonders ertragreiches Agrarland.

Fläche: 181 km² (nur die Stadtgemeinde Mailand)

Flagge:

Schutzpatron: Sant'Ambrogio, Feiertag am 7. Dezember

Bevölkerung: Mailand ist die Hauptstadt der Lombardei, der wirtschaftlich bedeutendsten Region Italiens. 1 336 106 Menschen bewohnen die Stadt, 264 238 davon sind Einwanderer – allen voran Philippinen, Ägypter, Chinesen. Mit ihrer Bevölkerungsdichte von 7350 Bewohnern pro km² liegt sie knapp hinter Neapel mit 8500 Bewohnern pro km², im Vergleich dazu Rom mit nur 2016 Bewohnern pro km². Aber das ist nur die Stadtgemeinde, in der Provinz leben 3 177 000 Millionen, auch Area Metropolitana genannt.

Wirtschaft: Das Pro-Kopf-Einkommen erreicht den Spitzenwert von € 36 400 im Jahr. Der Ballungsraum produziert 1/5 des italienischen Reichtums, davon 72 Prozent im Dienstleistungsbereich. Die Mailänder Börse ist einer der bedeutendsten Finanzplätze Europas, und im Bereich Tourismus liegt Mailand mit 6,2 Millionen Übernachtungen pro Jahr noch vor Rom. Zudem gehört die Lombardei mit der »Lokomotive Mailand« zu den vier stärksten europäischen Wirtschaftsräumen.

Verwaltung: Die Stadt ist in neun Bezirke eingeteilt, Zonen genannt. Der 1. ist das Centro Storico, um das sich die anderen acht Zonen wie Tortenstücke im Kreis verteilen. Jeder Bezirk hat seinen Rat, der zugleich mit dem Bürgermeister gewählt wird. Bürgermeister ist seit 2011 der parteilose Giuliano Pisapia, der einer Linkskoalition vorsteht.

EINLEITUNG

Oben: Im Sommer umgibt das Haus mit dem »vertikalen Wald« ein grüner Mantel.
Unten: Im Parco Sempione gibt es sehr romantische Ecken.

hat in den letzten Jahren viel getan, damit die Luft besser wird. Geholfen hat dabei auch das Klima – der Nebel hat nachgelassen, ein blauer Hochdruckhimmel wird immer häufiger. Strikte Auflagen haben den Innenstadtverkehr reduziert, Busse fahren mit Methan. Wohnungsrenovierungen und Neubauten helfen beim energiesparenden Heizen. Die meisten Industrieanlagen sind aus der Innenstadt verschwunden, viele ihrer Hallen umgewandelt in Showrooms, Designateliers oder Dienstleistungsfirmen. Über 4000 Fahrräder und 2000 Elektroautos werden im Sharingsystem angeboten und genutzt. Und es wird immer mehr Wert auf Begrünung gelegt.

Man staunt über die Lust am Grün, das über Balkons und Dachterrassen wuchert. Das schickste Beispiel ist der *Bosco Verticale* im neuen Hochhausviertel am Bahnhof Garibaldi, auch Porta Nuova genannt: zwei Wohntürme, an deren Außenfassaden richtige Bäume aus Betonbecken in die Höhe wachsen – eben ein vertikaler Wald. Und auf keinen Fall sollten Sie es versäumen, beim Schlendern einen Blick in die Innenhöfe der stattlichen Palazzi zu werfen, in denen nach wie vor die adligen Familien und das Großbürgertum leben, neben reichen Modemachern, Finanzmaklern und Immobilienbesitzern. Mit etwas Glück werden Sie hier und da einen Blick in verwunschene Gärten oder elegante Privatparks werfen können. In manchen Innenhöfen ergießt sich im Frühjahr der Blauregen über mehrere Stockwerke an den Balkongeländern hinunter. Diese Balkone, *ringhiera* genannt, die sich horizontal über die Innenhoffassaden ziehen und die Wohnungen einer Etage miteinander verbinden, machen die berühmten Mailänder *case ringhiera* aus.

Genau wie die neuen Parks bei der Porta Garibaldi, am alten Messegelände oder im Viertel Portello

Mailand – die spröde Signora

auf dem Fabrikgelände, wo noch bis in die Neunzigerjahre der Alfa Romeo gebaut wurde. Zugleich werden die alten Innenstadtparks wie der Parco Sempione, die Giardini Pubblici und der Parco Don Giussani gehegt und gepflegt. Sie sind ideale Orte, um den Mailändern beim »Leben« zuzusehen: Hier wird gejoggt, gebolzt, gequatscht, gespielt, gepicknickt, mittags löffeln Büroangestellte hier ihre Obstsalate und Joghurts, nachmittags treffen sich Jugendliche zum Rumalbern, Pflegerinnen führen die ihnen Anvertrauten aus, sonntags bringen Väter ihren Kindern das Radfahren bei. Im Sommer gibt es nachmittägliche Tanzveranstaltungen und abends Livekonzerte: Die Parks sind für die Mailänder wie grüne Wohnzimmer.

Mailand entspannt sich

Die berühmte Work-Life-Balance wird auch – oder gerade – in einer geschäftigen Stadt wie Mailand immer wichtiger: Man radelt über die neuangelegten Fahrradwege, sitzt in idyllischen Gartenlokalen mitten in der Stadt oder in Straßenrestaurants an den Kanalufern der Navigli. Und am Wochenende fährt man auf die Bauernhöfe im Umland, die *cascine*, kauft Biogemüse, Biofleisch und Eier von glücklichen Hühnern. Zur Erholung in der Nähe der Stadt dienen die wunderschönen oberitalienischen Seen genauso wie die alpinen Berge. Über Facebook und Twitter wird zu spontanem Tanz aufgerufen, und es kann passieren, dass man abends auf dem Platz vor der Mailänder Börse oder auf der neuen Piazza Gae Aulenti zwischen den Hochhäusern bei der Porta Nuova auf Tangotänzer stößt oder Mazurkaklänge ertönen.

Mailand öffnet sich I

Keine andere Stadt Italiens hat ein so ausgeprägt kosmopolitisches Flair. Mailand gehört zur ersten

Oben: Dem Nilpferd im städtischen Aquarium schmeckt das grüne Moos.
Unten: Mailand entspannt sich und alle sitzen beim ersten Sonnenstrahl draußen.

EINLEITUNG

Riege der World Global Cities. Wer in Italien Geschäfte machen oder investieren möchte, der kommt nach Mailand – die Mailänder Messe soll die größte Europas sein, und die Börse zählt zu den führenden internationalen Finanzplätzen. Als Schaufenster des »Made in Italy« ist die Stadt weltbekannt. Ihre Besucherzahl, über 6,5 Millionen jährlich, hat die Roms längst überflügelt. Mailand ist beliebtes Ziel nicht nur für »Business-Touristen«, sondern auch für Kulturinteressierte, für Shoppingbegeisterte sowieso und für junge Reisende: Der City-Tourismus boomt. Das beweisen neben der wachsenden Vielfalt der Unterkünfte – B&Bs, Couchsurfing, Privatwohnungen, Hostels –, eine Vielzahl hochkarätiger Ausstellungen, Konzerte und Sportveranstaltungen sowie die Fülle unterschiedlicher Lokale. Bistros, Loungecafés, Snackbars und natürlich auch die Ristoranti bieten – neben der klassischen Mailänder Küche mit Risotto, Ossobuco und Cotoletta Milanese – eine große Bandbreite an internationalen Küchen: asiatische, dabei führend die japanische, afrikanische, orientalische, südamerikanische und sogar nordeuropäische. Mailand ist eben auch eine Einwandererstadt. Schon in den Zwanzigerjahren kamen Tausende von Chinesen (und heute erneut), in den Fünfzigerjahren waren es Afrikaner, allen voran Eritreer und Äthiopier. Heute zieht es vor allem Philippiner und Südamerikaner, Ägypter und Marokkaner sowie Osteuropäer nach Mailand.

Mailand öffnet sich II

Mailands Weltoffenheit zeigt sich auch in einer ganz besonderen Woche im April, der vielleicht schillerndsten Woche, die man in Mailand erleben kann: während der Mailänder Designmesse, Salone Internazionale del Mobile, wenn sich alles, was im internationalen Möbeldesign Rang und Namen hat, hier versammelt. Ein Highlight ist der Fuori-

Oben: Seit der Renovierung ist der Hauptbahnhof auch ein Einkaufszentrum
Unten: Nicht nur in den Schaufenstern zeigt sich die Liebe zu extravaganten High Heels.

Mailand – die spröde Signora

salone: die Schauen, Installationen und Inszenierungen neuer, junger, ungewöhnlicher Designer, die ihre Vorstellungen von Gestaltung, Einrichtung und Lebensraum präsentieren. Auch Künstler und Musiker haben hier längst ihren Platz gefunden. Dabei sind der eigentliche Clou die Orte: Die Stadt öffnet die Tore prächtiger Palazzi und Theater; Kreuzgänge, Höfe und Plätze werden zu Schauräumen, aber auch Garagen, aufgelassene Werkstätten und Fabriken und sogar das Domdach. Dieser kreative Ansturm auf die sonst doch eher verschlossen wirkende Stadt beginnt im Zentrum und konzentriert sich in den sogenannten Designdistrikten wie Brera mit dem Corso Garibaldi, der Zona Tortona, einem ehemaligen Gewerbeviertel, in dem heute Designer arbeiten und die großen Modefirmen ihre Büros haben, und in den Gassen bei der zentralen mittelalterlichen Piazza dei Mercanti. Auch weiter außerhalb liegende Stadtteile wie Bicocca oder Lambrate sind mittlerweile Teil des Geschehens. Alles wird zur Form- und Stilsuche, jede Fläche wird kreativ bespielt.

Einen ähnlichen Hype erlebt die Stadt während der Modewochen im Frühjahr, im Juni und im Herbst. Da eilen junge Modeblogger von Catwalk zu Catwalk. Und längst greift alles ineinander, längst spielen Mode und Design miteinander, viele große Modemacher kreieren mit Stoffen, Farben und Stilen Ambiente und Einrichtung in den sogenannten Home Collections oder bei der Moda-Design-Week. Auch die Kunst spielt mit, wie die Ausstellungen im Triennale Design Museum zeigen, die Mode- und Designauftritte in Museen, das Interesse an Kunst bei Prada, Trussardi, Furla oder Max Mara – mit Sammlungen, Ausstellungen und der Förderung junger Künstler. Und wenn im März die große Messe für zeitgenössische Kunst – MiArt – stattfindet, beginnt erneut der Reigen interessanter Locations.

Oben: Im Spazio Oberdan an der Porta Venezia dreht sich alles um den Film.
Mitte: Südtiroler Spezialitäten an der Porta Venezia.
Unten: Eine besonders hübsche Bleibe am Naviglio Grande ist das Maison Borella.

EINLEITUNG

Das Schaufenster des »Made in Italy«

Mailand ist die Welt des schönen Scheins. Doch hinter den eleganten Schaufenstern und luxuriösen Showrooms der großen Modemacher und Möbelhersteller steckt härteste Arbeit. Viele der Entwürfe der Designer vergangener Jahrzehnte – wie der Sitzsack Sacco, Lampen wie Arco, Eclisse und Tolomeo – hätten nie Gestalt angenommen, hätte es nicht passionierte Firmengründer gegeben, die diese Entwürfe auch für den Markt produzierten, wie Kartell, Artemide, Cassina, Flos und viele andere. In ihren Mailänder Läden kann man die neuen Kreationen bewundern. Allein in Mailand finden sich über 520 Firmen, die Industriedesign umsetzen. In der Lombardei sind es über 1200 Unternehmen, deren Erzeugnisse insgesamt 26 Prozent der nationalen Produktion ausmachen.

Ihr Sinn für den schönen Schein, für die *bella figura* – der wohl in die italienische DNA eingeschrieben ist –, macht die Mailänder zu den am besten angezogenen Europäern. Das Standbein der italienischen Mode ist (anders als in Paris) eher das Prêt-à-porter als die Haute Couture. Also tragbare Mode, wenn man so will, Eleganz für alle, ein Standard auf hohem Niveau. Das bedeutet aber auch, dass man verrückte Streetwear, Exzentrik und polarisierende Experimentierfreude woanders suchen muss. Hier werden eher hochqualifizierte Dienstleistungen für die Branche angeboten. Die Mode zählt zu den Sektoren der italienischen Wirtschaft mit dem stärksten Wachstum in der Außenhandelsbilanz, und das auch in den Jahren der Krise. Unter den reichsten Italienern finden sich nicht wie in Nordeuropa die Tycoone des Einzelhandels, sondern große Namen aus der Modebranche wie Giorgio Armani, Miuccia Prada und die Trussardi-Familie.

Oben: Auf Handarbeit und edlen Materialien gründet das »Made in Italy«.
Unten: Die Totenstadt, der Cimitero Monumentale, spiegelt die Stadt der Lebenden wider.

Mailand – die spröde Signora

Die Shopping-Stadt

Einzig mit London muss Mailand innerhalb Europas noch konkurrieren, was Shopping-Vielfalt und -Qualität betrifft. Alle Weltmarken sind hier vertreten, die Luxusmarken aus Paris, London, Japan und den USA ebenso wie die Massenmarken. Zusätzlich existiert eine Vielzahl an originellen, individuellen Angeboten und gestandenen Mailänder Traditionsnamen. Elegante Kaufhäuser und schicke Concept Stores laden zum Staunen ein, und die Flut an Neueröffnungen der letzten Jahre zeigt die Mailänder Vitalität: etwa das Edelkaufhaus Excelsior, der elegante Multibrandstore Brian & Barry Building oder der kulinarische Concept Store Eataly, ein Schlaraffenland der italienischen Küche, um nur einige zu nennen. Weitgehend verschont blieb die Mailänder Innenstadt bislang von großen Shoppingmalls. Sie besitzt ohnehin die schönste – und älteste – aller Malls, der keine das Wasser reichen kann: die legendäre Galleria Vittorio Emanuele II., das Meisterwerk an Form und Bautechnik.

Architektur-Highlights

In keiner anderen Stadt Italiens wurde in den letzten 150 Jahre so viel gebaut wie in Mailand. Von der bereits erwähnten Galleria über die Prachtbauten eines Luca Beltrami Ende des 19. Jahrhunderts und die eklektisch-bizarren Jugendstil- und Art-déco-Bauten zu Beginn des 20. Jahrhunderts, den Rationalismus der Dreißigerjahre und die Wuchtbauten des Faschismus, die schnörkellose elegante Moderne der Fünfzigerjahre bis hin zur neuen Skyline des 21. Jahrhundert, an der sich eine internationale Architektenriege von César Pelli bis Zaha Hadid abarbeitet – und Mailand von einer horizontalen in eine vertikale Stadt verwandelt. Will man zum »Made in Italy« auch die Architektur zählen (und viele Kreative, die sich als

Oben: Internationale Architekten wie Zaha Hadid verändern das Stadtbild.
Mitte: Seinen eigenen Stil findet man in der Nähwerkstatt L'Hub am Naviglio Grande.
Unten: L'Arabesque am Corso di Porta Vittoria

EINLEITUNG

Designer einen Namen gemacht haben, sind ursprünglich Architekten, wie Gio Ponti, Vico Magistretti, Achille Castiglioni), dann ist Mailand auch in dieser Disziplin tonangebend.

Um diesen Reiz zu entdecken, muss der Mailandbesucher allerdings seinen Blick ein wenig schärfen. Bis auf den grandiosen Domplatz und das Kastell ist Mailand touristisch nicht so leicht zu erobern durch spektakuläre kunstträchtige Sehenswürdigkeiten wie Venedig, Florenz oder Rom. Als zwar sehr alte, aber immer wieder sehr aktive Stadt, deren Glanzzeit nicht an eine Epoche geknüpft ist, hat sie sich immer wieder neu erfunden, neu gestaltet, Schicht um Schicht und ohne viel Rücksicht auf Bestehendes. Doch spannende Spuren aus allen Zeiten lassen sich immer wieder ausmachen und machen den Besucher zu einem Entdecker, der die Stadt dafür am Ende besonders lieben wird.

2000 Jahre Stadtgeschichte in konzentrischen Ringen

Der Blick auf den Stadtplan lässt erkennen, wie sich die Stadt im Laufe der Jahrhunderte in Ringen um den Kern ausdehnte – gern verglichen mit den Jahresringen bei Bäumen, die die Entwicklungsphasen markieren. Von der Verdichtung ganz im Zentrum, wo die Stadt vor über 2000 Jahren ihren Anfang nahm, eingefasst von den ersten römischen Mauern, die noch in antiker Zeit verdoppelt wurden, entwickelte sie sich auf den nächsten Ring zu, die mittelalterliche Stadtbefestigung (12. Jh.), die zudem von einem Kanalring begleitet war und daher noch heute *Cerchia dei Navigli* genannt wird, »Ring der Kanäle«, heute ein Straßenring um das historische Zentrum. Der nächste Ring lässt sich ebenfalls gut auf der Karte erkennen: die *Cerchia dei Bastioni*, die die Innenstadt in einem weiteren Bogen umrundet. Die Plätze mit den

Oben: Der Innenhof der Pinakothek in Brera.
Unten: In Brera spaziert man durch besonders charmante und elegante Gassen.

Mailand – die spröde Signora

Namen der Stadttore wie Porta Venezia oder Porta Romana erinnern noch an die damals befestigten Eingänge der großen Verteidigungsmauer, die im 16. Jahrhundert – zur Zeit der spanischen Herrschaft – die Stadt einfasste und ihre damalige Ausdehnung aus Handwerkeransiedlungen, Klosteranlagen und Gärten markiert. Die folgenden Ringe lassen die Stadterweiterungen des 19. und vor allem des 20. Jahrhunderts erkennen, mit den Fabriken aus der Zeit der Industrialisierung und den Wohnanlagen, dem Bahnhof, den Friedhöfen und Messegeländen. Und seit jeher führten wie ein Strahlenkranz Straßen hinaus in alle Himmelsrichtungen, nach Rom, Venedig, Como und Richtung Frankreich. Strahlenförmig verläuft auch diese Reise durch Mailand, wie Tortenstücke legen sich die verschiedenen Gebiete im Uhrzeigersinn um den Innenstadtkern mit dem Dom.

Das römische Mailand

Als sich die Römer im 3. Jahrhundert v. Chr. gen Norden ausbreiteten, fanden sie hier eine keltische Siedlung vor; sie nannten sie *Mediolanum*, »Ort in der Mitte der Ebene« (so sollen ihn die Kelten bezeichnet haben) – zwischen den Alpen und der wasserreichen, fruchtbaren Po-Ebene. *Mediolanum* wurde ein wichtiger Warenumschlagplatz, der unter Massimiano im 3./4. Jahrhundert n. Chr., als Hauptstadt der weströmischen Reichshälfte, eine Blütezeit erlebte. Im Innenstadtgeflecht finden sich noch Reste des kaiserlichen Palastes, einige Meter der damaligen Stadtmauer und Reste der Arena und des Forums – Letztere unterirdisch, unter der Börse und der Pinacoteca Ambrosiana. Und nicht zu vergessen die eindrucksvollen römischen Säulen vor der Kirche San Lorenzo. Noch in römischer Zeit begann Mailand eine wichtige Rolle in der Christianisierung zu spielen: Hier wurde die sogenannte Mailänder Vereinbarung verkündet,

Oben: Wie die Porta Venezia wurden viele alte Stadttore im 19. Jh. klassizistisch umgestaltet.
Mitte: Den Kopf der antiken Gottheit Zeus fand man unter dem Castello Sforzesco.
Unten: Die Mailänder Elite geht in die Santa Maria delle Grazie.

EINLEITUNG

die den Christen Glaubensfreiheit zusicherte. Und hier wurde der in Trier geborene Ambrosius 374 zum Bischof ernannt. Zur Festigung des christlichen Glaubens gründete er bedeutende Basiliken, allen voran Sant'Ambrogio – ein Höhepunkt des Mailandbesuchs –, und schrieb liturgische Regeln fest, an die man sich hier heute noch hält.

Vom Mittelalter bis zur Renaissance

Mit dem Einfall der Hunnen im 5. Jahrhundert begann eine lange Reihe von Fremdherrschaften. 1162 wurde die Stadt schließlich durch Friedrich I. Barbarossa in dessen Kampf gegen die lombardischen Städte weitgehend zerstört. Doch sie richtete sich wieder auf, baute weiter an ihren kompakten romanischen Backsteinkirchen, geschmückt mit eleganten Steinmosaiken und Skulpturen der in Europa gerühmten Steinmetzkünstler vom Comer See. Mailand fiel nun als freie Kommune die Führung des lombardischen Städtebunds zu; ein Zeugnis aus jener Zeit ist die Piazza dei Mercanti. Hundert Jahre später, 1277, hatte sich eine Familie an die Stadtspitze gearbeitet: Die Visconti-Herrschaft begann und damit der erste Bau der großen Kastellanlage, der mittelalterlichen Stadtmauern und auch des Doms. Auf Gian Galeazzo Visconti geht der Anstoß zum Bau der weltberühmten Certosa di Pavia zurück.

Eine blühende Renaissancestadt

Oben: Der Eingangsturm Torre del Filarete kündigt das Kastell an.
Unten: Im Kastell befinden sich heute die Stadtmuseen.

1450 rückte ein weiteres Fürstengeschlecht nach, die Sforza, die Mailand während ihrer kurzen Regentschaft in eine blühende Renaissancestadt verwandelten. Sie bauten das Kastell zu einer Residenz aus und ließen das riesige Spital Ca' Granda errichten. Viele lombardischer Künstler, deren

Mailand – die spröde Signora

Werke in den Gemäldesammlungen der Stadt zu bewundern sind, konnten sich unter ihrer Herrschaft weiterentwickeln. Wie in anderen Renaissancehochburgen – Florenz, Ferrara und Mantova – riss man sich auch hier um die damaligen Großmeister. Die Sforza holten Bramante nach Mailand, der die Kirche Santa Maria delle Grazie errichtete, und das Universalgenie Leonardo da Vinci. Leonardos Schaffen hat Mailand einen Stempel aufgedrückt – hier befindet sich sein berühmtes Fresko, die Abendmahlszene im Refektorium von Santa Maria delle Grazie, die Biblioteca Ambrosiana hütet ein Konvolut an Skizzen und Projektzeichnungen, auf seine Schleusentechniken und Kanalprojekte (teilweise nachzuvollziehen im Museo Nazionale Scienza e Tecnologica) geht das Netz aus *navigli* zurück. Die schiffbaren Kanäle verbanden Mailand über die Jahrhunderte mit den großen Flüssen wie Tessin, Adda und Po und bildeten ein formidables Verkehrsnetz, über das der Warenverkehr abgewickelt wurde. Auch die Marmorbrocken für den Bau des Doms und der Mailänder Palazzi kamen so auf Flößen aus den Brüchen in den Alpen in die Stadt.

Die Vettern Borromeo

Mit dem 16. Jahrhundert begann eine neue Serie von Fremdherrschaften. Die französische Krone versuchte, sich das Herzogtum Mailand einzuverleiben, doch die Oberhand gewann der Habsburger Karl V. – als Träger der Kaiserkrone der Langobarden und Karls des Großen damals der Herrscher über ein Weltreich unter spanischer Ägide. Erschüttert wurde dieses Weltreich durch die aufkeimende Rebellion gegen die katholische Kirche, die Reformation, die Spaltung der Glaubenseinheit, die wie ein Riss durch Länder, Stände und Familien verlief. Mailand wurde zum Bollwerk gegen die Reformation diesseits der Alpen, zu ei-

Oben: Man sieht, wohin die Touristen in der Galleria Vittorio Emanuele II. treten.
Unten: Abends steigt die Stimmung an den Ufern des Naviglio Grande.

AUTORENTIPP!

DIE FÜNF BESTEN APERITIF-ADRESSEN

Living. Der Loungeklassiker am Arco della Pace. Piazza Sempione 2, 20154 Mailand. (s. S. 145)

Ceresio 7. Eine coole Dachterrasse, köstliche Snacks und ein grandioser Blick auf Mailand. Via Ceresio 7, 20154 Mailand. (s. S. 156)

Diana Majestic. Der Aperitif-Treff im zauberhaften Garten dieses alteingesessenen Luxushotels. Viale Piace 42, 20129 Mailand. (s. S. 189)

Lacerba. Eine Hommage an die futuristische Kunstavantgarde von 1910 zu exzellenten Cocktails. Via Orti 4, 20122 Mailand. (s. S. 217)

Manhattan. Mit dem Aperitif in dieser Bar am Kanal beginnt der Abend im Ausgehviertel der Navigli. Ripa di Porta Ticinese 13, 20122 Mailand. (s. S. 247)

Eine gute Adresse für das Aperitif-Ritual ist das coole Ceresio 7.

EINLEITUNG

nem Zentrum der Gegenreformation: Von 1560 bis 1584 führte Erzbischof Carlo Borromeo die Diözese, erwirkte wichtige Reformen und stärkte in der Bevölkerung den christlichen Glauben nach römischem Vorbild. Auch seine Herkunft, er stammte aus einer mächtigen lombardischen Adelsfamilie (deren Nachfahren heute noch die zauberhaften Inseln im Lago Maggiore gehören), kam der Entwicklung der Stadt zugute. Sein Nachfolger als Erzbischof wurde 1585 sein Vetter Federico Borromeo, der sich seinen Platz in der Geschichte Mailands durch die Einrichtung der Bücher- und Schriftensammlung Biblioteca Ambrosiana sowie der Gemäldesammlung Pinacoteca Ambrosiana verdient hat.

Vom Adel zum Bürgertum

Das 16. und vor allem 17. Jahrhundert war, wie überall in Europa, die Zeit des Adels, die Zeit, in der herrschaftliche Landvillen und Stadtpalais gebaut wurden. Diese Entwicklung konnte auch die große Pestepidemie von 1627 bis 1631 nicht aufhalten, bei der fast die Hälfte der Bevölkerung ihr Leben verlor. Nach den spanischen Erbfolgekriegen fiel das Herzogtum Mailand 1713 an die Österreicher, die Habsburger Zeit begann, die unter Kaiserin Maria Theresia (1717–1780) einen positiven Höhepunkt erreichte. Die Stadt blühte und wandelte sich: Ihre Architekten und Baumeister, allen voran Giuseppe Piermarini, schufen prächtige Palazzi und Theater, wie den Operntempel Teatro alla Scala, öffentliche Parkanlagen und die Accademia delle Belle Arti. Der Schulbesuch wurde Pflicht, Manufakturen entstanden, und zudem wurde der Kataster eingeführt, sodass nun auch die adligen Ländereien erfasst und besteuert werden konnten. Das drängte den Einfluss des Klerus wie auch des Adels zurück. Napoleon setzte diese Entwicklung fort: Mit seiner Krönung im Dom

wurde Mailand 1805 die Kapitale des Königreichs Italien. 1815, nach dem Wiener Kongress, kehrten die Habsburger zurück, doch die Zeiten hatten sich geändert.

Die »Cinque Giornate«

Längst spielte das Bürgertum eine wichtige Rolle, die Vorstellung von freien Nationalstaaten geisterte durch Europa; das ließ sich auch in Italien nicht mehr niederdrücken und schon gar nicht in einer letztlich modernen, immer auch bürgerlichen Stadt wie Mailand. In den fünf Tagen vom 18. bis zum 22. März 1848, den »Cinque Giornate«, kam es zum Aufstand der Stadt gegen die Österreicher. Alle waren vereint, die Adligen, die Bürgerlichen und die Leute aus dem Volk, und für einen Moment schien die Vertreibung der Österreicher erfolgreich. Und obschon selbige unter Feldmarschall Radetzky bei ihrer Rückeroberung schossen und hinrichteten, lösten diese Tage einen nicht mehr zu erstickenden Widerstand aus. Und sie prägen bis heute das Kollektivbewusstsein Mailands, das vieles mitmacht, aber irgendwann sagt: *Basta* – »Es reicht«.

Das bürgerliche Mailand

Im neuen Nationalstaat Italien fiel Mailand die Rolle des Konsum- und Industriezentrums zu, als Börsenplatz war die Stadt bereits 1808 in Aktion getreten. Sinnbild des neuen Italien war der Bau

Oben: Wer Opern liebt, der sollte einen Abend in der Scala einplanen.
Unten: Das Casa Museo Poldi Pezzoli ist ein berühmtes Privatmuseum.

EINLEITUNG

Oben: In der Via Mozart staunt man über die extravaganten Baustile.
Mitte: An den antiken Säulen vor der Basilika San Lorenzo treffen sich abends die Jugendlichen.
Unten: Ein Blick in die bürgerlichen Wohnhäuser lohnt sich, wie hier in der Via Ciro Menotti 4.

der Galleria Vittorio Emanuele II. Die großen Stahl-, Maschinen- und Lokomotivwerke entstanden, wie Falck und Ansaldo, Reifen- und Autohersteller wie Pirelli und Alfa Romeo, Spirituosenfabrikanten wie Campari und Branca siedelten sich an. Mit den Industriellen wuchs das bürgerliche Selbstbewusstsein. Im Stadtbild drückte sich das in Wohngebäuden aus, die von einem exzentrischen Formwillen geprägt waren. Besonders deutlich ist das bis heute im Viertel um die Via Mozart zu sehen, und es setzt sich fort auf dem Friedhof, dem Cimitero Monumentale, der Totenstadt des bürgerlichen Mailand.

Den Bürgersinn spiegeln die Kunstsammlungen reicher Bürger wider, die diese ihrer Stadt vermacht haben: allen voran das Museum Poldi Pezzoli, die Sammlung Jucker im Museo del Novecento und die Sammlungen des Ehepaares Boschi Di Stefano in dessen Stadtwohnung, heute ein Museum – Kunstsammlungen, die Mailänder Kunst vom Ende des 19., Anfang des 20. Jahrhunderts zeigen. In Mailand entwickelte sich zudem um 1910 eine ganz eigene Kunstrichtung, die in keiner anderen italienischen Stadt hätte entstehen können: der Futurismus – losgelöst von Traditionen, schnell, progressiv, städtisch. Und generös führen die Nachfahren berühmter Künstler und Designer durch deren Ateliers, heute spannende kleine Museen.

Schatten und Licht im Zeitgeist

Mailand ist eine spannende Bürgerstadt, die die Gegenwart in vollen Zügen lebt. Und damit auch ihre Widersprüche. Hier wurde der erste Fascio gegründet, aber hier wurde dem Diktator Mussolini auch der Garaus gemacht. Die »Bleierne Zeit« Italiens traf Mailand Ende der Sechziger und in den Siebzigerjahren mit terroristischen Bombenan-

Mailand – die spröde Signora

schlägen vor allem von rechts besonders hart. 1992 flogen Korruptionsskandale auf, die zum Zusammenbruch des traditionellen Parteiensystems führten, Mailand musste sich den Beinamen *Tangentopoli* – »Stadt der Schmiergeldzahlungen« – gefallen lassen. Aber es waren die Mailänder Gerichte, die diese Unsitte engagiert bekämpften und nach wie vor bekämpfen. Wie auch die Mafia, denn wo konsumiert wird und Geschäfte gemacht werden, ist auch sie nicht weit. Das überschattet auch die Ausrichtung der großen Weltausstellung EXPO 2015, aber man kämpft.

Hier wird das italienische Kommerz-Fernsehen gemacht, doch zugleich sitzen in Mailand viele exzellente Buchverlage. Und keine andere Stadt Italiens hat so unterschiedliche und renommierte Universitäten. Das beste Opernhaus, die beste Theaterbühne, hochkarätige Kunstausstellungen und volle Kinos. Dazu kommen gut ausgestattete Sportanlagen und -veranstaltungen. Und vieles, vieles mehr. Auch in Sachen Subkultur ist Mailand stark, wie Streetart, alternative Kulturzentren und Comicverlage zeigen.

Es zeichnet die Stadt aus, dass sie sich immer wieder neu erfindet, immer wieder ein neues Kapitel aufschlägt, meist ohne viel Aufhebens, hinter den Fassaden, aber mit Nachdruck. So ist mit der Zeit eine neue »globale« Skyline entstanden, und man darf gespannt sein, wie sich die Weltausstellung 2015 mit ihrem Thema »umweltbewusste Achtsamkeit« – Feeding the Planet, Energy for Life – auf die Stadt auswirken wird. Und wir als Reisende dürfen dabei sein, zusehen und ein wenig mitmachen. Am besten gleich mit einem Aperitif, dem schönsten Moment eines Mailandtages, wenn man sich nach getaner Arbeit in den Bars und Cafés bei guten Cocktails und frischen Häppchen trifft.

AUTORENTIPP!

DIE FÜNF INTERESSANTESTEN MAILÄNDER HAUSMUSEEN

Kunstsammlung der Familie Boschi Di Stefano. Hunderte Werke italienischer Künstler tapezieren die Etagenwohnung. Via Giorgio Jan 15, 20129 Mailand. (s. S. 192)

Villa Necchi Campiglio. Im Stil der Dreißigerjahre-Moderne durchgestylte Wohnvilla. Via Mozart 14, 20122 Mailand. (s. S. 210)

Ateliermuseum von Achille Castiglioni. Die kreative Arbeitswelt des italienischen Designers. Piazza Castello 27, 20121 Mailand. (s. S. 150)

Atelier des Designers Vico Magistretti. Hier entstand die Kultlampe Eclisse, Stilsymbol der Sechzigerjahre. Via Conservatorio 20, 20122 Mailand. (s. S. 207)

Casa Museo Bagatti Valsecchi. Historischer Eklektizismus in einem Wohnpalais des 19. Jahrhunderts. Via Santo Spirito 10, 20121 Mailand. (s. S. 70)

Leben mit Kunst, das Hausmuseum Boschi Di Stefano

Geschichte im Überblick

ca. 4.-5. Jh. v. Chr. Keltische Insubrer besiedeln die Ebene zwischen den Flüssen Ticino und Adda und gründen eine Siedlung.

225-194 v. Chr. Die Römer erobern die Padania und nennen die Siedlung **Mediolanum** »Ort in der Mitte einer Ebene«.

286-402 n. Chr. Nach der Teilung des Imperiums durch Diokletian wird Mailand die Hauptstadt des Westreichs und mit 250 000 Einwohnern zur größten römischen Stadt. 313 wird in der sogenannten Mailänder Vereinbarung den Christen Religionsfreiheit zugestanden; 374 wird der spätere Kirchenvater und Heilige Ambrosius aus Trier Bischof und legt den Grundstein für die mächtige Mailänder Diözese.

6.-8. Jh. Nach dem Zerfall des römischen Reichs erobern die Langobarden Mailand, auf sie geht der Name des Territoriums zurück, Lombardei. Sie werden von den Franken bzw. den Karolingern abgelöst.

ab dem 10. Jh. Es sind die Bischöfe, die auch die weltliche Macht innehaben.

11./12. Jh. Mailand wird eine mittelalterliche Bürgerstadt. Um die kaiserlichen Hoheitsansprüche durchzusetzen, greift Friedrich I. Barbarossa die Stadt 1158 und 1162 an. Der Bund der norditalienischen Städte besiegt in der Schlacht von Legnano 1176 Barbarossas Heer.

13. Jh. Im Machtgefüge der Stadt setzen sich wieder die Bischöfe durch, Bischof Ottone Visconti wird 1278 zum Signore ernannt, damit beginnt die Zeit mächtiger Familien.

1386 Unter Gian Galeazzo Visconti werden Dom und Kastell gebaut. Mailand hat sich mit Metallverarbeitung, Textilien, Landwirtschaft und Handel zu einer reichen großen Stadt entwickelt. 1397 wird Gian Galeazzo Herzog der Lombardei.

ab 1450 Der Söldnerführer Francesco Sforza heiratet die letzte Visconti, Bianca Maria, und begründet damit die Sforza-Dynastie; unter Ludovico il Moro (1480-1499) kommen Renaissancekünstler wie Leonardo da Vinci und Donato Bramante nach Mailand.

16. Jh. Frankreich und Spanien tragen in Italien ihren Machtkampf aus, der spanische Kaiser Karl V. gewinnt die Schlacht von Pavia 1525, 1560 wird der spanische Befestigungsring um die Stadt gelegt, die *Cerchia dei Bastioni*.

1560-1584 Erzbischof Carlo Borromeo kämpft gegen den Vormarsch der Reformation. Sein Nachfolger und Vetter Federico gründet die Pinacoteca Ambrosiana und die Biblioteca Ambrosiana.

18. Jh. In Oberitalien setzen sich die Österreicher gegen die Spanier durch. Unter Maria Theresia (1740-1780) wird die Stadt modernisiert, mit gerechterer Besteuerung, Schulpflicht, öffentlichen Parks, der Scala und der Kunstakademie Brera; der Adel baut Stadtpalais und Landvillen an den Seen.

1797–1814 Unter Napoleon wird Mailand zur *Capitale Reale*, im Dom lässt er sich zum italienischen König krönen. Auf dem Wiener Kongress 1814 wird das lombardisch-venetische Königreich ins Leben gerufen, zwar mit Mailand als Hauptstadt, aber das Zepter hält das Habsburgerreich.

18.–22. März 1848 die *Cinque Giornate*: erfolgloser Aufstand der Mailänder – durch alle Schichten hindurch – gegen die Österreicher

19./20. Jh. 1865 wird die Galleria Vittorio Emanuele II. zur Feier der Nationalstaatsbildung gebaut. Es beginnt die Industrialisierung Mailands, Gewerkschaften folgen, 1883 geht hier das erste Elektrizitätswerk Europas in Betrieb, 1906 ist Mailand Schauplatz der Weltausstellung. Das Bürgertum baut Stadthäuser in originellen Stilen wie Liberty und Art déco, in Abgrenzung zum Klassizismus des Adels.

ab 1919 In Mailand gründet Mussolini den ersten Faschistenbund. In der Zeit des Regimes werden der Hauptbahnhof eingeweiht, der Domplatz neu gestaltet, die Kanäle gedeckelt, die neue Börse eröffnet.

1943 Die lombardischen Industriearbeiter streiken gegen das faschistische Regime. Die Alliierten zerbomben ganze Straßenzüge. Mussolini wird am 29.4.1945 bei Como von Partisanen getötet.

50er/60er Jahre Mit dem Wiederaufbau beginnt der wirtschaftliche Aufschwung, Abertausende Süditalianer wandern in den Norden ab, Mailand mit der Lombardei ist die »Lokomotive«, die Stadt wächst rasant, mit ihr die Neubauviertel.

1969 Mit dem rechtsterroristischen Bombenanschlag am 12.12. auf der Piazza Fontana im Zentrum Mailands, mit 17 Toten, beginnt die sogenannte Strategie der Spannung, der Versuch, durch Terroranschläge das Land zu destabilisieren.

90er Jahre Die Mailänder Staatsanwaltschaft deckt ein Korruptionssystem auf, was die Traditionsparteien zur Auflösung zwingt: ein Vakuum, das Silvio Berlusconi füllt. Der Mailänder Bauspekulant und Medienmogul wird mit seiner rechtsliberalistischen Bewegung Forza Italia über 20 Jahre lang die Politik Italiens beherrschen.

2011 Nach Jahren der rechtsgerichteten Stadtverwaltung aus Lega Nord und Forza Italia wird der parteilose Giuliano Pisapia mit einer Linkskoalition zum Bürgermeister gewählt.

2014 Einweihung des Hochhauses der Unicredit-Bank am Bahnhof Porta Garibaldi, mit 231 Metern das höchste Gebäude Italiens.

2015 Von Mai bis Oktober richtet Mailand die Weltausstellung EXPO zum Thema »Feeding the Planet, Energy for Life« aus. Nach 1906 findet die Weltausstellung das zweite Mal in Mailand statt.

UM DEN DOMPLATZ

1 Der Dom und seine Piazza	30
2 Palazzo Reale und Dommuseum	38
3 Das Museo del Novecento	42
4 Die Galleria Vittorio Emanuele II.	48
5 Die edlen Department Stores	52
6 Luxus im Modeviertel	54
7 Die Via Manzoni	62
8 Das Museo Bagatti Valsecchi	70
9 Das Museo Poldi Pezzoli	72
10 Die Piazza della Scala	76
11 Das Teatro alla Scala	78
12 Die Gallerie d'Italia Piazza Scala	84

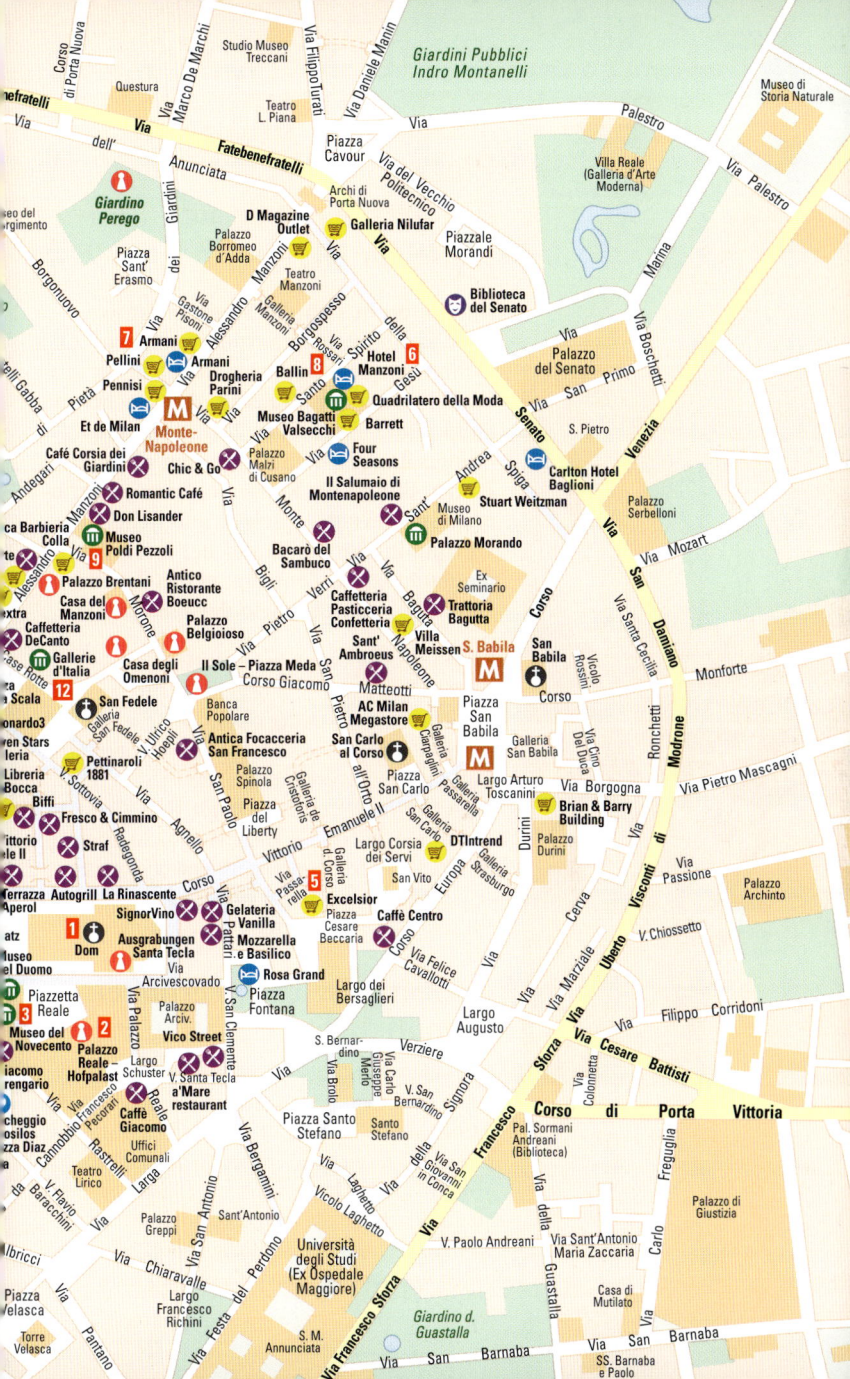

UM DEN DOMPLATZ

1 Der Dom und seine Piazza
Das Herz der Stadt und Treffpunkt für alle

Um ihn dreht sich die Stadt, er ist der helle kostbare Diamant im Innern des dichten grauen Siedlungsmeers. Er ist das Wahrzeichen von Mailand, das prachtvolle Endprodukt einer über 700 Jahre andauernden Baugeschichte. Vor ihm die weite Piazza, Bühne für Konzerte, Demonstrationen, Sportevents – gelebt und geliebt. Treffpunkt der Mailänder bei ihrem Shoppingbummel im Zentrum, erstes Ziel der Touristen, Kontaktbörse der Emigranten.

Wenn man sich von Westen der Piazza nähert, von der Piazza Mercanti oder der Via Torino kommend, offenbart sich der gewaltige Dom in seiner ganzen Pracht und in seinem ganzen Zauber. Mark Twain, der große Reisende, beschrieb es treffend: »Welches Wunder er ist! So großartig, so ernst, so riesengroß! Und noch so fein, so luftig, so anmutig! Eine Welt des festen Gewichts, und doch scheint er ... die Wahnvorstellung einer Eisskulptur, die mit einem Atemzug verschwinden könnte!«

Auf Initiative des Heerführers Visconti

Tatsächlich wurde der Grundstein des Doms im Jahr 1386 gelegt, Gian Galeazzo Visconti, erfolgreicher Heerführer und Herr über Pavia, hatte just in jenem Jahr die Herrschaft über Mailand an sich gerissen. Gian Galeazzos Ziel, ganz Italien zu einem großen Reich mit Mailand als prachtvoller Hauptstadt zu vereinen, musste sich in ehrgeizigen Projekten Ausdruck verschaffen. Hier im Zentrum

S. 26/27: Das Herz Mailands ist ein »Gebirge« aus Marmor und Stein.
Mitte: Der Domplatz – schöne Location für Dates, für Silvesterfeiern, fürs Taubenfüttern
Unten: Der Bau des Doms ist ein 700 Jahre währendes Work in progress.

Der Dom und seine Piazza

sollte anstelle von zwei frühchristlichen Kirchen die fürstliche Stadtkirche entstehen, an Größe und Schönheit kaum zu überbieten.

Aus kostbarem Marmor

Nicht mit den in Norditalien üblichen gebrannten Ziegelsteinen sollte gebaut werden, sondern mit Marmor, dessen Schattierungen von Weiß, Grau, Hellbraun und Hellrosa in der feuchten Luft der lombardischen Ebene besonders schön schimmern. Über Flusskähne wurde das Gestein aus den Marmorbrüchen Cave di Candoglia aus dem Val d'Ossola oberhalb des Lago Maggiore bis hinein in die Stadt an die Darsena bei Sant'Eustorgio und noch näher an den Dom heran, dort, wo heute die Via Laghetto (an der Università Statale) verläuft, transportiert. Galeazzos gesamtitalienische Dynastiepläne zerbrachen letztlich jedoch an der Gegenwehr der stolzen Stadt Florenz.

Ein Mix aus gotischen Stilelementen

Fertig geworden ist der Dom, so wie man ihn heute sieht, erst 700 Jahre später. Neben Abertausenden von Maurern, Zimmermännern, Steinmetzen, Glasmalern und Bildhauern hatten sich im Laufe der Jahrhunderte Dutzende von namhaften Architekten am Fortbau zu schaffen gemacht. Auch wurden französische und deutsche Baumeister herbeigerufen, der Stil der Kirche sollte international sein, der nord- und mitteleuropäischen Spätgotik entsprechen. Man begann mit dem Ostteil, dem Apsisbereich, je eher dieser fertig wurde, umso eher konnte man ihn weihen. Aus der frühen Zeit stammen noch die gotischen Portale der linken wie der rechten Sakristei, auch wurde der fünfschiffige Grundriss festgelegt. Eine erste Weihung, die Altarweihe, konnte dann schon 1418 vorge-

AUTORENTIPP!

VON DACH ZU DACH

Die beste Sicht auf das Domgebirge hat man vom Dach des Kaufhauses La Rinascente. Direkt vor sich hat man dort den steinernen Wald aus Verzierungen, Dachverstrebungen, Fabelwesen und Figuren, über allem die güldene Madonnina. Der grandiose Ausblick lässt einen spüren, wie sehr der Dom das stille Herz der pulsierenden Stadt ist. Manchmal finden sogar Konzerte auf dem Domdach statt. Im Kaufhaus steigen Sie hinauf bis in den 7. Stock und betreten die Dachterrasse. Vom Bistrotischchen bei leckeren Pasta-Gerichten, Salat und Fisch, in den Lounge-Sofas zum Aperitif oder einfach nur zum Cappuccino haben Sie die Gipfellandschaft dieses Kirchen-Gebirges vor Augen, die Türmchen zum Greifen nah.

UM DEN DOMPLATZ

nommen werden. Aus dem 15. Jahrhundert stammen die schönen Kirchenfenster in der Apsis.

Work in Progress

Der Bau folgte dem jeweiligen Zeitgeist. Unter den Sforza, die auf die Visconti folgten, wurde am Kirchenschiff weitergebaut, der achteckige Vierungsturm mit Kuppel entstand, und im Kircheninnern wurden Renaissanceelemente eingebracht. In der Zeit der Gegenreformation kam mit dem Mailänder Kardinal Carlo Borromeo und seinem Baumeister Pellegrino Tibaldi neuer Schwung in die Baugeschichte. 1577 konnte Borromeo das Presbyterium weihen, das Kirchenschiff beziehungsweise das Dach wurde endlich geschlossen, und man entwarf neue Pläne für die Fassade. Doch zu ihrer Fertigstellung in der Mischung aus Barockelementen wie die Fenster- und Portalrahmung und gotischen Elementen wie die fünfgliedrige Pilasterstruktur kam es dann erst Mitte des 17. Jahrhunderts. Als herausragendes gotisches Element beeindrucken die Nischen mit Statuen in den Kapitellen der Pilaster.

Der Madonna geweiht

Eine wichtige Ergänzung war hundert Jahre später, 1772, die Madonnenstatue aus vergoldetem Kupfer hoch oben auf der Spitze des Vierungsturms, von unten sieht sie klein und zart aus, dabei ist sie vier Meter hoch. In der Tat nennt sich der Dom Santa Maria Nascente und ist Mariä Geburt gewidmet. Die klein wirkende Madonna wurde gleich liebevoll Madonnina genannt und zum Identifikationssymbol der Mailänder, so lebt man in Mailand seither *all'ombra della Madonnina*, im Schatten des Madönnchens. Im Zweiten Weltkrieg deckte man sie mit dunklem Tuch ab, damit sie den Bombern nicht den Weg leuchtet.

Oben: In der rechten Hand hält die Märtyrerfigur die Haut seines eigenen Antlitzes.
Unten: Der von 52 Pfeilern getragene Innenraum des Doms fasst 40 000 Menschen.

Der Dom und seine Piazza

Die Fassade und das Dach: ein Wimmelpanoptikum

Bevor Napoleon sich 1805 im Mailänder Dom zum König Italiens krönen ließ, begannen fieberhafte Verschönerungsarbeiten: Viele der gotischen bzw. nunmehr neugotischen Verzierungen an Strebepfeilern, Pilastern, Wimpergen, jede Menge spitze Türmchen, Fialen und Pinakeln, viele Figuren, Heilige, Jungfrauen, Engelchen, Teufelchen, eigentümliche Tiere und Pflanzen entstanden damals – ein regelrechtes Wimmelpanoptikum. Die Arbeiten dauerten das ganze 19. Jahrhundert hindurch, und der Dom nahm, mit seiner »Bevölkerung« von über 3400 Statuen, die heutige, filigran verzierte Gestalt an. Damit gehört zum Dombesuch unbedingt auch die Besteigung seines Dachs, *le terrazze*, nicht nur wegen des grandiosen Blicks auf die Stadt und die Piazza, sondern auch, um beim Spaziergang über das Langschiff den oft sehr lebendigen Ausdruck der Figuren von Nahem bewundern zu können.

Ein Gesamtkunstwerk auch im Innern

In mystischem Halbdunkel schreitet man über die schönen Fußbodenmuster durch den Wald aus 52 mächtigen Säulen, die den Innenraum in fünf Schiffe gliedern, farbig gefiltertes Licht fällt durch die Glasfenster herein. An den Seiten finden sich kostbar gearbeitete Gräber von Mailänder Adligen, Stiftern und Kirchenhonoratioren. Ein Blickfang ist eine Holzskulptur des lombardischen Bildhauers Marco d'Agrate (1562), die den gehäuteten Heiligen Bartholomäus darstellt, seine Haut trägt er wie eine Stola um Schultern und Lenden geschlungen. Der schlichte Altar aus römischen Spolien (13. Jh.) unter dem hohen festlichen Presbyterium (16. Jh.) stammt noch aus der Vorgängerkirche Santa Maria Maggiore.

AUTORENTIPP!

DIE STREETBAR BEIM DOM
Kaum zu glauben, aber hier mitten im touristischen Zentrum und nur ein paar Schritte vom Dom entfernt findet sich in der Via San Raffaele, einem Seitensträßchen beim Kaufhaus La Rinascente, eine auch bei den Mailändern besonders beliebte Adresse für den obligatorischen Aperitif nach Büroschluss: Im Laufe des frühen Abends bildet sich vor der kleinen, aber stylishen Bar des Designhotels Straf eine regelrechte Menschentraube. Zu den guten Cocktails und einem einfallsreichen frischen Häppchenbuffet gibt es jeden Dienstagabend Livemusik, Jazz und Rythm'n Blues, und am Donnerstag legt ein DJ auf, schönsten Deep-House-Sound: Damit bietet das Hotel Straf unbestritten die coolste Bar im Zentrum. Ansonsten kann man in diesem Hotel von urbanem Chic auch gut essen, und am Sonntag trifft man sich zum Brunch.

Straf. Via San Raffaele 3, 20121 Mailand, Tel. 02/80 50 87 15, www.straf.it

Oben: Ein Must des Mailandbesuchs ist der Aufstieg aufs Domdach, ein grandioses Szenario.
Unten: In der Krypta liegen die Gebeine des heilig gesprochenen Erzbischofs Carlo Borromeo.

Zum Heilig-Kreuz-Fest der *Rito della Nivola*

42 Meter hoch im Apsisrund über dem Altar hütet ein Reliquienschrein in Form einer Sonne den *Santo Chiodo*, einen der vier Nägel der Kreuzigung Christi, der Legende nach im 4. Jahrhundert in die Hände von Mailands Erzbischof Ambrosius gelangt. Seit Jahrhunderten holt der Mailänder Erzbischof eigenhändig diesen Nagel am 14. September zum Heilig-Kreuz-Fest über eine Art Aufzug in Form einer Wolke herunter – *Rito della Nivola* genannt –, um ihn für die Gläubigen auszustellen. Gleich links vom Hauptportal geht es hinunter zu den Ausgrabungen der Reste der frühchristlichen Vorgängerkirche Santa Tecla und des achteckigen Taufbeckens San Giovanni alle Fonti, an dem im Jahr 378 Bischof Ambrosius den späteren Heiligen Augustinus getauft haben soll.

Die Bronzetüren aus dem 20. Jahrhundert

Auch das 20. Jahrhundert hat seinen Beitrag zum Gesamtkunstwerk Dom geleistet, mit den fünf bronzenen Eingangsportalen, die die Türen aus Holz ersetzten, jede von einem anderen Bildhauer, die rechts außen ist von Luciano Minguzzi (1965).

Seit der Grundsteinlegung im 14. Jahrhundert gibt es die Veneranda Fabbrica del Duomo, die Mailän-

Der Dom und seine Piazza

der Dombauhütte, heute in einem stattlichen klassizistischen Palazzo (19. Jh.) hinter dem Dom. Sie ließ über all die Jahrhunderte nicht nur bauen, sondern hält seither auch sorgfältig instand, vor allem in jüngerer Zeit eine immense Aufgabe, sei es durch die Schäden im Zweiten Weltkrieg, wegen des Smogs oder der Gefährdung der Statik durch den Bau der U-Bahn. Zahlreiche Originalstatuen sind daher heute im Dommuseum ausgestellt.

Die weite Piazza

Was die Sicht auf den Dom ebenfalls großartig macht, ist die Weite und Gestaltung seiner Piazza. Die bekam sie 1865, nachdem Italien unter König Vittorio Emanuele II. zum Nationalstaat geeint worden war und dieses neue Staatsbewusstsein überall im Lande den Bau von repräsentativen Palazzi und Plätzen auslöste; der Architekt Giuseppe Mengoni ließ Häuser abreißen, den Platz weiten und entwarf die prachtvolle Galleria Vittorio Emanuele II. mit den beiden flankierenden Portikus-Bauten. 1896 kam das Reiterstandbild des Königs hinzu. Die flächige Gestaltung der Piazza mit eleganter Pflasterung erfolgte 1928 durch Piero Portaluppi. Er gehörte auch zum Kollektiv der damaligen »Archistars« (Griffini, Magistretti, Muzio, Portaluppi), die den »doppelten« Palazzo Arengario an der rechten Domplatzflanke entwarfen (1936–1956), für den ein Flügel des Palazzo Reale rechts vom Dom abgerissen wurde: So drückt jede Epoche diesem dennoch harmonisch wirkenden Gesamtkunstwerk – Dom und Piazza – ihren Stempel auf, wofür immer auch Bestehendes weichen muss. Vom Domplatz geht es sternförmig in kurzen Spaziergängen zu den wichtigen Sehenswürdigkeiten, wie zum Kastell, durch die prächtige Galleria Vittorio Emanuele II., zum Operntheater La Scala, ins Modeviertel, nach Brera, zum *Abendmahl* von Leonardo da Vinci und zur Basilika Sant'Ambrogio.

AUTORENTIPP!

WEINE AUS GANZ ITALIEN IN DER ENOTECA SIGNORVINO

An der Rückseite des Doms stehen die Tischchen dieser Weinbar auf der Piazza, mit Blick auf seine Apsis. Von der Bar geht es hinauf in den ersten Stock mit Regalen und Kisten voller Wein aus allen italienischen Anbaugebieten vom Piemont und Südtirol bis nach Apulien und Sizilien. Die Auswahl berücksichtigt auch kleine handverlesene Winzer, die Neues ausprobieren oder auf alte autochthone Rebsorten zurückgreifen, hier kann man fast blind wählen. Oder lassen Sie sich fachkundig beraten. Die Tischchen laden zum gemächlichen Genießen ein, dazu kann man leckeren Käse, Schinken, Salumi und Pastagerichte bestellen.

SignorVino. Piazza del Duomo/Corso Vittorio Emanuele, 20123 Mailand, Tel. 02/89 09 25 39, www.signorvino.it

UM DEN DOMPLATZ

Infos und Adressen

SEHENSWÜRDIGKEITEN

Ausgrabungen der frühchristlichen Vorgängerkirche Santa Tecla und des frühchristlichen Taufbeckens Battistero San Giovanni alle Fonti. Di–So 10–18 Uhr, letzter Ticketverkauf 16.50 Uhr, Eintritt 6 Euro, mit diesem Ticket kann man innerhalb der folgenden 48 Stunden auch das Dommuseum besuchen.

Dom Santa Maria Nascente. Der Dom ist auch gleichzeitig die Kathedrale der Mailänder Metropolitan-Diözese, die mit ihren 1107 Pfarrgemeinden als die größte katholische Diözese der Welt gilt. Demnach kann man auch immer wieder erleben, dass der Erzbischof von Mailand, derzeit Kardinal Angelo Scola, die Messe zelebriert, und zwar nach dem Ambrosianischen Ritus, im liturgischen Ablauf in mancherlei Hinsicht vom römisch-katholischen Ritus abweichend, was noch auf den großen Mailänder Bischof und heiligen Kirchenvater Ambrosius im 4. Jahrhundert zurückgeht und der Mailänder Diözese stets eine gewisse Unabhängigkeit vom Vatikan ermöglicht hat. Tgl. 7–19 Uhr, letzter Einlass 18.45 Uhr. Wer fotografieren möchte, kauft sich für 2 Euro das Ticket fotografico. www.duomodimilano.it

Zu den Messen, religiösen Festivitäten und Konzerten der Domkapelle siehe auch www.chiesadimilano.it

Domterrassen. Im Sommer finden manchmal Führungen (auch auf Englisch) auf dem Domdach bei Sonnenuntergang statt, oder es werden Konzerte auf dem Dach veranstaltet. Aufstieg zu Fuß (201 Stufen). Tgl. 9–19 Uhr, 1. Mai geschl., letzter Aufstieg 18.10 Uhr, letzter Ticketverkauf 18 Uhr, Kinder 6–12 Jahre 7 Euro, Erwachsene ab 65 Jahre 3,50 Euro, Aufstieg mit dem Aufzug 12 Euro, Kinder 6–12 Jahre und Erwachsene ab 65 Jahre 6 Euro, Kinder bis 6 Jahre gratis.

ESSEN UND TRINKEN

Autogrill. Im rechten Portikusgebäude am Eingang zur Galleria lässt sich im Self-Service-Restaurant der Imbisskette Autogrill ein ordentliches Mittagsmenü einnehmen, ideal für eine Pause in dieser an normalen Restaurants armen Gegend. Piazza Duomo, 20123 Mailand

Gelateria Vanilla. Nur wenige Schritte östlich der Domapsis in einer Seitenstraße des Corso Vittorio Emanuele II. befindet sich diese von den Einheimischen geliebte Eisdiele. Die erstklassigen Zutaten sind Pistazien aus dem sizilianischen Brontë, Pinienkerne aus der Toskana, Haselnüsse aus dem Piemont, Zitronen aus Amalfi und frisches Saisonobst für das Erdbeer-, Feigen- und Meloneneis. Via Pattari 2/Ecke Corso Vittorio Emanuele II., 20122 Mailand, Tel. 02/89 09 22 97

ÜBERNACHTEN

Über diese Website lassen sich **kleine und größere Wohnungen** für wenige Tage mieten, auch direkt im Zentrum in der Nähe des Domplatzes: www.friendly-home.org, Tel. 02/8 69 05 15

Unter dem Domplatz befinden sich U-Bahnstationen, Schalter für Theaterkarten und WCs.

Der Dom und seine Piazza

In diesem Hotel direkt beim Dom kann man sich zu Hause fühlen.

Hotel La Madonnina. In einem klassischen Altbau ganz in der Nähe des Domplatzes überrascht das kleine Hotel mit 14 hübschen modernen Zimmern, ordentlichem Frühstück und gutem Preis-Leistungs-Verhältnis. Via Giuseppe Mazzini 10, 20123 Mailand, Tel. 02/89 09 69 17, www.hotellamadonnina.it

UNA Maison Milano. In einem sorgfältig restaurierten Altstadtpalazzo wohnt man in geräumigen eleganten Zimmern und Suiten, von der Dachwohnung hat man einen fantastischen Ausblick. Via Giuseppe Mazzini 4, 20123 Mailand, Tel. 02/85 60, www.unahotels.it

EINKAUFEN

Mondadori Multimedia Center. Im riesigen Book- und Multimedia-Store direkt am Domplatz finden sich auch Bücher und Reiseliteratur auf Deutsch und Englisch, ebenso wie ausländische Zeitungen und Zeitschriften. Auch kann man hier einen Espresso trinken oder eine Kleinigkeit essen. Tgl. bis 23 Uhr, Piazza Duomo 1, 20123 Mailand

On Canvas Benetton. Der 2014 eingeweihte Concept Store direkt am Domplatz verteilt sich auf 1500 Quadratmeter. Im lichtdurchfluteten Store kommen die Farbpaletten der United Colours besonders gut zur Geltung. Besonders reich ist die Auswahl an Kinderkleidung. An über den Laden verteilten Tablets kann man sich sein ideales Outfit zusammenstellen und online gleich die gewünschten Farben ordern. Tgl. geöffnet, Piazza Duomo/Via Giuseppe Mazzini 3, 20123 Mailand

INFORMATION

Unter dem Domplatz bei den U-Bahn-Eingängen befinden sich einige **Serviceschalter**, darunter der des **öffentlichen Nahverkehrs ATM** (auf der rechten Seite des Platzes), hier bekommt man Fahrpläne, Tageskarten, und man kann sich beim Bike-Service anmelden, um die öffentlichen Fahrräder benutzen zu können. Hier gibt es auch ein öffentliches WC.

Kasse des Teatro alla Scala. Unter dem Domplatz (Metro-Eingang auf der rechten Seite des Domplatzes) befindet sich auch die Theaterkasse der Scala. Wer es schaffen sollte, eine Karte zu ergattern, nimmt an einem echten Highlight bei seinem Mailandbesuch teil.

Parken. Das dem Domplatz am nächsten gelegene Parkhaus hinter dem Museo del Novecento ist von 7 bis 2 Uhr morgens geöffnet. Parcheggio Autosilos Piazza Diaz, Piazza Amando Diaz 6, 20123 Milano

UM DEN DOMPLATZ

2 Palazzo Reale und Dommuseum
Die Domschätze im Königspalast

Am Domplatz steht der Hofpalast. Hier amtierten die Herzöge Visconti und Sforza, gingen Maria Theresia und Napoleon ein und aus, und die italienische Königsfamilie der Savoyer hatte hier ihr Mailänder Domizil. Heute im Besitz der Stadt ist er ein wichtiges Kulturzentrum: für anspruchsvolle Ausstellungen, als Appendix des benachbarten Museo del Novecento, vor allem aber als Sitz des Dommuseums, das mit seinen Schätzen 700 Jahre Kunst- und Glaubensgeschichte erzählt.

An der rechten Domseite, schräg zurückversetzt an der mit einem Rombenmuster gepflasterten Piazzetta Reale, erstreckt sich die elegante klassizistische Fassade aus dem 18. Jahrhundert. So hatte Giuseppe Piermarini, Lieblingsarchitekt von Herzogin Maria Theresia, den königlichen Hofpalast mit Ehrenhof und der großen zentralen Treppe hinauf in die Festgemächer umgestaltet. Hier in direkter Nachbarschaft zum religiösen Zentrum behauptete sich auch immer die weltliche Macht: Schon im 13. Jahrhundert war hier der Vecchio Broletto, der Sitz der mittelalterlichen Ratsversammlung der mittelalterlichen Kommune. Ab dem 14. Jahrhundert wurde er zum Amtssitz der Fürstenfamilien Visconti und Sforza ausgebaut, dann zum Hofpalast unter französischer, spanischer und Habsburger Herrschaft. Seinen glamourösen Höhepunkt erlebte der Palazzo Reale, als Mailand von 1805 bis 1814 die Hauptstadt des napoleonischen Königreichs Italien war. Und nach der Nationalstaatsbildung war die italienische Königsfamilie der Savoyer hier zu Besuch.

Die gotische Kirche San Gottardo in Corte diente im 14. Jh. als Hofkapelle der Visconti.

Palazzo Reale und Dommuseum

Der königliche Palast: heute ein wichtiges Kulturzentrum

1920 gelangte der Palazzo in den Besitz des italienischen Staates. 1935 ließ Mussolini den rechten Flügel für den Bau des Palazzo dell'Arengario einreißen, und 1943 wurde der Palast durch Bomben der Alliierten stark beschädigt. Und heute? In umfangreichen Rekonstruktionsarbeiten versucht man, die Gemächer und Festsäle so weit wie möglich wieder herzustellen, für das zukünftige Museo della Reggia. Zugleich ist hier viel Platz, was den Palazzo Reale zu einem hochkarätigen Ausstellungsort macht, beispielsweise für eine große Schau zu Leben und Werk des Genies Leonardo da Vinci zur EXPO 2015.

Die Baukunst am Dom in allen Details

Im linken Bereich, dem ältesten Teil des Palazzo, geht es in die Säle des Museo del Duomo: Die Fabbrica del Duomo zeigt hier seit 1953 ihre Schätze, dabei ist das Museum in den letzten Jahren neu gestaltet worden und beeindruckt mit einem faszinierenden Spaziergang durch die Baugeschichte und die Kunst des Doms. Viele vor dem Smog geschützte Originale sieht man nun von ganz nah, Heiligenstatuen und glaubensgeschichtliche Symbolik in ihren ausdrucksstarken Details.

Europäische Bildhauerkunst

In Saal 1 befinden sich die liturgischen Kostbarkeiten aus dem Domschatz. Saal 2 zeigt die allererste Statue (1404), einen ernsten rustikalen Heiligen Georg mit dem Gesicht, so heißt es, von Herzog Gian Galeazzo Visconti, dem ersten Mäzen des Doms. Saal 3 als »Werkstatt Europas« führt die Bildhauerwerke an Kapitellen und der Außenwand der Apsis aus der internationalen Spätgotik des

AUTORENTIPP!

FRISCHER FISCH BEI A'MARE
a'Mare, am Meer, zusammengeschrieben wird daraus *amare*, lieben, das Meer und frischen Fisch, den lieben die drei jungen Betreiber, die Geschwister Matteo und Michela mit Ehemann Maurizio, so sehr, dass sie dieses Fischrestaurant aufgemacht haben, in Domnähe hinter dem Palazzo Reale. Die anspruchsvollen Köche und Gaumen der Mailänder haben dafür gesorgt, dass die Stadt bekannt ist für die Frische des Fischs; hier zeigt sich das Angebot an rohem Fisch und an duftenden Meeresfrüchten. Zum Lunch gibt es leichte schnelle Gerichte und Fisch-Hamburger und das alles in einem hellen marinen Ambiente, da fühlt man sich fast wie am Meer.

a'Mare. So Abend geschlossen, Via Santa Teca 3, 20122 Mailand, Tel. 02/36 50 30 24,
www.amarerestaurant.it

Oben: Herzogin Maria Theresia und Napoleon schritten diese Treppe hinauf zum Piano Nobile.
Unten: Im Dommuseum kann man die Kunst der Kirchenfenster bewundern.

15. Jahrhunderts vor, darunter große wüste Wasserspeier; Saal 4 zeigt die Herausbildung des italienischen Stils der lombardischen Renaissance, die Heiligenfiguren werden geschmeidiger, lebendiger. Das Licht im Dom, wie es die Glasfenster des 15. und 16. Jahrhunderts filtern, ist Thema in Saal 5. Saal 6 zeigt einen Tintoretto aus der Sakristei, und die Säle 7 und 8 sind dem Gegenreformator Kardinal Carlo Borromeo gewidmet.

Grabskulpturen auf dem einstigen Domfriedhof

Ein Höhepunkt ist die Präsentation der Gips- und Terrakottamodelle für die Grabskulpturen auf dem einstigen Domfriedhof (heute überbaut) in Saal 9. In Saal 11 dreht sich alles um die Madonnina, Saal 12 spiegelt die Fülle der bildhauerischen Produktion des 19. Jahrhunderts wider, das zeigen auch die Holzmodelle in Saal 13 und zum Abschluss in Saal 14 die Modelle der Bronzetüren des 20. Jahrhunderts, unter denen ein Entwurf von Lucio Fontana, überrascht. Zum Ausgang hin gemahnen zwei Originalwerke an die Auswirkungen von Krieg und Smog.

Palazzo Reale und Dommuseum

Infos und Adressen

SEHENSWÜRDIGKEITEN

Dommuseum im Palazzo Reale. Die Schätze der Dombauhütte in einer 2013 neu gestalteten, eindrucksvollen Präsentation im Palazzo Reale. Sowohl im Dom wie auch im Dommuseum finden hin und wieder Konzerte statt. Di–So 10–18 Uhr, letzter Einlass 16.50 Uhr, Piazza Duomo 12, 20123 Mailand, http://museo.duomomilano.it, Eintritt 6 Euro.

Palazzo Reale. Die Räumlichkeiten des königlichen Palastes beherbergen anspruchsvolle Ausstellungen zu italienischer wie internationaler, alter wie neuer Kunst. Zur EXPO 2015 findet hier eine große Ausstellung zu Leben und Werk von Leonardo da Vinci statt. Öffnungszeiten der Ausstellungen Mo 14.30–19.30 Uhr, Di, Mi, Fr, So 9.30–19.30 Uhr, Do, Sa 9.30–22.30 Uhr, Piazza Duomo 12, 20123 Mailand, www.turismo.milano.it

ESSEN UND TRINKEN

Caffè Giacomo. Das Café im Retrostil im Palazzo Reale lädt ein zur Verschnaufpause nach den Besuchen vom Dommuseum oder vom Museo del Novecento, im ersten Stock kann man durch die Ausstellungskataloge blättern. Via Palazzo Reale 12, 20123 Mailand, Tel 02/89 09 66 98, www.giacomocaffe.com

Vico Street. Dieses nette Bistro in einer Straße im Rücken des Palazzo Reale ist nur tagsüber geöffnet. Man bekommt schmackhafte Pastagerichte, Salate, Schinken- und Käseplatten, saftige Hamburger vom Fassona-Rind, einer besonderen Rindersorte aus dem Piemont, und sitzt inmitten von Mailändern. So geschl., Via delle Ore 2, 20122 Mailand, Tel. 02/87 23 46 22, www.vicostreetmilano.it

ÜBERNACHTEN

Rosa Grand. Hinter der Dombauhütte liegt dieses große moderne 4-Sternehotel, eine der besten Innenstadtadressen für Pleasure- und Geschäftsreisende. Mit gutem Restaurant. Piazza Fontana 3, 20122 Mailand, Tel. 02/8 83 11, http://rosagrand.starhotels.com

Das Hotel Rosa Grand liegt ideal zwischen Domplatz und Luxusshopping.

UM DEN DOMPLATZ

3 Das Museo del Novecento
Das Museum moderner Kunst mit dem schönsten Panorama

In dem eleganten Bau aus den Dreißigerjahren direkt am Domplatz erzählt dieses Museum von der Mailänder Kunst des 20. Jahrhunderts: vom Aufbruch der futuristischen Avantgarde, von großen individuellen Künstlerpersönlichkeiten wie Giorgio de Chirico, Giorgio Morandi, Marino Marini und Lucio Fontana, von neuen radikalen Wegen in der Nachkriegszeit, von der Sammlerleidenschaft des Mailänder Bürgertums – und das alles mit dem schönsten Ausblick auf den Domplatz.

Unter dem Dach des Museums bündeln sich viele unterschiedliche Richtungen aus dem Kunstschaffen des letzten Jahrhunderts. Vertreten sind internationale Klassiker wie Picasso und Kandinsky. Doch das Besondere des Museums sind die italienischen Künstler. Hier gewinnt man einen umfassenden und interessanten Überblick über die italienische Kunst des 20. Jahrhunderts, vom Beginn bis in die Siebzigerjahre. Und natürlich ist Mailand die Stadt in Italien, die für die Kunst des 20. Jahrhunderts maßgeblich ist: als Stadt der Gegenwart und des Fortschritts, mit der Accademia di Brera als renommierte und größte Kunstakademie, mit einer lebendigen Galerieszene, vor allem aber mit einigen wohlhabenden Bürgern, die ihre industrielle Tüchtigkeit nicht mit alten Meistern schmückt, sondern lieber mit dem Sammeln der Kunst aus der Gegenwart begleitet. So stammen viele Werke der ersten Hälfte des 20. Jahrhunderts aus der Sammlung der Familie Jucker.

Die Wendeltreppe im Museo del Novecento führt mit Schwung in die Moderne.

Der passende Rahmen im Palazzo dell'Arengario

Über die Jahre entstand so eine städtische Sammlung moderner Kunst, engagierte Sammler und Erben wichtiger Künstlernachlässe verkauften, verliehen und vermachten der Stadt ihre Schätze. Die Stadt selbst, ihr Kulturamt, betätigte sich als Sammler und erwarb ausgewählte Werke. Was aber all die Jahre fehlte, war ein passender Ausstellungsort. Lediglich Zwischenlösungen für die mittlerweile bedeutende Sammlung fanden sich im Kastell, in der Villa Reale oder im Palazzo Reale.

Seit 2010, endlich, ist es so weit: Mit dem Museo del Novecento, dem Palazzo aus dem 20. Jahrhundert, wurde ein passender Rahmen gefunden. Der Palazzo tut nämlich das Seine: So sehr man das Regime des Faschismus unter Diktator Benito Mussolini auch verdammen muss, einige Bauten aus der Zeit bestechen durch ihre moderne klare Eleganz wie dieser Doppelbau an der südlichen Domplatzseite. Auch wenn Mussolini dazu den rechten Flügel des Palazzo Reale abreißen ließ

Oben: Der superproduktive Bildhauer Marino Marini (gest. 1980) bestückt gleich drei Säle.
Unten: '900, das selbstbewusste Emblem für italienische Kreativität im 20. Jh.

UM DEN DOMPLATZ

AUTORENTIPP!

RESTAURANT GIACOMO ARENGARIO

Hier ist es wirklich die Location, die das Restaurant im Museo del Novecento zu einer Topadresse macht: Durch die Fensterfront hat man eine grandiose Sicht auf den Dom, die Piazza und den imposanten Eingang der gegenüberliegenden Galleria Vittorio Emanuele II. Das schicke Art-déco-Styling ergänzt die Architektur und die Kunst des Novecento. Die Speisekarte bietet Mailänder Klassiker wie Safranrisotto und Ossobuco, aber auch kreative Leckerbissen, frischen Fisch und gute Süßspeisen. Die Location schlägt sich im Preis nieder, als Alternative kann man bequem mit einem Drink oder einem Cappuccino im Barbereich vorliebnehmen.

Ristorante Giacomo Arengario. Via Guglielmo Marconi 1, 20123 Mailand, Tel. 02/72 09 38 14, www.giacomoarengario.com

und auch wenn die Terrasse des neuen Gebäudes ihm als Podium für flammende Reden dienen sollte – nicht umsonst Palazzo dell'Arengario genannt, von *arenga*, der feierlichen Ansprache – , einen interessanten Gegenpol zur mächtigen Galleria Vittorio Emanuele II. auf der gegenüberliegenden Platzseite bildet er allemal. Das Architekten-Quartett Griffini, Magistretti, Muzio, Portaluppi, die besten damaligen Baumeister, entwarf den Gebäudekomplex. Gebaut wurde zwischen 1936 und 1956, mit einer langen Unterbrechung während des Krieges und dem Ende des Faschismus, und das Baumaterial war der gleiche Marmor, der auch für den Bau des Doms verwendet worden war. Arturo Martini, der wohl bekannteste Bildhauer zwischen den Kriegen, schuf mit seinen Steinreliefs die »Kunst am Bau«. In der Nachkriegszeit waren hier Büros untergebracht.

Futurismus: Bruch mit der Vergangenheit

Mit der Museumseröffnung im Jahr 2010 waren 100 Jahre vergangen seit dem radikalen Auftritt der Futuristen mit ihrem Manifest von 1909, vor allem aber mit ihrer ersten Ausstellung 1911 hier in der Stadt. Dem Futurismus, der italienischen Avantgarde-Bewegung schlechthin, ging es um den Bruch mit dem übermächtigen Kulturerbe der Vergangenheit und den Aufbruch in die Moderne: An welchem Ort in Italien konnte sich modernes Lebensgefühl als Drang nach Dynamik, Zukunft, nach Befreiung von der Last der alten Meister besser ausdrücken, wenn nicht in Mailand?
Das zentrale Thema der futuristischen Kunst wurde die Ästhetisierung der Geschwindigkeit, der Bewegung, ihrem herausragenden Vertreter Umberto Boccioni ist ein ganzer Saal gewidmet. Weitere wichtige Namen sind Giacomo Balla, Gino Severini, Ardengo Soffici und der frühe Carlo Carrà.

Das Museo del Novecento

Vor dem Zweiten Weltkrieg

Unter dem Motto *Ritorno all'ordine*, Rückkehr zur Ordnung, wenden sich die italienischen Künstler der Zwanziger- und Dreißigerjahre der kompakten konkreten Körperlichkeit der menschlichen Figur zu, der Natur, etwa mit Werken von Felice Casorati, dem späteren Carlo Carrà, mit Mario Sironi, Ottone Rosai und mit den Skulpturen von Arturo Martini. In ganzen Werkgruppen lernt man Künstler kennen, die eigenwillige Wege gehen, so den »metaphysischen« Maler Giorgio de Chirico und seinen Bruder Alberto Savinio. Oder Giorgio Morandi mit der meditativen Ordnung seiner Stillleben. Abstrakte Formsprachen suchen Maler wie Atanasio Soldati und Osvaldo Licini. Als Bildhauer der Abstraktion treten Fausto Melotti mit seinen »musikalisch« schwingenden Arbeiten und Lucio Fontana auf.

Neue Wege nach dem Krieg

Nach dem Zweiten Weltkrieg wird für Lucio Fontana mit dem Spazialismo der Raum mit seinen Grenzen zum Arbeitsmaterial, die er mit seinen berühmten Schnitten in Mauern und Leinwände überschreitet. Und weithin, vom Domplatz aus sichtbar, leuchten seine Neonschleifen von der Decke des Museums. Das Bildmaterial von Alberto Burri sind verkohlte Säcke, Teer, Sand, der Ausdruck von Kriegstrauma und der Aufbruch aus Schutt und Asche. Die Abstraktion führen Künstler wie Vedova, Capogrossi, Tancredi weiter. Ein radikaler Einzelgänger ist Piero Manzoni mit seiner Büchse *Merda d'Artista* (1961). Die neuen Tendenzen der Fünfziger- und Sechzigerjahre finden ihren künstlerischen Ausdruck in Begriffen wie Pittura Analitica, Pittura Geometrica, Pittura Programmata, Realismo esistenziale und Informale – vieles davon entwickelt sich auf dem Nährboden der Kunstakademie in Brera.

AUTORENTIPP!

ZUM *SPRITZ* AUF DIE TERRAZZA APEROL

Von dieser Barterrasse im ersten Stock des Portikus-Palazzo rechts neben dem Eingang in die Galleria Vittorio Emanuele II. hat man einen superben Blick auf die beiden Baukörper des Palazzo dell'Arengario auf der anderen Seite der Piazza. Zu diesem Panorama genießt man den knallorangefarbigen Aperitif Aperol mit seinem bittersüßen Geschmack, ein Mix aus Blutorangen, Rhabarber und Wurzeln, seit 1919 nach geheimem, immer gleichem Rezept gebraut und auch heute ein Kultgetränk. Besonders gut schmeckt er im prickelnden *Spritz*, dem Cocktail schlechthin zur Happy Hour, der Aperitifstunde mit Häppchen und Snacks, Inbegriff des Mailänder Lebensgefühls. Gemixt werden dazu 1/3 Prosecco, 1/3 Bitter (Campari oder eben Aperol) und 1/3 Sodawasser.

Der Palazzo dell'Arengario ist ein Musterbeispiel des Rationalismus.

Das Museo del Novecento

Arte Povera im Flügel des Palazzo Reale

Über einen gläsernen Laufsteg geht es hinüber in den Palazzo Reale, in dem das Museo del Novecento zusätzlichen Raum gefunden hat. Hier begegnet man Künstlern wie Franco Angeli, Mario Schifano und Mimmo Rotella, die von der Pop Art beeinflusst sind. Vor allem aber ist die italienische Arte Povera vertreten, mit ihrem Konzept der »armen« Materialien frei von kulturellen Dogmen in Werken von Luciano Fabro, Jannis Kounellis, Mario Merz, Michelangelo Pistoletto und Giuseppe Penone, den Großen dieser Kunstrichtung. Die Aufnahmekraft sollte noch für den letzten Saal reichen mit den Werken des Bildhauers Marino Marini (1901–1980), dessen Formsprache eine spezifisch italienische Brücke zwischen Moderne und den archaischen Formen früher italischer und etruskischer Kunst zu schlagen scheint.

Die Moderne beginnt mit dem »Vierten Stand«

Selbst der Zugang ins Museum gibt sich dynamisch: direkt aus den Schächten der U-Bahn und über die schwungvolle offene Wendeltreppe hinauf bis unter die Neonschleifen von Lucio Fontana. Und, die Moderne des Novecento beginnt hier mit einem der bekanntesten Bilder Italiens, *Il Quarto Stato* (1902) von Giuseppe Pellizza da Volpedo, das eine auf den Betrachter zustrebende Gruppe streikender Landarbeiter darstellt, der Auftritt des »Vierten Standes« auf der sozialen Bühne. Das 2,80 Meter mal 5,50 Meter große Gemälde, gilt als ein Meisterwerk des italienischen Divisionismus, eine Kunstströmung aus der Zeit der Jahrhundertwende. Die Maltechnik ist vom französischen Postimpressionismus beeinflusst. Einzeln aufgetragene Farbpunkte bringen nicht nur Licht ins Bild, sondern lassen es auch sehr lebendig wirken.

Infos und Adressen

SEHENSWÜRDIGKEITEN

Museo del Novecento. Interessante Wechselausstellungen zeigen weitere Werke aus den Depots. Piazza del Duomo/Via Marconi 1, 20123 Mailand, Mo 14.30–19.30 Uhr, Di, Mi, Fr, So 9.30–19.30 Uhr, Do, Sa 9.30–22.30 Uhr, www.museodelnovecento.org

ESSEN UND TRINKEN

Bar Giacomo im Museo del Novecento. Man kann in der Lounge Bar oder an der Theke des edlen Restaurants im Museum (s. Autorentipp) auch nur etwas trinken, auch wenn man weder das Restaurant noch das Museum besucht. Via Guglielmo Marconi 1, 20123 Mailand

Fruit Season. Zum Domplatz hin finden sich die etwas neppigen Touristencafés, in den Straßen im Rücken der Sehenswürdigkeiten hingegen gibt es nette Adressen für eine Erfrischung oder einen Imbiss. Zum Beispiel mit frischen Frucht- und Gemüsedrinks, Salaten und Obstcocktails, alles aus Biozutaten. So geschl., Via Dogana 1, 20123 Mailand, Tel. 02/86 99 68 09

Yokohama. Die Mailänder lieben Sushi und Sashimi. Auch heißt es, dass man nirgends so frischen Fisch in Mailand bekommt. Entsprechend viele, edel asiatisch gestylte Japaner bietet die Stadt. Wie diesen hier gleich beim Museum, dank seiner guten Preise auch mittags sehr beliebt. So geschl., Via Maurizio Gonzaga 4, 20123 Mailand, Tel. 02/87 42 91, www.yokohama.it

UM DEN DOMPLATZ

4 Die Galleria Vittorio Emanuele II.
Seit 150 Jahren die schönste Shoppingmall Italiens

Die Galerie verkörpert aufs Feinste den Hang Mailands zu Luxus, Eleganz und Kommerz, sie steht aber auch für handwerkliche Exzellenz. Heute zeigt sie sich so strahlend wie schon lange nicht mehr, McDonald's ist ausgezogen, neue Luxusbrands sind wieder eingezogen, sie wurde sorgfältig restauriert, und man kann in edlen Suiten sogar in ihr übernachten. Im Jahr 2017 feiert sie ihr hundertfünfzigjähriges Bestehen.

Nach der Einweihung der Galleria Vittorio Emanuele II. am 17. September 1867 im Beisein des Königs gingen die Bilder von diesem »Bauwunder, welches in Europa nicht seines Gleichen hat«, um die Welt. Sie beeindruckte schwer, nicht nur wegen ihrer Größe, sondern auch mit ihrem hochherrschaftlichen Raumgefühl, ihren Malereien, dem Stuck und Steindekor, den prachtvollen Fuß-

Mitte: Viele edle Labels sind in diese traumhafte Mall zurückgekehrt.
Unten: Bis vor ein paar Jahren gab es McDonalds in der Galerie, heute snackt man bei Gucci.

MAL EHRLICH
KOMPLIZIERTER SPASS
Eigentlich ist das eine tolle Sache, dass man sich überall in der Innenstadt ein orangefarbenes Fahrrad ausleihen kann. Aber muss das sein, dass man sich für jede Ausleihe, auch nur für eine Stunde oder für ein zweites Mal am Tag, 150 Euro als Kaution von der Kreditkarte abbuchen lassen muss? Und wer keine Kreditkarte hat? Junge Leute etwa? Da muss sich die Stadt noch ein besseres System für die ansonsten sehr gute Initiative ausdenken.

Die Galleria Vittorio Emanuele II.

bodenintarsien, wegen der technisch ausgeklügelten Gußeisenstruktur und der raffinierten Beleuchtung. Sie war ein Meisterwerk der Baukunst, des stilvollen Kunsthandwerks und modernster Technik. Als Ingenieur Gustave Eiffel den Pariser Eiffelturm plante, kam er nach Mailand, um die Eisenkonstruktion der Galerie zu studieren.

Vom Domplatz zur Piazza della Scala

Hinein geht man vom Domplatz aus durch einen Triumphbogen, unter der 47 Meter hohen Glaskuppel angelangt, läuft man über das Wappen der Savoyermonarchie im Steinfußboden, weitere Intarsienfelder zeigen die vier Stadtwappen von Mailand, Turin, Florenz und Rom, allesamt waren sie im 19. Jahrhundert mal Hauptstadt gewesen. Ein weiteres Intarsienrondell zeigt einen Stier, anstelle seiner männlichen Attribute haben Millionen von Schuhabsätzen eine Kuhle getreten, denn sich auf diesem Punkt um die eigene Achse zu drehen, soll Glück bringen. Weiter durch den 200 Meter langen Hauptarm der Galerie tritt man dann wieder hinaus und ist auf der Piazza della Scala angelangt. Der Querarm führt gen Westen auf die Via Silvio Pellico und gen Osten auf die Via Foscolo.

Die Galerie verkörpert den Stolz der neuen Nation

Die Galleria war Teil der groß angelegten Neugestaltung des Domplatzes nach den Plänen des Architekten Giuseppe Mengoni, der sich mit seinem Entwurf gegen 176 Konkurrenten durchgesetzt hatte. Kurz vor der Eröffnung seines Epoche machenden Werks stürzte er vom Baugerüst, tot, eine echte Gemeinheit des Schicksals. Über dem Eingangsbogen steht »A Vittorio Emanuele i Milanesi«, die Widmung der Mailänder an den Savoy-

AUTORENTIPP!

IM CAMPARINO IN DER GALLERIA

Seit Generationen werden die Tischchen für die Mailänder Traditionsbar links unter dem majestätischen Eingang in die Galleria Vittorio Emanuele II. eingedeckt, im Innern ist noch viel vom Liberty- bzw. Jugendstil-Interieur erhalten. Hier schenkte die Familie Campari Ende des 19. Jahrhunderts ihren weltberühmten Bitterlikör zum ersten Mal aus. Trotz vieler Touristen führen die Mailänder nach wie vor ihre Gäste hierher, zum leichten Imbiss, zum Tee, zum Marocchino, dem Espresso mit Milchschaumhäubchen, zum Negroni, dem starken Klassiker aus Campari, Vermuth und Gin, oder zum Campari Soda im kegelförmigen Kult-Fläschchen, 1932 vom Künstler Fortunato Depero entworfen, dem Sie auch in der Kunstsammlung im Museo del Novecento auf der gegenüberliegenden Seite des Domplatzes begegnen.

Durch diesen Triumphbogen betritt man die heiligen Hallen des edlen Kommerzes.

Die Galleria Vittorio Emanuele II.

erkönig und Ausdruck ihres Nationalgefühls nach der Einigung Italiens. Schließlich stand Mailand damals mit all seiner sich entwickelnden Industrie für den Fortschritt und die Kraft dieser neuen Nation.

Viele Adressen aus der Anfangszeit

Die elegante Galerie wurde umgehend der Treffpunkt der Mailänder Bürger, Adligen, Intellektuellen und Künstler, der Salon der Stadt. Man tagte und tafelte in den eleganten Cafés und Restaurants, und edle Läden machten auf. Man staunt, wie viele Adressen noch aus der Anfangszeit stammen, wohl auch, weil die Stadt die Vermieterin ist. Das Café Camparino links vom Eingang, in dem der erste Campari Bitter ausgeschenkt wurde, gibt es immer noch. Ebenso das Restaurant Biffi oder das feine Savini. Mailands älteste Buchhandlung Bocca hat hier ihren angestammten Platz und eine interessante Auswahl an Kunstbüchern. Kaum jünger ist der schön verschmockte alte Laden mit Kunstdrucken und Stichen Centenari. Aus dem Jahr 1913 stammt der erste Prada-Laden hier in der Galerie mit den Lederwaren des Großvaters der Prada-Besitzerin Miuccia. Die Enkelin hat heute hier natürlich eine ihrer Edelboutiquen. Ebenso wie Versace, Armani, Massimo Dutti und Luisa Spagnoli. Gucci hat hier sogar ein Café eröffnet. In der Galerie bekommt man außerdem feine Hemden, feine Schlipse, feine Handschuhe und oberfeine Hüte, die berühmten von Borsalino. Und mit Feltrinelli-Ricordi hat auch der größte und modernste Medien-Buchladen Mailands seine Filiale in der Galerie. Heute ist sie natürlich nicht mehr der Salon der Stadt, aber nach wie vor die edle Shoppingmall und vor allem ein Bauwunder, über das täglich Tausende von Besucher aus aller Welt staunen.

Infos und Adressen

ESSEN UND TRINKEN

Caffè Gucci. Vor der Gucci-Boutique in der Galleria genießt man die Köstlichkeiten, die der österreichische Starkonditor und »Re del Cioccolato« Ernst Knam zubereitet. Galleria Vittorio Emanuele II., 20121 Mailand

ÜBERNACHTEN

Seven Stars Galleria. Hier residiert man in der Galleria in sieben Suiten. Behaglich und stilvoll, der Service ist großartig. Via Silvio Pellico 8, 20121 Mailand, Tel. 02/89 05 82 97, www.sevenstarsgalleria.com

EINKAUFEN

Andrew's Ties. Hinter dem englischen Namen steckt die Krawattenfabrik Zadi. Hier bekommt man klassische oder modische Krawatten in allen Farben und Materialien. Galleria Vittorio Emanuele II., 20121 Mailand, Tel. 02/86 09 35

Libreria Bocca 1775. Die älteste Buchhandlung Mailands steht längst unter Denkmalschutz. Sie ist ein Eldorado für Kunstinteressierte und Künstler, voller Kunstbücher und Ausstellungskatalogen, mit ihren Kunstdrucken und Grafiken, mit Ausstellungen und Debattenabenden. Galleria Vittorio Emanuele II. 12, 20121 Mailand, Tel. 02/86 46 23 21, www.libreriabocca.com

Piumelli. Seit 50 Jahren schneidert Piumelli Handschuhe, aus allerfeinsten Ledern, Seide und Vlies in allen nur erdenklichen Farben, allein die Auswahl ist ein echter Hingucker. Galleria Vittorio Emanuele II., 20121 Mailand

UM DEN DOMPLATZ

5 Die edlen Department Stores
Mailands Kaufhäuser: elegant und schick

Es sind Orte, die die Touristen genauso zielstrebig ansteuern wie den Dom oder das *Abendmahl* des Leonardo da Vinci. Sie gehören zu den Sehenswürdigkeiten Mailands genauso wie die Navigli oder das Kastell, wie das KaDeWe zu Berlin oder die Galeries Lafayette zu Paris. Derart schicke *Grandi Magazzini* wie La Rinascente am Domplatz oder das Excelsior nur ein paar Schritte weiter konnten nur in Mailand ihren Anfang nehmen.

Gleich links vom Dom geht es hinein in diese duftende glitzernde Welt von La Rinascente, dem wohl berühmtesten Kaufhaus Italiens. Wer Shopping liebt oder auch nur das Betrachten schöner Waren, der spürt seinen Puls hier höher schlagen. Im Untergeschoss überrascht die riesige Home- bzw. Design-Kollektion, im Trend liegt die nordische Alltagsästhetik, aber natürlich fehlt auch der italienische Alessi-Stil nicht. Über weitere sieben Etagen verteilen sich Parfüm und Kosmetik, vor allem aber elegante Nischen mit den Kleidungsstücken vieler großer italienischer und internationaler Labels. Dann natürlich Accessoires und eine superschicke Schuhabteilung. Im siebten Stock ist man dann im Schlemmerhimmel angelangt, überall Kulinarien von ausgesuchten Herstellern, darunter die angeblich beste Pasta aus dem Pastificio Campi aus Gragnano bei Neapel. Es gibt verschiedene Bereiche, in denen man essen kann, von der Sushi-Theke bis zum Mozzarella-Bistro. Das Highlight im buchstäblichen Sinne ist die Dachterrasse mit Ausblick auf den Dom.

Mitte: Im Dachcafé des La Rinascente scheinen die Domterrassen zum Greifen nah.
Unten: In den feinen Department Stores zählen Ware und Präsentation.

Die edlen Department Stores

Der erste Laden mit Fertigkonfektion

Die Idee eines großen Kaufhauses mit vielfältigem Warenangebot und vor allem mit standardisierter Konfektionskleidung zu erschwinglichen Preisen kam in Frankreich auf. Es dauerte, bis die Brüder Bocconi 1865 nicht weit vom Domplatz den ersten italienischen Laden mit Konfektionskleidung eröffneten. Das kam gut an, man vergrößerte, und aus dem Laden wurde ein *Grande Magazzino*.

Die Auferstehung

1917 übernahm Senator Borletti das große Ladengeschäft und beauftragte den damals berühmten Dichter und Kriegshelden Gabriele d'Annunzio mit der Suche nach einem passenden Namen: *La Rinascente*, das Auferstehen, ein prophetischer Name, denn gleich nach der Neueröffnung 1918 brannte das Kaufhaus aus, doch Borletti baute es größer und schöner wieder auf, bis es 1943 von Alliiertenbomben schwer beschädigt wurde. Beim erneuten »Auferstehen« aus der Asche bekam es den eleganten Portikus aus Marmor. Längst hat La Rinascente elegante Niederlassungen in Rom, in Florenz und Palermo.

Das coole Excelsior

Damit aber nicht genug: 2012 hat nur ein paar Schritte weiter das Excelsior eröffnet. Jean Nouvel, Stararchitekt aus Paris, der auch die Galerie Lafayette in Berlin gebaut hat, hat dafür einen alten Kinopalast in dieses Luxuskaufhaus umgestaltet, ein wenig kleiner, ein wenig cooler, ein wenig spezieller noch als La Rinascente. Tiffany hat hier seinen Laden, die Gastronomieabteilung nennt sich Eat's Food Store und ist so clean, dass man kaum an Essen denken mag.

Infos und Adressen

ESSEN UND TRINKEN
Fresco & Cimmino. In einer kleinen Seitenstraße am östlichen Ausgang der Galleria Vittorio Emanuele stößt man auf dieses moderne Café-Restaurant. Zu Pasta, guter Pizza und köstlichen Dolci sitzt man zwischen den tüchtigen City-Mailändern. Via Ugo Foscolo 4, 20121 Mailand, Tel. 02/97 37 48 69

Mozzarella e Basilico. An einem Seitenplätzchen hinterm Dom liegt diese moderne Pizzeria. Vieles kommt direkt aus Neapel, etwa die Pasta aus der renommierten Nudelfabrik von Gragnano, neben den hoch ausgebackenen Pizzen schmeckt auch das süditalienische Gemüse zu für die Gegend sehr zivilen Preisen. Piazzetta Pattari 4, 20122 Mailand, Tel. 02/89 09 26 13, www.mozzarellaebasilico.com

ÜBERNACHTEN
Straf. Ein interessant gestyltes Designhotel direkt beim Domplatz. Via San Raffaele 3, 20121 Mailand, Tel. 02/80 50 81, www.straf.it

Am besten schmeckt dieses Nationalgericht, wenn der Mozzarella-Zopf superfrisch ist.

UM DEN DOMPLATZ

6 Luxus im Modeviertel
Das goldene Quadrilatero della Moda um die Via Montenapoleone

Vier Straßen markieren eines der berühmtesten Modeviertel der Welt, die Via Montenapoleone, die Via della Spiga, die Via Manzoni und die Via Sant'Andrea, dazwischen stille Verbindungsgassen, doch mit nicht minder edlen Adressen, das Ganze auch *Quadrilatero d'Oro* genannt, das goldene Viereck. Zur Kulisse für den heutigen Luxus gehören aristokratische und großbürgerliche Palazzi des 18. und 19. Jahrhunderts.

Über den Corso Vittorio Emanuele zur Piazza San Babila

Wohlhabende Araber, Chinesen, Russen und Südamerikaner jetten eigens zum Shoppen her. Der Kassenbon liegt im Schnitt um 1400 Euro, die astronomischen Ladenmieten steigen weiter, von Krise weiß man in diesem Viertel nichts.
Vom Domplatz zum Quadrilatero führt der Shoppingbummel vorbei an den beiden Edelkaufhäusern La Rinascente und Excelsior über den verkehrsberuhigten Corso Vittorio Emanuele II., den ein Modeladen nach dem anderen säumt, darunter Casualmarken wie Benetton, OVS, Zara, H&M und Swatch. Dazwischen Banken, Cafés und sogar die eine oder andere Kirche und, etwa aus der Zeit der klassizistischen Umgestaltung des Stadtzentrums Ende des 18., Anfang des 19. Jahrhunderts, der dem römischen Pantheon nachempfundene Tempel Chiesa San Carlo al Corso. Der Corso ist nicht lang, man legt ihn gut zu Fuß zurück, am

Wie eine Fata Morgana taucht auf dem Corso Vittorio Emanuele II. der Dom auf.

Ende mündet er in die Piazza San Babila, ebenfalls mit namhaften Shoppingadressen – allen voran das Brian & Barry Building (s. Autorentipp). Die Piazza hat ihren Namen von der Kirche San Babila, die, im Mittelalter gebaut, im 19. Jahrhundert neoromanisch rekonstruiert wurde und dem neuzeitlichen Getümmel wacker standhält. Von der Piazza gehen weitere Boulevards mit interessanten Läden ab, wie die Via Matteotti, der Corso Venezia, die Via Durini, der Corso Monforte, vor allem aber die Via Montenapoleone.

Klöster und Palazzi

Die Via Montenapoleone hatte schon ein Leben, bevor sie von der luxuriösen Fashionwelt in Beschlag genommen wurde. Dieser östliche Teil des Mailänder Stadtgebietes hatte sich in der Blütezeit des 18. und 19. Jahrhunderts unter der Regentschaft der Habsburger Herzogin Maria Theresia und während des napoleonischen Königreichs zu einem Boomviertel der Mailänder Oberschicht entwickelt. Tatsächlich zeichnet die Via Montenapoleone den Verlauf der römischen Mauern von

Oben: Die beschauliche Via della Spiga im luxuriösen Modeviertel
Unten: Die Basilika San Babila stammt aus dem Mittelalter, das Apsismosaik ist von 1929.

UM DEN DOMPLATZ

> ### AUTORENTIPP!
>
> **BRIAN & BARRY BUILDING**
> Im März 2014, als alle in Italien noch von Krise redeten, öffnet dieser neue Department Store auf zehn Etagen. Hinter dem britischen Namen stehen die drei Brüder Zaccardi aus Monza mit ihrem exklusiven Multibrand-Handel für Damen und Herren, dazu Schmuck, Uhren, Kosmetik, Home-Design und natürlich Gastronomie, denn ohne Food scheint heute nichts mehr zu gehen, mit Bistros und hochwertigen Kulinarien sowie im obersten Stock ein feines Restaurant. Dazu passt der rationale Fünfziger-jahrebau vom damals hochberühmten Architekten Giovanni Muzio.
>
> **Brian & Barry Building.** Via Durini 28/Piazza San Babila, 20122 Mailand, www.brianebarry.it

250 n. Chr. nach, in manchen Kellern der Luxusboutiquen finden sich noch deren Überreste. In diesem geschützten Stadtrandgebiet siedelten sich Konvente mit ihren Nutzgärten an. In den Namen der umliegenden Straßen, Via Gesù, Via Santo Spirito, Via Sant'Andrea, Via San Pietro all'Orto (*Orto* heißt Gemüsegarten) oder aber Corsia dei Giardini, die Allee der Gärten, so hieß nämlich im 18. Jahrhundert die Via Manzoni, die nordwestliche Achse des Quadrilatero, klingt das heute noch an. Den prosperierenden Bürgern und Aristokraten gefiel die Gegend, viele der Konvente waren sowieso verarmt und ließen sich leicht verdrängen, immer mehr Palazzi entstanden, die Klostergärten wurden in private Parks umgewandelt. Wie das heute aussieht, zeigt die Via Gesù 6–8: Wer im 5-Sterne-hotel Four Seasons absteigt, der wohnt in einer ehemaligen Klosteranlage aus dem 15. Jahrhundert und nimmt seinen Aperitif in einem zauberhaften Garten ein.

Ein letztes altes Café von 1817

Zu den religiösen Einrichtungen gehörte einstmals auch ein gemeinnütziges Pfandhaus im Viertel, Monte di Pietà genannt. In napoleonischer Zeit wurde sein Statut erneuert, vergleichbar einer Sparkasse, und die Straße bekam den Namen Via Montenapoleone. Neben den feinen Stadthäusern begannen sich Juweliere und Antiquitätenhändler niederzulassen, Künstler wie der Mailänder Dichter Carlo Porta oder der Opernkomponist Giuseppe Verdi mieteten sich hier ein, mancher Gastronomieladen, elegante Hotels und Cafés öffneten. Ein letztes altes Café gibt es noch, die Caffetteria Pasticceria Cova von 1817, Ecke Via Montenapoleone, Via Sant'Andrea, sie gehört aber seit 2013 dem französischen Luxusimperium LVMH.

Luxus im Modeviertel

Rundgang durch das Modeviertel Quadrilatero d'Oro

Im »Viereck der Mode« zwischen Via Montenapoleone und Via Manzoni trifft man auf eine einmalige Dichte an Luxusboutiquen und auf Adelsresidenzen mit dem Luxus von einst, heute Museen.

Ⓐ Kirche San Carlo al Corso – klassizistischer Rundtempel an der Shoppingmeile Corso Vittorio Emanuele II.

Ⓑ Kirche San Babila – ein mittelalterliches Relikt in neoromanischem Gewand

Ⓒ Villa Meissen – Im zauberhaften Innenhof liegt das Lifestyle-Reich der Sächsischen Porzellanmanufaktur.

Ⓓ Palazzo Morando – Museum in einem Rokokopalais mit Stadtansichten und Mode von einst

Ⓔ Museo Bagatti Valsecchi – Im Innenhof der Residenz befindet sich das stimmungsvolle Restaurant Salumaio di Montenapoleone.

Ⓕ Archi di Porta Nuova – das mittelalterliche Stadttor

Ⓖ Armani – Megastore und Luxushotel von Italiens berühmtestem Modedesigner

Ⓗ Grand Hotel et di Milan – edle alteingesessene Gastlichkeit

Ⓘ Il Sole – Auf der Piazza Meda strahlt die bronzene Sonne des Bildhauers Arnaldo Pomodoro.

Ⓙ San Fedele – Vor der eleganten Renaissancekirche posiert der Nationaldichter Alessandro Manzoni.

Ⓚ Palazzo Belgioioso – ein besonders prächtiger Adelspalazzo aus dem 18. Jahrhundert

Ⓛ Casa Manzoni – Hier schrieb Manzoni seinen berühmten Roman *I Promessi Sposi*.

Ⓜ Antica Barbieria Colla – Im uralten Barbierladen ließen sich die Opernsänger der Scala schön machen.

Ⓝ Museo Poldi Pezzoli – aufwändige Adelsresidenz mit kostbarer Kunstsammlung

AUTORENTIPP!

DIE VILLA MEISSEN AN DER VIA MONTENAPOLEONE

Die Staatliche Porzellan-Manufaktur Meißen aus Sachsen, weltberühmt für ihr edles Porzellan und Tafelgeschirr, zeigt in dieser wunderschönen einstigen Privatvilla Carcassola-Grandi an der Via Montenapoleone, dass sie längst einen eleganten luxuriösen Lebensstil verkörpert. Hier finden sich ausgesuchte, eigens für Meissen in Italien entworfene und gefertigte Stücke wie Möbel oder die Wandbekleidung, zauberhafter Schmuck und Abendkleider aus Chiffon, Seide und zarten Porzellanperlchen.

Villa Meissen. Via Montenapoleone 3, 20121 Mailand, www.meissen.com

UM DEN DOMPLATZ

Luxuslabel in klassizistischen Palazzi

Nach dem Krieg, in den Fünfziger- und Sechzigerjahren, in die auch die Entwicklung der Mode, des Made of Italy, fällt, beginnt der Aufstieg der Via Montenapoleone zur Shoppingmeile der großen Luxusmarken. Kaum biegt man in die Straße ein, geht es gleich los mit den hocheleganten Läden von Salvatore Ferragamo und Fendi, auf der anderen Straßenseite öffnen sich die Schaufenster von Louis Vuitton in der edlen Fassade des klassizistischen Palazzo Taverna. Im nächsten Palazzo befindet sich Hermès. Große Tore machen neugierig auf die für Mailand typischen Innenhöfe: Bei der Hausnummer 3 gelangt man in den Hof der Villa Carcassola-Grandi und weiter in den bezaubernden Palazzo, der heute Villa Meissen heißt (s. Autorentipp). Und bei der Hausnummer 13 geht es hinein in den kleinen, idyllisch begrünten Innenhof des Restaurants Bacarò del Sambuco (s. Autorentipp).

Die Via della Spiga – einst eine Lieferantengasse

Während in die Via Montenapoleone Autos hineindürfen, denn mancher fährt natürlich gern mit seinem Ferrari oder Porsche vor, ist die schmale Via della Spiga für Autos gesperrt. Man spaziert über die gepflegte Steinpflasterung und genießt den intimen Charme der Straße. Sie hat mal als Service-Sträßchen begonnen, damit das Dienstpersonal und die Lieferanten von hinten in die Palazzi gelangen konnten, die mit ihren Frontfassaden die parallele Via Senato säumen. Zu diesen Fassaden gehört der eindrucksvolle Palazzo del Senato von 1608, Sitz des Staatsarchivs.

In der Via della Spiga siedelten sich Handwerker, Gemüsehändler, Bäcker, Künstler und Schriftsteller an, der renommierte Mailänder Verlag Garzanti hatte hier in Hausnummer 30 noch bis 1996 seinen

Luxus im Modeviertel

Sitz. Das erste Modegeschäft öffnete 1968, von den ehemaligen Läden, Werkstätten und Trattorien ist nichts mehr übrig geblieben, heute steht die Straße der Via Montenapoleone an Exklusivität in nichts nach, im Gegenteil. Einzig in der Nachbargasse Via Bagutta hat die Trattoria Bagutta überlebt, ganz früher der Stammtisch der Schriftsteller. Davon erzählen die Fotos an den Wänden. Vor allem aber entstand hier 1927 ein wichtiger italienischer Literaturpreis, der heute noch verliehene Premio Bagutta.

In den Adelspalazzi der Luxus von einst

Zu den Quadrilatero-Straßen gehört auch die Via Sant'Andrea, die edlen Stores von Chanel, Trussardi, Miu Miu und Armani Casa residieren hier. In Hausnummer 6 gibt es ein kleines Museumsjuwel zu entdecken, den Palazzo Morando Attendolo Bolognini. Hinter seiner stattlichen Fassade tut sich ein kunstvoll gepflasterter Innenhof auf, die imposante Treppe führt in die Gemächer dieser ehemaligen Adelsresidenz, die die letzte Besitzerin 1945 der Stadt vermachte. Ein Schmuckkästchen im Originaldekor und mit einer fantastischen Sammlung von Mailänder Stadtansichten – 700 Gemälde und über 1000 Stiche und Drucke hatte der Sammler Luigi Beretta 1939 der Stadt geschenkt. Hinzu kommen Roben und Kostüme aus dem 17. Jahrhundert bis hin zu Modellen der ersten Hälfte des 20. Jahrhunderts – das Fundament, auf dem die heutigen Modedesigner aufbauen.

Exklusive Boutiquen und Stores gibt es auch in den schmalen Nachbargassen, keine Reklameschilder kündigen sie an, stilvoll zurückhaltend warten sie darauf, entdeckt zu werden. Ebenso wie zwei historische Luxusresidenzen, das Casa-Museo Bagatti Valsecchi in der Via Gesù 5 (s. S. 70) und das Casa-Museo Poldi Pezzoli in der Via Manzoni 12 (s. S. 72).

AUTORENTIPP!

BACARÒ DEL SAMBUCO

Einer der Innenhöfe der Bürgerpalazzi an der Via Montenapoleone beherbergt diese Speiseadresse im Luxusviertel. Der kleine Hof ist üppig begrünt, hier sitzt es sich bei warmem Wetter sehr idyllisch, die Auswahl der Speisen ist nicht groß, aber alles ist fein zubereitet und hübsch präsentiert – für viele im Viertel die Lieblingsadresse zum Lunch. Im Winter öffnet das Lokal einen Abend, am Montag, zum *Bollito*, dem typischen norditalienischen Winteressen aus butterzartem Brühfleisch mit scharfer Früchtesoße.

Bacarò del Sambuco. Via Montenapoleone 13, Tel. 02/76 39 48 32, 20121 Mailand

UM DEN DOMPLATZ

Infos und Adressen

SEHENSWÜRDIGKEITEN

Biblioteca del Senato. Im hübschen Garten der Bibliothek in der Via del Senato, parallel zur Via della Spiga, finden zwischen Juni und September Konzerte und Lesungen statt. Via del Senato 14, 20121 Mailand, www.bibliotecadelsenato.it

Palazzo Morando – Costume Moda Immagine. In den im Stil des 18. und 19. Jahrhunderts dekorativ eingerichteten Sälen eines Adelspalais mitten im Modeviertel zeigt eine reiche Vedutensammlung das alte Mailand, 700 Gemälde und rund 1000 Stiche und Drucke – wichtige Zeugnisse der Stadtgeschichte. Außerdem finden hier Ausstellungen zu Mode von einst und heute statt. Di–So 9–13, 14–17.30 Uhr, Via Sant'Andrea 6, 20121 Mailand, Tel. 02/88 46 57 35, www.costumemodaimmagine.mi.it, Eintritt frei.

Schriftsteller schauen von den Wänden der alteingesessenen Trattoria Bagutta.

ESSEN UND TRINKEN

Caffé Centro. Am Corso Europa nahe der Piazza Fontana, parallel zum Corso Vittorio Emanuele, empfiehlt sich beim Schaufensterbummel dieses moderne Café-Bistro: frische Kleinigkeiten oder ein richtiges Menü zwischen den Mailändern aus den umliegenden Büros, ein Tipp in dieser hochpreisigen Gegend. Corso Europa 5, Tel. 02/76 31 80 26, 20122 Mailand, www.milanocentrorestaurant.it

Caffetteria Pasticceria Confetteria Cova 1817. In dieser historischen Konditorei gibt es Kleinigkeiten zu essen, Kuchen und Pralinen und im Winter den typischen Mailänder Weihnachtskuchen *Panettone* in allen Größen. Via Montenapoleone 8, Tel. 02/76 00 55 99, 20121 Mailand, www.pasticceriacova.it

Chic & Go. Der Name sagt es, eine schicke Brötchenbar in einer schmalen Galerie, ideal für den kleinen Hunger im Modeviertel. Via Montenapoleone 25, Tel. 02/78 26 48, 20121 Mailand, www.chic-and-go.com

Drogheria Parini 1915. Aus dem alten Gastronomieladen, ein Relikt im Modeviertel, ist 2014 ein modernes Allround-Lokal geworden, man kann hier in den Gewölberäumen zu jeder Tageszeit essen und Food & Drinks einkaufen. Via Borgospesso 1/Via Montenapoleone, 20121 Mailand, Tel. 02/76 00 23 03

Trattoria Bagutta. Hier, am Stammtisch der Schriftsteller, Verleger und Journalisten, wurde 1927 der heute noch alljährlich verliehene, erste Literaturpreis Italiens ins Leben gerufen, der Premio Bagutta. Überall an den Wänden der gemütlichen, hochpreisigen Trattoria hängen Fotos von Schriftstellern. Via Bagutta 14, Tel. 02/76 00 27 67, 20121 Mailand, www.bagutta.it

ÜBERNACHTEN

Carlton Hotel Baglioni. Moderner Komfort mischt sich mit Antiquitäten aus unterschiedlichen Epochen, von eleganter Behaglichkeit ist auch das erstklassige Restaurant. 2 Eingänge: Via Senato 5, Via della Spiga 8, Tel. 02/7 70 77, 20121 Mailand, www.baglionihotels.com

Four Seasons. Ein Kloster aus dem 15. Jahrhundert ist heute diese stilvolle Luxusherberge, der ehemalige Klostergarten eine grüne Oase für die Gäste. Via Gesù 6/8, Tel. 02/7 70 88, 20121 Mailand, www.fourseasons.com/milan

Luxus im Modeviertel

Hotel Manzoni. Mitten im Modeviertel liegt dieses alteingesessene gepflegte Haus von klassischer Eleganz und mit angenehmer Atmosphäre. Via Santo Spirito 20, Tel. 02/76 00 57 00, 20121 Mailand, www.hotelmanzoni.com

EINKAUFEN

AC Milan Megastore. Der Laden für Fans des berühmten Fußballclubs AC Milan. Galleria San Carlo/Corso Vittorio Emanuele II. 20122 Mailand, http://store.acmilan.com/it/milan-store-milano

Barrett 1917. Die Marke für anspruchsvolle, sorgfältig gearbeitete Herrenschuhe entstand 1917 aus der Zusammenarbeit zwischen einem Schuhmacher aus Parma und einem Lederhändler aus England, unverwechselbar und besonders schick ist die Kollektion aus blau gefärbtem Leder. Via Gesù 9, 20121 Mailand, www.barrett.it

DTIntrend. Hinter diesem anonymen Label in der Einkaufspassage Galleria San Carlo/Corso Vittorio Emanuele verbergen sich die Mäntel, Strickwaren und Taschen der Marke Max Mara, die nur wenige Schritte entfernt an der Piazza San Babila/Corso Venezia ihren offiziellen Flagship Store hat. Hier bekommen Sie die Teile der Vorsaison zum halben Preis. Galleria San Carlo, 20122 Mailand

Galleria Nilufar. Wunderbar exzentrische Möbel aus den Zwanzigerjahren und herrliche Teppiche aus aller Welt, die Sachen werden einem auch nach Hause geschickt. Via della Spiga 32, 20121 Mailand, www.nilufar.com

Stuart Weitzman. Wie wichtig das Styling der Läden ist, zeigt die 2014 eröffnete Boutique des amerikanischen Schuhdesigners Stuart Weitzman, die er von der weltberühmten Architektin Zaha Hadid glamourös schwungvoll gestalten ließ. Via Sant'Andrea 10, 20121 Mailand

Die Stilmöbel bei Nilufar werden von einer phantastischen Lampensammlung beleuchtet.

UM DEN DOMPLATZ

7 Die Via Manzoni
Hier liegt das Reich von Giorgio Armani

Über die lebendige Via Manzoni schnarrt die alte Straßenbahn unter den Stadttorbögen Archi di Porta Nuova hindurch, ein Überbleibsel der mittelalterlichen Stadtbefestigung. Vorbei an den strengen Fassaden alter Stadtpalais geht es Richtung Piazza della Scala. Mit ihren zahlreichen Schaufenstern gehört die Via Manzoni zum Quadrilatero della Moda.

So ist die Straße dem Schriftsteller Alessandro Manzoni gewidmet, der mit I Promessi Sposi 1827 den berühmtesten Roman der italienischen Literaturgeschichte schrieb, Goethe las ihn und befand, dass er »alles überflügelt, was wir in dieser Art kennen«. Manzoni wurde zum Nationalhelden. Opernkomponist Giuseppe Verdi stieg hier ab für seine Premieren am Teatro alla Scala. Heute hat Giorgio Armani, der »Modekönig Italiens«, hier sein Hauptquartier aufgeschlagen. Als nordwestliche Achse des Quadrilatero dell'Oro ist sie nach wie vor eine der besten Adressen.

Einst säumten Gärten die Straße

Früher einmal hieß sie Corsia dei Giardini, die »Gartenmeile«: Stadtauswärts führte sie vorbei an Klostergärten, an den Parks der hochherrschaftlichen Residenzen des 17., und vor allem 18. und 19. Jahrhunderts und erreichte schließlich eine große Parkanlage, die heutigen Giardini Pubblici, die die Habsburger Herzogin Maria Theresia hatte anlegen lassen. Abends klackerten die Kutschen stadteinwärts zur Piazza della Scala ins Teatro, das gleich nach seiner Einweihung 1778 als das

Die Porta Nova, das letzte Tor der mittelalterlichen Stadtmauer

Die Via Manzoni

schönste öffentliche Theater Europas gefeiert wurde. Immerhin war Mailand im 18. und 19. Jahrhundert eine der großen Kulturmetropolen Europas.

Spitzenlocation für Palazzi und Mode

Gleich unterhalb der mittelalterlichen Stadttorbögen Archi di Porta Nuova beginnt das Fashion-Shopping. Im Vergleich zu den eleganten Boutiquenstraßen Via Montenapoleone und Via della Spiga haftet der verkehrsreichen Via Manzoni heute eher etwas Unruhiges, Modernes an. Doch der Blick weg von den Schaufenstern lohnt sich, auf die strenge, ebenmäßig gegliederte Fassade des Palazzo Borromeo d'Adda (18. Jh.), die sich imposant die Straße entlangzieht (Via Manzoni 39–41). Zu manchen Anlässen darf man in den eleganten Innenhof und in einen mit Skulpturen geschmückten Privatpark.

Vorbei am Unterhaltungstheater Teatro Manzoni gelangt man zum Palazzo Gallarati Scotti, auch heute noch im Besitz der Familie, die ihn im 18. Jahrhundert bauen ließ. Sein Inneres ist mit Freskenmalerei ausgeschmückt, an der auch der große venezianische Meister Tiepolo mitgearbeitet hat. Die Familie öffnet manchmal ihre Säle, eine heiß begehrte Location für Schauen und Präsentationen. Anlässe sind die Modewochen oder der Salone del Mobile, die Möbelmesse. In die Fassadenphalanx fügt sich auch die Barockfassade der Kirche San Francesco di Paola ein, mit gut erhaltenem barockem Interieur, zu dem kunstvolles Chorgestühl und eine intakte Orgel gehören.

Verdi im Grand Hotel

Wer selbst in feinen Gemächern der Epoche nächtigen möchte, der kann das heute noch im Grand

AUTORENTIPP!

GIARDINO PEREGO

Parallel zur Via Manzoni verläuft die Via dei Giardini, die weiter über die Via Monte di Pietà und die Via Borgonuovo ins Viertel Brera führt. Hier geht es in Mailands kleinsten Stadtpark, einst der Privatpark der Familie Perego, die nach Napoleons Auflösung der Klöster die hiesigen Gemüsegärten des Konvents Sant'Erasmo übernommen hatte. Vom einstigen Park der Perego, heute weitgehend überbaut, ist diese 4200 Quadratmeter große Grünanlage übriggeblieben. Sie ist immerhin schon seit 1928 öffentlich zugänglich und mit ihrem Blütenreichtum eine wahre Oase nach dem Konsumrausch. Man sieht Kindern beim Spielen zu und auf einer Footingstrecke entspannen sich die Jogger.

Giardino Perego. Via dei Giardini, 20121 Mailand

UM DEN DOMPLATZ

Hotel et de Milan tun, Hausnummer 29, seit 1863 die erste Hoteladresse Mailands. In der Suite Nr. 105 wohnte Giuseppe Verdi, wenn er in der Stadt war, hier schrieb er seine Opern *Othello* und *Falstaff*, nach den Premieren in der Scala wurde er vom jubelnden Publikum zurück ins Hotel begleitet. Als er hier im Januar 1901 im Sterben lag, belegte man die Via Manzoni eiligst mit Stroh, um das Geklapper der Pferdehufe zu dämpfen.

Das Imperium des »King of Italy«

Hausnummer 31 ist ein rational gegliederter Kasten aus den Dreißigerjahren, sehr mailändisch in seiner spröden zementgrauen Eleganz. Das ist das Imperium von Giorgio Armani, den das amerikanische Wall Street Journal den »King of Italy« nannte. Wenn man so will, ein heutiger Patrizier und einer der drei Reichsten des Landes: Was die Familie Ferrero mit Nutella und Schokoküsschen schaffte, die Familie Barilla mit Nudeln, das ist ihm mit schöner Kleidung gelungen. Viele meinen, dass es auf seinen Stil und seinen Erfolg zurückzuführen sei, dass sich Mailand zur Modemetropole und »Made in Italy« zu einem globalen Code für schöne Lebensart entwickeln konnte.

Der »destrukturierte« Blazer

In den Sechzigern arbeitete Armani, Jahrgang 1934, noch als Einkäufer im Kaufhaus La Rinascente. In den Siebzigern präsentierte er seine ersten Kollektionen, 1975 kam sein lockerer Blazer heraus, umgehend als *destrutturato* definiert. Er war für die moderne berufstätige Frau gedacht, Armani holte sie raus aus strengen Jacken mit Schulterpolster und steifen Röcken. Seine Blazer und Hosen legten sich fließend um den Körper, signalisierten sinnliches Selbstbewusstsein und zugleich seriöse Dezenz. Dazu

Oben: Armani betreibt viele Läden in seiner Stadt, darunter ein ganzes Kaufhaus.
Unten: Er entwirft nicht nur Kleider und Accessoires, sondern auch stilvolle Interieurs.

Die Via Manzoni

kommen Qualität und Tragbarkeit. Durch und durch zeitgenössisch, wie der mediale Erfolg bestätigt: Richard Gere trug Armani in *American Gigolo*, der coole Detektiv Don Johnson in der Kultserie *Miami Vice*, Diane Keaton nahm in einem Armani-Blazer ihren Oscar für *Annie Hall* entgegen, Armani passt zu Charlotte Rampling, Denzel Washington, Matt Damon, Cate Blanchett und so fort. 1981 porträtierte ihn Warhol, 1984 erschien er auf dem Titelbild des *Time Magazin*, im Jahr 2000 widmete ihm das New Yorker Guggenheim Museum eine Ausstellung. Im selben Jahr eröffnete er dieses große elegante Armani-Kaufhaus in der Via Manzoni 31.

Armani stylt sogar Blumengestecke

Hier konzentriert sich sein Schaffen, entstehen seine Produktlinien, von Jeans bis hin zu feinen Roben, von Brillen bis zu Blumengestecken, ja auch das. Nicht weit, in der Via Sant'Andrea 9, zeigt Armani Casa, wie er sich Einrichtung vorstellt: lineare Formen, an Bauhaus und Art déco orientiert, in seinen Farben Beige, Braun, Grau, Schwarz und deren Nuancen. Und, eine Seltenheit in der Branche, Armani hält nach wie vor sein Imperium fest in seiner Hand, schöpferisch wie unternehmerisch. Auf sein Konto geht auch die Restaurierung der Barockkirche an der Via Manzoni.

Seitlich des Palazzo öffnet sich ein kleiner Platz mit dem vom großen italienischen Architekten der Postmoderne, Aldo Rossi, als Freitreppe aus Marmorblöcken gestalteten Brunnendenkmal für Sandro Pertini, Held des Widerstands gegen den Faschismus, erklärter »Proletarier« und von 1978–1985 Italiens beliebtester Staatspräsident der Nachkriegszeit. Von der Piazzetta geht es ins Café Armani und in seinen Buchladen, der übrigens

AUTORENTIPP!

CASA DEGLI OMENONI
Über die Piazza Belgioioso und vorbei an der Kirche San Fedele Richtung Piazza della Scala kommt man an diesem Palazzo vorbei. Sein Name »Haus der großen Männer« bezieht sich auf die enormen Steinfiguren, die die Fassade von 1565 aufrecht zu halten scheinen. Über einem Fenster fressen zwei Löwen eine Figur, die *calunnia*, die böse Nachrede. Den auffälligen Palazzo schuf sich Leone Leoni, im 16. Jahrhundert reicher Kunstsammler und Bildhauer am spanischen Hof und bei den Habsburgern. Aus seinem Nachlass stammt der Codice Atlantico, die berühmte Schriften- und Skizzensammlung von Leonardo da Vinci, heute der größte Schatz der Biblioteca Ambrosiana. Seit 1928 gehört der Palazzo Mailands exklusivstem Privatclub, dem Clubino, über dessen 600 Mitglieder die »Großen Männer« nun wachen.

Casa degli Omenoni. Via degli Omenoni 3, 20121 Mailand

Schön wär's, wenn die üble Nachrede von Löwen aufgefressen würde.

UM DEN DOMPLATZ

AUTORENTIPP!

DIE SONNE VON ARNALDO POMODORO

Kunst im öffentlichen Raum, das ist nicht so einfach im dicht bebauten und effizient genutzten Mailand. Hier auf der Piazza Meda begegnet man dem Werk eines der international bekanntesten zeitgenössischen Bildhauer Italiens, Arnaldo Pomodoro, der in Mailand lebt und arbeitet: *Il sole*, die Sonne, eine Bronzescheibe, die sich kaum wahrnehmbar dreht. Die kompakten geometrischen Formen – Scheiben, Kugeln, Zylinder – in glänzend polierter Bronze öffnen sich zu Spalten, die Einblicke in ein technisch anmutendes Innenleben zulassen: strahlende Kraftkörper inmitten urbaner Kantigkeit und Verkehr. Seine Kunststiftung im Navigli-Viertel: www.fondazionearnaldopomodoro.it

von der deutschen Kunstbuchhandlung Walther König betrieben wird.

Stylishes Leben im Hotel

Armani versteht sich nicht nur als Modemacher, sondern auch als Schöpfer von angewandtem Lebensstil, etwa in seinem Hotel auf dem Dach seines Flagship Stores: 95 nach seinem Gusto gestaltete Suiten, dazu Privacy und Wellness, und jedem Gast steht ein sogenannter Lifestyle-Manager zur Seite. Unter den Restaurants im Haus sei vor allem das Nobu erwähnt, mit japanischer Küche, die sich besonders elegant präsentieren lässt, auch das passt. Kurz, Armani verkörpert wie kaum ein anderer die Ästhetisierung zeitgenössischen Stadtlebens auf höchstem Niveau. Und wo sonst, wenn nicht hier in Mailand.

Albert Einstein in der Via Bigli

Direkt gegenüber dem Armani-Palazzo geht es unter einem Eckbalkon im Rokokostil in die stille kleine Via Bigli, die gewichtige Palazzi-Fassaden aus vielen Epochen säumen. Schon seit Jahrhunderten ist sie eine der ersten Wohnadressen Mailands, hinter den Portalen verbergen sich Adelsresidenzen, Luxusapartments und schöne Innenhöfe. Schaut man auf die Erinnerungstafeln an den Gebäudemauern, liest man, dass Albert Einstein in Nr. 21, dem Palazzo Olivazzi, ein paar Jugendjahre (1894–1900) verbrachte. Auch hatte Gräfin Clara Maffei hier ihren *salotto*, ihren Salon, hier organisierte sich die Mailänder Oberschicht gegen die Habsburgerherrschaft und für die Nationalstaatsbildung Mitte des 19. Jahrhunderts. Einen zauberhaften Innenhof hat der Palazzo Bigli in Hausnummer 11, noch aus der Renaissance mit Terrakotta- und Freskendekor. Aber das Portal öffnet sich nur für die Bewohner.

Über die Via Verri geht es über die Piazza Meda mit der Skulptur von Pomodoro auf die hochherrschaftliche Piazza Belgioioso mit dem Palazzo Belgioioso, dem größten und imposantesten Adelspalazzo des Viertels, von 1772 und ein Meisterwerk des zu seiner Zeit begehrtesten Baumeisters, Giuseppe Piermarini, der auch den Palazzo Reale gestaltete und das Teatro alla Scala errichtete.

Hier lebte und starb Manzoni

Ein paar Schritte weiter erhebt sich die elegante Kirche San Fedele im Stil der Spätrenaissance, auf ihrer Piazza erinnert ein Denkmal (1883) an Alessandro Manzoni, der auf den Stufen der Kirche gestürzt war und wenig später seinen Verletzungen erlag. Von hier gelangt man auf die Piazza della Scala.

Oder man bleibt auf der Piazza Belgioioso und steuert auf Manzonis Wohnhaus zu, die Casa Museo Manzoni in einem rötlichen Bürgerhaus. Über die Via Gerolamo Morone geht es vorbei am urigen Barbierladen Antica Barbieria Colla (Nr. 3), den es hier seit 1904 gibt, zurück auf Via Manzoni, vorbei an den Banksitzen Palazzo Anguissola (Nr. 10) und Palazzo Brentani (Nr. 6) mit Terrakotta-Medaillons an der Fassade, aus denen berühmte Mailänder Persönlichkeiten schauen. Heute beherbergen sie die Kunstsammlungen der Gallerie d'Italia an der Piazza della Scala.

Oben: Auf dem Dach des Armani-Kaufhauses residiert man in 95 edlen Suiten.
Mitte: Hinter den Portalen verbergen sich phantastische Wohnungen.
Unten: Nur wenige wissen, dass Albert Einstein einige Jahre in Mailand verbracht hat.

UM DEN DOMPLATZ

Infos und Adressen

SEHENSWÜRDIGKEITEN

Casa del Manzoni. Das gutbürgerliche Wohnhaus von Italiens – nach Dante – berühmtestem Schriftsteller, Alessandro Manzoni (1785–1873), in dem er mit seiner Frau und seinen zehn Kindern lebte. Dass er dabei diszipliniert arbeitete, zeigt sein rationales großzügiges Schreibzimmer. Di–Fr 9–12, 14–16 Uhr, Via Gerolamo Moroni 1, 20121 Mailand, www.casadelmanzoni.it, Eintritt frei.

ESSEN UND TRINKEN

Antico Ristorante Boeucc. An der Piazza mit dem prachtvollen Palazzo Belgioioso befindet sich dieses alteingesessene schöne Restaurant, eine standhafte Mailänder Institution mit typisch gutbürgerlicher lombardischer Küche und frischem Fisch. Piazza Belgioioso 2, Tel. 02/76 02 02 24, 20121 Mailand, www.boeucc.it

Café Corsia dei Giardini. Dieses moderne Bistrocafé gab sich den ursprünglichen Namen der Via Manzoni, tatsächlich schaut man bei den schmackhaften leichten Gerichten ins üppige Grün eines Privatgartens. Via Manzoni 16, 20121 Mailand, Tel. 02/58 01 86 69, www.corsiadelgiardino.it

Don Lisander. So nannten die Mailänder ihren Schriftsteller Manzoni. Wie das Boeucc gehört auch dieses gediegene Restaurant zu den alteingesessenen feinen (und ziemlich teuren) Traditionslokalen, dieses hier mit einem besonders schönen Sommerpatio, im Winter bekommt man den typischen Schweineauflauf *cazzoeula*. Via Manzoni 12/a, Tel. 02/76 02 01 30, 20121 Mailand, www.ristorantedonlisander.it

ÜBERNACHTEN

Armani Hotel Milano. Auf dem Dach des Flagship Store von Giorgio Armani leben die Gäste dieses Suitenhotels in einer Art Splendid Isolation, wie in einer Privatwohnung mit eigenem Personal. Die stilvolle, bestens ausgestattete Spa-Anlage, die Loungebar und das Hotelrestaurant sind allerdings auch für Gäste zugänglich, die nicht im Hotel woh-

Lisander ist die Dialektform von Alessandro, daher kommt Manzonis Nickname.

Die Via Manzoni

Feine, auch antike Geschmeide bei Pennisi

nen. Von allen Bereichen aus hat man einen grandiosen Blick über die Stadt. Via Manzoni 31, Tel. 02/88 83 88 88, 20121 Mailand, www.armanihotels.com

Grand Hotel et de Milan. Ein altehrwürdiges, geschichtsträchtiges und prächtiges Haus im Mailänder Modeviertel, in dem sich verständlicherweise zahlreiche superlative Hoteladressen befinden. Eine Suite ist dem legendären Opernkomponisten Giuseppe Verdi gewidmet, der hier bei seinen Aufenthalten in Mailand wohnte und auch verstarb. Via Manzoni 29, Tel. 02/72 31 41, 20121 Mailand, www.grandhoteletdemilan.it

EINKAUFEN

D Magazine Outlet. Hier, direkt im Quadrilatero, gibt es viele der schönen Kleidungsstücke und Accessoires aus den Luxusboutiquen nebenan eine Saison später 40–50 Prozent günstiger. Die Preise sind dann zwar immer noch hoch, aber immerhin. Via Bigli 4 und Via Manzoni 44, 20121 Mailand, www.dmagazine.lt

Pellini. Die Schmuckdesignerin Donatella Pellini kombiniert unterschiedliche Materialien wie Natur- und Halbedelsteine, Wolle, Silber und Kristall zu filigran verwobenen Kreationen oder kräftigem Dekor, mit denen sich die Mailänderinnen, egal welchen Alters, nur zu gerne schmücken. Berühmt sind ihre Armbänder aus farbigem Kunstharz. Schon ihre Läden (neben Via Manzoni auch in Corso Magenta und Via Morigi) lohnen den Besuch. Via Manzoni 20, 20121 Mailand, www.pellini.it

Pennisi. Eine reiche Auswahl an antikem Schmuck, von dem man sich gut vorstellen kann, dass ihn schon die Damen trugen, die hier früher in den Palazzi des Modeviertels gelebt haben. Via Manzoni 29, 20121 Mailand, www.gioielleriapennisi.it

Valextra. Italienische Handarbeit vom Feinsten, Handtaschen, Pochette, Notebook-Taschen, Reisetaschen, Geldbörsen und Koffer aus Leder in besonders schönen Farben und elegantem zeitlosen Stil. Via Manzoni 3, 20121 Mailand, www.valextra.it

Feiner Schmuck bei Pellini

UM DEN DOMPLATZ

8 Das Museo Bagatti Valsecchi
Eklektischer Lifestyle im Quadrilatero della Moda

Die Freude der Mailänder an der Ausstattung, am Styling, an der Formgebung zeigt sich nicht erst seit heute in den Kreationen der Modeschöpfer und Designer. Ein eigenwilliges Beispiel dafür ist diese Residenz mitten im Modeviertel, die vorführt, wie die kultivierte Upperclass im 19. Jahrhundert lebte und wie stark der Drang nach Gestaltung in der DNA der Mailänder verankert ist.

Der Renaissance-Traum der Brüder Bagatti Valsecchi stammt aus dem 19. Jh.

Die Räume sind noch weitgehend so eingerichtet, wie die Brüder Bagatti Valsecchi, Fausto (1843–1914) und Giuseppe (1845–1934) sie entworfen hatten. Man taucht ein in eine nach innen gerichtete nostalgische Welt, kaum Licht gelangt von außen herein. Eine Welt aus einer anderen Epoche hatten sich diese beiden Brüder schaffen wollen. Das war damals Mode. Die Mailänder Oberschicht sah sich mit einer neuen dynamischen Epoche konfrontiert, man hatte die Gründung der Nation Italien erkämpft, ein aufstrebendes Bürgertum drängte nun in die Verwaltung, in die Politik, gründete Fabriken. Es wurde gebaut und modernisiert. Aber mit vertrauten Elementen, mit in der Vergangenheit bewährten, auch grandiosen Stilen. Als Gegengewicht zum schnellen Wandel imitierte man vergangene Stile in der Neugotik, der Neorenaissance und dem Neoklassizismus. Genau das wollten die Brüder Bagatti Valsecchi konstruieren: die Perfektion einer vergangenen großartigen Epoche, der Renaissance und ihrer manieristischen Nachblüte, im Zeichen des Schönen und Wunderbaren, im wahrsten Sinne eine bewohnbare Wunderkammer.

Das Museo Bagatti Valsecchi

Ein Gesamtkunstwerk

Und da man aus einer kultivierten und wohlhabenden Familie kam, Vater Pietro war zudem ein anerkannter Miniaturenmaler, machten sich die beiden Brüder ans Werk: Aus zwei Stadthäusern schufen sie ein Gebäudeensemble mit den typischen Stilelementen der Renaissancearchitektur, den Innenhöfen, den Loggiengängen, der Quaderfassade, und auch im Innern ließen sie Wandteppiche und Kassettendecken im Stil der Renaissance nachbilden. Die gleiche Sorgfalt galt dem Mobiliar. Bei Antiquitätenhändlern kaufte man originale Tische, Truhen, Stühle, Schränke aus dem 16. und 17. Jahrhundert, mit Verzierungen, Intarsien und kostbar gearbeiteten Beschlägen, oder man ließ sie stilecht nachbauen. Und man sammelte schöne und ausgefallene Gegenstände der Epoche, Preziositäten, virtuoses Kunsthandwerk. Wunderschöne Schachteln und Dosen, Kaminbesteck, Geschirr, Gläser, Keramikvasen, Feingeschnitztes aus Elfenbein, Gegossenes aus Bronze und Messing, dann natürlich Bücher und Bilder. Und schön gearbeitete Waffen, denn in der Renaissance war die Lombardei ein bedeutendes Zentrum der europäischen Waffenherstellung. Hier in diesem stetig wachsenden Gesamtkunstwerk – auch eine Art *Horror vacui* muss sie getrieben haben – lebten sie, dabei modern und komfortabel, wie die ebenfalls kunstvoll gestaltete Dusche mit fließendem Wasser und die Badewanne zeigen, und auch eine hinter Gittern verborgene Zentralheizung gab es. Und hier arbeiteten sie, als Architekten: Sie bauten neogotische Kirchen und restaurierten Villen, manchmal auf eigene Kosten. Ihre Nachfahren lebten bis 1974 hier. Seit 1994 ist dieses Gesamtkunstwerk, heute ein Casa Museo, ein Museum in einem ehemaligen Wohnsitz, für Besucher geöffnet. Bei schönem Wetter kann man im Palazzo-Hof im Salumaio di Montenapoleone tafeln.

Infos und Adressen

SEHENSWÜRDIGKEITEN
Casa Museo Bagatti Valsecchi. Der exzentrische Kosmos zweier Brüder aus dem 19. Jahrhundert. Di–So 13–17.45 Uhr, Eingang über Via Santo Spirito 10 oder Via Gesù 5, Tel. 02/76 00 61 32, 20121 Mailand, www.museobagattivalsecchi.org

ESSEN UND TRINKEN
Il Salumaio di Montenapoleone. Das alteingesessene Lokal war in den Fünfzigerjahren noch ein Wurstladen. Heute sitzt man lässig-elegant im herrlichen Innenhof des Museums bei leichter Küche und Mailänder Risotto, am Nachbartisch schicke Modebuyer und Fashionvictims. Via Santo Spirito 10/Via Gesù 5, 20121 Mailand, Tel. 02/76 00 11 23, www.ilsalumaiodimontenapoleone.it

EINKAUFEN
Ballin. Hochelegante Damenschuhe, samtweiche Stiefel, schicke Handtaschen, alles feinste Handarbeit und garantiert Made in Italy. Via Santo Spirito 5, 20121 Mailand, www.ballin-shoes.it

So schön sitzt es sich beim »Wursthändler«.

UM DEN DOMPLATZ

9 Das Museo Poldi Pezzoli
Eine Wunderkammer im Modeviertel

In dieser Residenz herrscht der selbstbewusste Schöngeist eines Großbürgers, der mit seinem Kunst- und Kultursinn seine Zeit, seinen Stand und seine Stadt widerspiegelte. Nicht nur die Ausstattung der Räume, meisterliches Kunsthandwerk nach Vorbildern aus Gotik, Renaissance, Barock und Rokoko, sondern auch die hier zusammengetragenen Gemälde von Mantegna, Bellini, Raffael machen aus dem Palazzo eines der reizvollsten Museen Mailands.

Von der Ausstattung – Boiserien aus Ebenholz, Rokokostuck, Vergoldungen, Möbeln, flämischen und persischen Wandteppichen – ist vieles bei der Bombardierung des Palazzo im Zweiten Weltkrieg zerstört worden. Der Wiederaufbau und die Restaurierung dessen, was noch übrig war, reichen aber völlig aus, der Eindruck von Fülle und Vollständigkeit ist erhalten geblieben.

Leben im Schönen

Der Hausherr Gian Giacomo Poldi Pezzoli wollte die Schönheit menschlichen Schaffens vorführen, in ihr sein Leben verbringen und sie der Nachwelt zum »öffentlichen Gebrauch und Nutzen« vermachen, so sein Testament, als er 1879 als kinderloser Junggeselle starb. Nur drei Jahre später, am 25. April 1881, öffnete der Palazzo als eines der ersten Privatmuseen seine Pforten, und schon in den ersten Tagen strömten Tausende von Besuchern in das kostbare »Casa Museo«.

Lorenzo Bartolini schuf dieses Mädchen 1835 für Rosa Trivulzio, die Mutter des Sammlers.

Dieses kostspielige Lebenswerk war natürlich nur möglich, weil sich in der Familie sowohl väterlicherseits wie auch mütterlicherseits durch Landbesitz und Staatsaufgaben wie das Eintreiben von Steuern ein enormes Vermögen angesammelt hatte. Sein ganzes Leben (1822–1879) über ließ Poldi Pezzoli in dem großen Palazzo werkeln, umbauen und erweitern, um jeden Saal im Stil einer anderen Epoche zu gestalten. Dabei ging es weniger um die historische Einordnung als um den Ausdruck reiner Schönheit, eine nahezu besessene Suche, die auch allerhand Blüten zum Treiben brachte. Bei der Schaffung dieser Wunderkammer halfen ihm die besten Kunsthandwerker, Kunsthistoriker und Kunsthändler seiner Zeit.

Eine kostbare Waffensammlung

Durch den von Säulenbögen gesäumten Innenhof gelangt man hinein. Gleich zur Linken geht es in den Waffensaal, denn wie es in dieser Zeit üblich war, sammelte man historische Waffen, vornehmlich aus der Renaissance, eine Hommage an die berühmten lombardischen Waffenschmiede. Mit ihren fein ziselierten Verzierungen sind die Helme, Schwert- und Säbelgriffe, die Klingen und Rüstungen tatsächlich bewundernswerte Kunstwerke. Da die neogotische Rüstkammer von 1881 unter den Bomben von 1943 völlig zerstört wurde, hatte man nun freie Hand, sodass im Jahr 2000

Oben: Poldi Pezzoli trug eine der eindrucksvollsten Kunstsammlungen Mailands zusammen.
Unten: Dem berühmten Renaissancemaler Andrea Mantegna wird das Männerprofil zugeschrieben.

UM DEN DOMPLATZ

AUTORENTIPP!

ALTE UHREN IM POLDI PEZZOLI
Die Passion des Sammelns zieht auch andere Sammler an, man fühlt sich verstanden und weiß seine Schätze in guter Obhut. Hinzu kommt der Wunsch, seine Schätze der Öffentlichkeit zugänglich zu machen. So gelangte 1973 eine fantastische Sammlung von mechanischen Uhren, Kutschenuhren, Tischuhren und deutschen Barockuhren aus dem 16.–19. Jahrhundert, von Bruno Falck aus der Stahldynastie Falck zusammengetragen, ins Museum. Der renommierte Mailänder Architekt der Dreißigerjahre, Piero Portaluppi, sammelte tragbare Sonnenuhren, seine 200 Klappsonnenuhren und Ringsonnenuhren können seit 1978 im Museum bewundert werden. Ein ganzer Saal ist all diesen eindrucksvollen historischen Uhren gewidmet.

der Mailänder Bildhauer Arnaldo Pomodoro – von ihm ist auch die golden schimmernde Scheibe auf der nahen Piazza Meda – sie wie eine stilisierte Gralshalle inszenieren konnte. Das ist nicht ohne Reiz, und es zeigt auch das Bestreben, dieses Gesamtkunstwerk nicht erstarren zu lassen, sondern es mit heutiger »Schönheit«, auch durch Ausstellungen und Installationen, in Kontakt zu bringen.

Die hochkarätige Bildersammlung im ersten Stock

Im Eingang zeigt das Porträt von Francesco Hayez (1851) den Sammler Gian Giacomo Pezzoli als ernsthaften Bürger. Von hier windet sich das Treppenhaus um einen üppigen Barockbrunnen, auf der Beletage öffnen sich die verschiedenen Wohnsäle: Überall entdeckt man Kostbares, auf den Möbeln, in Vitrinen, dazu gehört auch eine Bibliothek mit Bänden sogar aus dem 15. Jahrhundert. An den Wänden ist noch Platz für die Bildersammlung: Sie beginnt mit den Malereien namhafter lombardischer Meister des 15. und 16. Jahrhunderts, wie Luini, Foppa und Solario; in den Sälen 11 und 14 trifft man auf Werke der Großmeister der toskanischen Renaissance wie Piero della Francesca, Lorenzetti, Botticelli und das zauberhafte Damenporträt des Florentiner Piero del Pollaiolo (um 1470), das zugleich auch das Emblem des Museums auf seiner »Suche nach Schönheit« ist. Ein Sammlermuss waren die venezianischen Meister, hier mit Vivarini, Bellini, Palma il Vecchio vertreten. Besonders ans Herz geht eine melancholische Muttergottes in stiller Innigkeit mit ihrem Kind, um 1490 von Andrea Mantegna, dem Renaissancemeister aus Padua, gemalt. Aus dem Depot mit über 6000 Gemälden wird in Rotation immer wieder Neues ausgestellt, davon sind 2000 Werke späterer Donationen von Sammlern zu verdanken, die ihre Werke hier gut aufgehoben wissen.

Das Museo Poldi Pezzoli

Infos und Adressen

SEHENSWÜRDIGKEITEN

Museo Poldi Pezzoli. Der große Stadtpalazzo eines kultivierten Bürgers des 19. Jahrhunderts gehört zu der Gruppe der Mailänder Museen, die sich Casa Museo nennen, Museen, die aus ehemaligen Wohnresidenzen entstanden sind, wie auch das Casa Museo Bagatti Valsecchi. Im Shop finden sich viele hübsche Gadgets mit dem Emblem des Museums, dem Damenprofil des Pollaiolo. Mi–Mo 10–18 Uhr, Via Manzoni 12, Tel. 02/79 48 89, 20121 Mailand, www.museopoldipezzoli.it, www.casemuseomilano.it

ESSEN UND TRINKEN

Antica Focacceria San Francesco. Sizilianische Küche im Herzen Mailands in einer Gasse zwischen der Piazza Meda und dem Corso Vittorio Emanuele. In diesem auf mediterrane Taverne hübsch gestylten Lokal sitzt man an Marmortischen. Zu empfehlen für den Mittagsimbiss sind die warmen Reisbällchen *arancini*, Pasta mit Sardinen und die süße *cassata*. Via San Paolo 15, Tel. 02/87 54 11, www.anticafocacceria.it

Ein leckeres Panino wie im Romantic Café tut es auch.

Larte. Ein ambitioniertes neues Projekt und alles in einem: In hochstylishem Ambiente Restaurant, Designschau und Kunstgalerie, alles sehr schick und nur Made in Italy. Eine Erfahrung. Via Manzoni 5, Tel. 02/89 09 69 50, 20121 Mailand

Romantic Café. Gleich neben dem Museum befindet sich diese recht angenehme Café-Bar, es gibt Espresso, frisch gepressten Orangensaft, kleine Pastagerichte und *panini*. Via Manzoni 12/a, 20121 Mailand

Sant'Ambroeus 1936. Wer vom Museum an der Via Manzoni den Weg zurück nach San Babila nehmen möchte, über die Via Bigli und die Piazza Meda auf den Corso Matteotti, der kommt an diesem sehr eleganten Traditionscafé mit Restaurantbetrieb vorbei. Eine Ruheoase. Corso Giacomo Matteotti 7, Tel. 02/76 00 05 40, www.santambroeusmilano.it, 20121 Mailand

EINKAUFEN

Artemide. Das ist das Zauberwort für Lichtdesign, das bekannteste italienische Label, für das herausragende Designer Lichtquellen kreieren. Der Showroom mit den schönen Lampen liegt gleich beim Museum. Via Manzoni 5, 20121 Mailand, www.artemide.com

Im Larte speist man zwischen Design und Kunst.

UM DEN DOMPLATZ

10 Die Piazza della Scala
Ein eleganter Salon

Die Via Manzoni führt vom Quadrilatero della Moda auf die Piazza della Scala. Wer vom Domplatz kommt, spaziert durch die hohe eindrucksvolle Galleria Vittorio Emanuele II. und tritt hinaus auf die nicht minder eindrucksvolle Piazza. Wie die Galerie ist auch sie das, was man die gute Stube der Stadt nennen könnte: mit dem legendären »Tempel des Melodramma«, dem historischen Rathaus und interessanten Kunstsammlungen.

Auf der Piazza sind immer eine Menge Leute, man ruht sich aus auf den Bänken um die da-Vinci-Statue, blinzelt in den blassen Mailänder Himmel oder ergeht sich in der Betrachtung der Palazzi, die den quadratischen Platz wohlproportioniert einfassen. Dass einen die imposanten Fassaden nicht erschlagen und dass die Piazza so »wohnlich« wirkt, verdankt sie der kreisförmigen Begrünung in ihrer Mitte, rund um das Denkmal, das man 1856 dem kreativen Genie Leonardo da Vinci und vier seiner Schüler gewidmet hatte.

Operntheater und Rathaus

Als Erstes erkennt man das fast schlicht wirkende Teatro alla Scala. Nach seiner Einweihung im Jahr 1778 wurde es mit den großen Komponisten wie Rossini, Puccini und Verdi der »Tempel des Belcanto und des Melodramma«, und ist das noch heute. Dem Theater gegenüber steht der Palazzo Marino, einst die prachtvolle Residenz, die der Bankier Tomaso Marino aus Genua im Jahr 1553 bei Baumeister Galeazzo Alessi in Auftrag gegeben hatte. Ihr manieristischer Originalstil ist noch im Innen-

Er kam zwar nicht von hier, aber Leonardo da Vinci ist Mailands Kulturträger.

Die Piazza della Scala

hof, in manchen Sälen und an der rückseitigen Fassade zur Piazza San Fedele auszumachen. Lange Zeit das Büro der Steuer- und Zollbehörde wurde der Palazzo 1859, mit der Entstehung der Nation Italien, Sitz des Mailänder Bürgermeisters und der Stadtverwaltung. Manchmal finden im Rathaus besondere Ausstellungen und Konzerte statt, im großen Festsaal, *Sala dell'Alessi* genannt, der mit viel Stuck, Wandmalereien, Lüstern und Karyatidenfiguren dekoriert ist, zum Großteil Rekonstruktionen nach den schweren Kriegsschäden von 1943. Hier hängt auch das Stadtbanner, mit der Figur des Schutzpatrons, des Heiligen Ambrosius, und ein Stuckmedaillon fasst das Stadtwappen mit dem roten Kreuz auf weißem Grund ein. Als Verdi im Jahr 1873 starb, bahrte man ihn in der Sala dell'Alessi auf, damit die Mailänder von ihm Abschied nehmen konnten. Auch die fünf Toten des schlimmen Mafiaattentats von 1993 wurden hier aufgebahrt.

Historische Bankgebäude

Luca Beltrami (1854–1933), um die Jahrhundertwende der einflussreichste Architekt Mailands, gab der Piazza ihre einheitliche Gestalt: Im neoklassizistischen Stil, stattlich, aber nicht pompös, baute er zwischen 1911 und 1925 die großen Bankgebäude, die die beiden anderen Platzseiten einnehmen. Auch erneuerte er die Fassade vom Palazzo Marino, alles harmonisch auf den Klassizismus des Teatro alla Scala abgestimmt, und er ließ Bauten, die noch auf der Piazza standen, abreißen. Im Bankpalast (Hausnummer 6) sind heute die Kunstsammlungen der Gallerie d'Italia zu sehen.

Die Piazza ist auch immer wieder Schauplatz politischer Auseinandersetzungen. Pünktlich zu den Premieren vor der Scala finden sich die Tierschützer ein und schimpfen auf die in Pelze gehüllten Damen.

Infos und Adressen

SEHENSWÜRDIGKEITEN

Leonardo3 – Il Mondo di Leonardo da Vinci. Ausstellung passend zum Denkmal, das dem Genie auf der Piazza gewidmet ist: In den sogenannten Sale del Re, in ehemaligen für den König reservierten Räumen in der Galleria Vittorio Emanuele II., kann man die Nachbildungen der Erfindungen Leonardo da Vincis bestaunen, interaktiv bedienbar oder im 3D-Format, so etwa die mechanische Fledermaus, Drehbrücken oder mit mechanischen Schaufeln angetriebene Boote. Bis 31. Oktober 2015 tgl. 10–23 Uhr, Piazza della Scala – Eingang Galleria Vittorio Emanuele II., 20121 Mailand, www.leonardo3.net

EINKAUFEN

Pettinaroli 1881. Hinter dem Rathaus bekommt man in diesem historischen Schreibwarenladen u. a. stilvolle Schreibtischgarnituren und I-Pad-Etuis aus feinstem Leder sowie alte und neue Stiche. Piazza San Fedele 1/Via Tomaso Marino, 20121 Mailand, www.fpettinaroli.it

Leonardo Superstar – das zeigt auch diese dreidimensionale Schau zu seinem Werk.

UM DEN DOMPLATZ

11 Das Teatro alla Scala
Der legendäre Operntempel

Wenn am 7. Dezember, am Tag des heiligen Ambrosius, die Opernsaison an der Scala eröffnet wird, ist das einer der ganz wichtigen Termine nicht nur für die Mailänder High Society, sondern auch im internationalen Opernkalender. Oft sitzt der italienische Staatspräsident in der Ehrenloge, gern mit hohen Staatsgästen, viele von Rang und Namen finden sich ein und natürlich der Bürgermeister.

Diesen außerordentlichen Stellenwert hat das Mailänder Operntheater schon seit seiner Eröffnung im Jahr 1778. Damals gab es den weiträumigen Platz nicht, er war noch bebaut, so entstand das Theater an der Stelle einer mittelalterlichen Kirche, von der es auch seinen Namen hat. Die abgerissene Kirche hatte Beatrice Regina della Scala gestiftet, die Ehefrau von Bernabò Visconti, im 14. Jahrhundert der Signore von Mailand.
Mit dem Theaterbau beauftragte die Habsburger Verwaltung erneut den Lieblingsarchitekten von Herzogin Maria Theresia, ihren Hofbaumeister

Mitte: Die Fassade des glamourösen Operntempels La Scala gibt sich eher zurückhaltend.
Unten: Zur Eröffnung der Opernsaison sitzt oft der Staatspräsident in der Ehrenloge.

MAL EHRLICH
MÜHSAM ERFÜLLBARE VERLOCKUNGEN
Manchmal werden Wünsche geweckt. Geführte Besuche der Theaterwerkstätten des Opernhauses La Scala werden angeboten. Man stellt sich das faszinierend vor, hinter die Kulissen schauen zu können. Nur erweisen sich Anmeldung und Terminsuche als so schwierig und willkürlich, dass man mit der Planung schon vor Antritt der Reise beginnen sollte.

Das Teatro alla Scala

Giuseppe Piermarini, der in jener Zeit maßgeblich für die klassizistische Erneuerung der Stadt verantwortlich war und der schon den Palazzo Reale neu gestaltet hatte.

Buhrufe aus dem Taubenschlag

Wie so oft in Mailand entfalten sich Pracht und Raffinesse vor allem im Innern, hinter eher zurückhaltenden Fassaden, so wie hier mit dem grandiosen brokatrot-, elfenbein- und goldfarbenen Theatersaal in Hufeisenform, mit seinen vier Logenrängen und zwei weiteren Galerien. Ganz oben unter der Theaterdecke verläuft der *loggione*, auch *piccionaia*, Taubenschlag, genannt. Dieser Olymp ist das Reich der gefürchteten *loggionisti*, Melomanen mit Leib und Seele, die sich mit Buhrufen und Pfiffen auch gegen weltweit anerkannte Sänger, Dirigenten und Regisseure nicht zurückhalten. Sie repräsentieren das konservative Herz des Mailänders, besser noch des italienischen Opernpublikums. Im Land des Belcanto und des Melodramma fühlt man sich schließlich als Gralshüter des Genres, da wird jede Neuerung als fragwürdige Entweihung empfunden.

Finanzierung durch den Adel

In der Vergangenheit war man da viel mutiger gewesen, immerhin war jedes neue Stück am Theater immer auch eine Uraufführung. Das Nuovo Regio Ducal Teatro wurde dann auch mit einer neuen Oper von Antonio Salieri, *L'Europa riconosciuta*, am 3. August 1778 im Beisein von Erzherzog Ferdinand von Habsburg eingeweiht. Einen großen Teil der Finanzierung hatten die Mailänder Adelsfamilien übernommen, dafür wurden sie die Eigentümer der Logen, die sie nach ihrem Gutdünken einrichteten. Die Scala wurde zum mondänen Treffpunkt, man aß in den Logen, und es wurden

AUTORENTIPP!

TRUSSARDI ALLA SCALA
Das ist eine der großen Feinschmeckeradressen Mailands, mit einem Michelin-Stern ausgezeichnet. Dahinter steht ein Modelabel – im selben Haus kann man die sportlich-elegante Mode des Mailänder Modehauses Trussardi erstehen. Aber hier wirkt auch ein ausgezeichnetes Kochtalent, Luigi Taglienti, der von Mailands Superchef Carlo Cracco unterstützt wird. Da kann kaum etwas schiefgehen für den, der eine Gourmetadresse ausprobieren möchte, die ganz auf saisonale italienische Zutaten setzt, etwa auf violette Spargel aus Ligurien oder auf Aal aus Comacchio mit sizilianischen Mandeln. Die feine Küche genießt man im hellen eleganten Ambiente mit Blick auf die Piazza des Operntheaters. Für den schnellen Imbiss gibt es im Erdgeschoss das Straßencafé.

Trussardi Alla Scala. Sa Mittag und So geschlossen, Piazza della Scala 5, 20121 Mailand, Tel. 02/80 68 82 01, www.trussardiallascala.com

AUTORENTIPP!

ANTICA BARBIERIA COLLA
Fünf Minuten zu Fuß von der Piazza della Scala beziehungsweise dem Operntheater Richtung Modeviertel, und man ist bei der Antica Barbieria Colla angelangt. Das ist ein echter alter Barbierladen, kein Remake im Retrostil. 1904 wurde er von Dino Colla eröffnet, der heutige Besitzer Franco Bompieri ist auch schon seit über 40 Jahren im Geschäft. Für viele Künstler vom Teatro alla Scala ist eine Feinrasur bei Colla die beste Entspannung vor dem großen Auftritt, die prominente Kundschaft dankt dies mit Autogrammfotos, die die Wände des Barbierladens schmücken. Und das Geschäft hat Zukunft. Sich sorgfältig rasieren zu lassen, mit heißen Kompressen, sahneweichem Schaum, Pinsel aus seidigem Tierhaar und sauber geführter Klinge, das schätzen auch wieder junge Kunden, zum Beispiel für einen akkuraten Dreitagebart.

Antica Barbieria Colla. Via Gerolamo Morone 3, 20121 Mailand, www.anticabarbieriacolla.it

UM DEN DOMPLATZ

Bälle und sogar Ritterturniere im Theater veranstaltet.

Die klassenlose Liebe zur Oper

Wie sehr sich die Liebe zur Oper in Italien durch alle Schichten zog, zeigt schon, dass nur wenige Tage nach einer Premiere, etwa des hochverehrten Komponisten Giuseppe Verdi (1813–1901), die neuen Arien als Gassenhauer und Leierkastenspiel durch die Straßen tönten. In der Zeit der politischen Unruhen in der ersten Hälfte des 19. Jahrhunderts, beim Ringen um die nationalstaatliche Unabhängigkeit, wurden Persönlichkeiten wie Verdi zu Identifikationsfiguren. Er saß sogar als Abgeordneter ab 1861 für ein paar Jahre im ersten italienischen Parlament. Bei der Stärkung des Nationalgefühls half seine Musik: So wurde das ergreifende Lied *Va pensiero su ali dorate*, (»Flieg, Gedanke, auf goldenen Schwingen«) des Gefangenenchors aus der Oper *Nabucco*, die 1848 noch unter Habsburger Regentschaft ihre bejubelte Premiere in der Scala hatte, zu einer Art Nationalhymne im Drang nach Unabhängigkeit von fremdländischen Regierungen – so will es der Mythos der italienischen Nationalgeschichte. Nach wie vor berührt das Lied, und immer wieder erklingt es, ganz profan, als Werbejingle für Produkte »Made in Italy«.

Modernisierung des Theaters

1943 wurde das Theater durch Bomben schwer beschädigt, doch in Rekordzeit wieder aufgebaut – das hatte absolute Priorität – und schon 1946 mit einem Konzert unter der Leitung des legendären Dirigenten Arturo Toscanini neu eröffnet.
Bei so viel Traditionspathos wurde die technische Modernisierung des Theaters in den Jahren 2000–2004 natürlich von heftigen Protesten begleitet.

Der Tessiner Stararchitekt Mario Botta erweiterte die Bühnenräume, heute ist die Bespielung von drei Bühnen gleichzeitig möglich. Die Bühnentechnik wurde auf den neuesten Stand gebracht und das Mobiliar originalgetreu renoviert. Zwei moderne Baukörper, einer rund, sind nun auf dem Dach des Theaters deutlich auszumachen. Seine immer schon hervorragende Akustik hat man erhalten können, das Theater ist aber sicherer und komfortabler geworden. 2030 Plätze stehen zur Verfügung, über 284 Aufführungen gehen alljährlich über die Bühne, La Scala betreibt zudem seit 1991 eine renommierte Theaterakademie, zum Orchester kommen der Chor und ein ausgezeichnetes Tanzensemble. Mit besonders günstigen Angeboten versucht man junge Leute ins Theater zu holen, etwa zur Vorpremiere für unter Dreißigjährige.

Erinnerungen im Theatermuseum

Neben dem Theater gelangt man ins 1913 eingeweihte Museo Teatrale in den ehemaligen Geschäftsräumen des Musikverlags Casa Ricordi. Die Bestände des Museums gehen auf die reiche Sammlung eines Musikliebhabers zurück. Dazu gehören Musikinstrumente, darunter ein Klavier von Verdi, Porträts von berühmten Sängern aus dem 19. Jahrhundert, Partituren, Handschriften, Briefe und Erinnerungen an Arturo Toscanini, Gia-

Oben: Die Porträts im Theatermuseum zeigen Sänger, Dirigenten und Komponisten.
Unten: Ohne schöne Kostüme macht die Opernaufführung nur halb so viel Spaß.

UM DEN DOMPLATZ

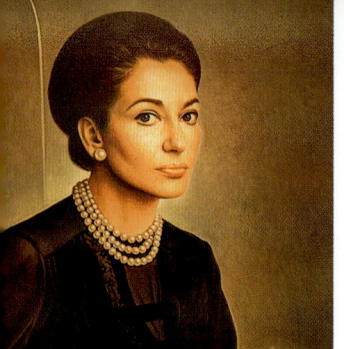

Oben: Mit Maria Callas erlebte La Scala absolute Höhepunkte.
Mitte: Das Theaterfoyer stimmt auf den festlichen Opernabend ein.
Unten: Zum Theatermuseum gehört auch die Bibliothek des Musikverlags Casa Ricordi.

como Puccini und Verdi natürlich, an Primadonnen wie Annalisa Patti, Eleonora Duse, Giuditta Pasta und vor allem die beiden Soprane der Fünfzigerjahre, die engelsgleiche Renata Tebaldi und die dramatisch-intensive Maria Callas: An diesen beiden legendären Antagonistinnen schied sich das Publikum der Scala. Außerdem liegen Spielkarten und Würfel aus, mit denen man im Foyer einst Glücksspiele veranstaltete, über die sich das Theater zeitweilig finanzierte. Besondere Kostbarkeiten sind die Sammlung von Porzellanfiguren der Commedia dell'Arte aus berühmten Manufakturen wie Capodimonte, Meissen und Sèvres und eine wertvolle musikhistorische Bibliothek. Und aus einer Loge kann man in den prachtvollen Zuschauerraum des Theaters schauen.

Der Musikverlag Casa Ricordi

In den Räumen des Museums hatte vormals der 1814 von Giovanni Ricordi gegründete Musikverlag Casa Ricordi seinen Sitz. Er war in enger Symbiose mit dem Theater entstanden. So erwarb der Verlag das gesamte Archivmaterial der Scala, die Partituren der Erstaufführungen und die Rechte an den Kompositionen von Rossini, Verdi und vielen anderen. Ricordi führte das Verlegen von Musik, das Copyright für die Autoren und ihr Anrecht auf Tantiemen ein. Diese Autorenrechte waren damals etwas ganz Neues und es setzten sich vor allem selbstbewusste moderne Komponisten wie Verdi dafür ein. Bald hatte der Verlag Filialen in London und Paris, seit 1966 auch in München. Das außerordentlich wertvolle Musikarchiv, das der Verlag über Generationen angesammelt hat, gehört heute Bertelsmann. Und Casa Ricordi selbst, nach wie vor mit Hauptsitz in Mailand, ist nunmehr Eigentum des weltweit größten Publishers von klassischer Musik, der Universal Music Group, der längst auch Decca und die Deutsche Grammophon angehören.

Das Teatro alla Scala

Infos und Adressen

SEHENSWÜRDIGKEITEN
Teatro alla Scala. Via Filodrammatici 2,
Tel. 02/8 87 91, 20121 Mailand,
www.teatroallascala.org
Kartenverkauf tgl. 12–18 Uhr an der Theaterkasse:
Biglietteria Centrale, Piazza Duomo, Galleria del
Sagrato unter dem Domplatz, Metroeingang rechts
vom Dom, 20121 Mailand.
Abendkasse: Öffnung 2 ½ Stunden vor Vorstellungsbeginn, Biglietteria Serale, Via Filodrammatici 2,
20121 Mailand, Tel. 02/72 00 37 44,
biglietteria@teatroallascala.org
Online-Bestellung:
http://teatroallascala.ticketone.it
Preiswerte Karten für junge Leute unter 30 Jahren:
www.lascalaunder30.org

ESSEN UND TRINKEN
Biffi in Galleria 1867. Im Café Ristorante Biffi in
der Galleria Vittorio Emanuele II. speiste schon

Die Kochlegende Gualtiero Marchesi steht hinter
Il Marchesino.

Dirigent Arturo Toscanini. Via Ugo Foscolo 3, 20121
Mailand, Tel. 02/8 05 79 61, http://biffigalleria.it

Ristorante Il Marchesino. Im Theaterrestaurant
ist Gualtiero Marchesi der Herr, als Modernisierer
der italienischen Küche früher der berühmteste
Chef Italiens. Fein und teuer. Piazza della Scala/Via
Filodrammatici, 20121 Mailand,
Tel. 02/72 09 43 38,
www.gualtieromarchesi.it/it/il-marchesino.html

EINKAUFEN
La Scala Shop. Theaterladen mit CDs und DVDs.
Via Filodrammatici 2, 20121 Mailand

MUSEEN UND FÜHRUNGEN
Laboratori Scala Ansaldi. Ein Blick hinter die
Kulissen in den Bühnenwerkstätten in einer ehemaligen Stahlfabrik. Unregelmäßige Führungen,
Via Bergognone 34, 20144 Mailand,
Tel. 02/43 35 35 21

Museo Teatrale. Museum zur Geschichte des
Opernhauses. Tgl. 9–12.30, 13.30–17.30 Uhr, Largo
Ghiringhelli 1 (Piazza della Scala), 20121 Mailand,
Tel. 02/88 79 74 73, www.teatroallascala.org

Mit Gioachino Rossini beginnt 1812 die große
Zeit des Operntheaters.

UM DEN DOMPLATZ

12 Die Gallerie d'Italia Piazza Scala
Moderne Kunst am Platz des Opertheaters

Man steht auf der Piazza della Scala, zur Linken La Scala, zur Rechten das Rathaus und vor sich die imposante Fassade des Palazzo, der um 1905 als Sitz einer Bank entstand. Damit verdichtet sich an diesem Platz das, was Mailand ausmacht: Kultur, Geld und die Repräsentanz der selbstbewussten Bürgerschaft. Seit 2012 sind hier die Sammlungen zur italienischen Kunst des 19. und 20. Jahrhunderts des Bankkolosses Intesa Sanpaolo zu bewundern.

Prachtvolle Säle zeigen die kostbare Kunstsammlung der Bankgruppe Intesa.

Ende des 19. Jahrhunderts kam es zur Gründung der Banca Commerciale durch ein Konsortium aus deutschen, schweizerischen, österreichischen und französischen Banken, das Interesse am Finanzplatz Mailand war stark. Da die Piazza della Scala das Revier von Baumeister Luca Beltrami war, beauftragte man ihn mit dem Bau zweier gegenüberliegender Gebäude, beide in seinem typisch neoklassizistischen Stil. In den Zwanzigerjahren, die Bank war mittlerweile italienisch, begann die Bankleitung systematisch, Kunst zu sammeln. Längst ist die Banca Commerciale mit ihren Sammlerschätzen im Koloss Banca Intesa Sanpaolo aufgegangen, so auch die Lombardischen Sparkassen mit ihrer Kulturstiftung. Aus beiden Beständen hat Intesa Sanpaolo nun diesen Museumskomplex Gallerie d'Italia mit italienischer Kunst des 19. und 20. Jahrhunderts bestückt und zeigt sie in den edlen Sälen dreier miteinander verbundenen Palazzi. Der Haupteingang liegt an der Piazza della Scala 6. In den beiden ehemaligen Adelsresidenzen Palazzo Anguissola (von 1778) und Palazzo Brentani (Anfang 19. Jahrhundert), die beide an der Via Manzoni liegen, befinden sich in 23 Sälen die Werke aus dem 19. Jahrhundert. Im ehemaligen Bankgebäude an der Piazza sind die Künstler des 20. Jahrhunderts ausgestellt.

Zwischen Vergangenheit und Zukunft

Das 19. Jahrhundert erstreckt sich zwischen zwei Polen: In den 13 Stuckreliefs zeigen die mythologischen Szenen aus der *Odyssee* und dem *Tod des Sokrates*, die Antonio Canova (1757–1822), Italiens bekanntester klassizistischer Bildhauer, 1790–1795 schuf und mit denen der Museumsparcours beginnt, noch die Verherrlichung der antiken Vergangenheit. Dagegen kündigen am Ende in Saal 23 die Arbeiten von Umberto Boccioni eine neue Welt an, mit den *Officine a Porta Romana* (1910) die Peripherie der Stadt mit rauchenden Industrieschloten. Noch im selben Jahr wird Boccioni mit seiner Darstellung der rasend schnellen Bewegung den zukunftsgewandten Futurismus bestimmen, wie er im Museo del Novecento am Domplatz zu sehen ist.

Oben: Seit ihrer Eröffnung 2012 zählt die Sammlung zu den Highlights von Mailand.
Unten: Zur Sammlung gehören auch Werke zeitgenössischer Künstler.

AUTORENTIPP!

BERÜHMTE MÄNNER UND EINE FRAU

Aus Medaillons schauen vom Palazzo Brentani (1830), den Gallerie d'Italia, elf Persönlichkeiten aus der Zeit der Aufklärung, als Mailand das geistig-wissenschaftliche Zentrum war. Von links: der Erfinder der Batterie Alessandro Volta (1745–1827), der politische Denker Pietro Verri (1728–1797), Vincenzo Monti (1754–1828) übersetzte Voltaire, Andrea Appiani (1754–1817) malte für Napoleon, Maria Gaetana Agnesi (1718–1799) war eine bedeutende Mathematikerin und Philanthropin, Leonardo da Vinci (1452–1519), der Rechtsgelehrte und Gegner der Todesstrafe Cesare Beccaria (1738–1794), der klassizistische Bildhauer Antonio Canova (1757–1822), Giuseppe Parini (1729–1799), ebenfalls ein Denker der Aufklärung, der Kanalingenieur Giovanni Antonio Lecchi (1702–1776) und der Altertumskenner Ennio Quirino Visconti (1751–1818).

Palazzo Brentani. Via Manzoni 6, 20121 Mailand

UM DEN DOMPLATZ

Die Kunst des 19. Jahrhunderts

Hier in den Gallerie d'Italia führt der Spaziergang durch die Kunst des 19. Jahrhunderts, die die epochalen Veränderungen widerspiegelt, wie die Bildung eines modernen Staates und den Aufstieg des Bürgertums. Der Durchgang durch 23 Säle beginnt mit den Skulpturen Canovas und den pittoresken Werken der italienischen Romantik von Malern wie Francesco Hayez und Giovanni Migliara, um dann fortzufahren mit historischen Darstellungen. So geht es vorbei an Episoden aus den Freiheitskriegen für eine geeinte italienische Nation, dem Risorgimento, an detailfreudigen Mailandszenarien, an lombardischen Landschaften, die angesichts der heutigen Zersiedelung kaum mehr vorstellbar sind, und an Darstellungen der Arbeit und des Alltags. Auf so viel Realität reagiert das Bürgertum mit leichter Salonmalerei im Stil des 18. Jahrhunderts. Oder mit symbolistischen Traumdarstellungen. Und auf den französischen Impressionismus beziehungsweise seine Auflösung der realen Konturen antwortet die italienische Kunst mit den *Macchiaioli*, den sogenannten »Fleckenmalern«, und mit dem Divisionismus, mit denen das Jahrhundert irrlichternd ausklingt. Das neue Jahrhundert leitet dann der dynamische Umberto Boccioni ein.

Moderne Experimente

Unter dem Titel Cantiere dell'900 experimentiert die italienische Moderne des 20. Jahrhunderts, um die Nachkriegszeit künstlerisch zu begreifen. Dazu benutzt sie Konzepte wie Avanguardia, Spazialismus, Arte Nucleare, Astrattismo, Arte programmata und Arte cinetica, Pop Art, Arte Povera und noch einige mehr. Und viele der in Italien bekannten Namen, die für diese Richtungen stehen, kann man hier kennenlernen, wie Afro, Lucio Fontana, Emilio Vedova, Toti Scialoja, Mario Schifano, Adami, Mimmo Rotella und Pino Pascali, um einige zu nennen.

Die Gallerie d'Italia Piazza Scala

Infos und Adressen

SEHENSWÜRDIGKEITEN
Gallerie d'Italia Piazza Scala. Den Innenhof eines der Palazzi, die die Kunstsammlung beherbergen, beherrscht die Bronzescheibe *Disco in forma di rosa del deserto* (1994) von Arnaldo Pomodoro. Regelmäßig interessante Ausstellungen. Di–So 9.30–19.30, Do bis 22.30 Uhr, Piazza della Scala 6, 20121 Mailand, www.gallerieditalia.com

ESSEN UND TRINKEN
Caffetteria DeCanto. Das Café, das zu den Gallerie d'Italia gehört, kann man auch unabhängig vom Museumsbesuch aufsuchen. Man bekommt hier Kuchen, Kleinigkeiten zu essen und einen Aperitif. Piazza della Scala/Ecke Via Manzoni, 20121 Mailand

Gelateria Like. Gleich um die südwestliche Ecke der Piazza della Scala behauptet sich neben einer Filiale von Italiens bekanntester Eisdielenkette Grom dieses kleine Paradies für Freunde des Dolce Vita: Neben frischen Eiscremesorten locken auch bunte Cupcakes und mit Rum getränkte Babà. Via Santa Margherita 14–16, 20121 Mailand

The Park Bar. Am Westausgang der Galleria Vittorio Emanuele II. wartet das elegante Luxushotel Hyatt mit der Gourmetadresse VUN auf. In der Bar kann man sich zu für die Gegend überraschend zivilen Preisen erfrischen. Via Tommaso Grossi 1, 20121 Mailand, http://milan.park.hyatt.com

ÜBERNACHTEN
Locanda al Duomo. Zwischen Piazza della Scala und Domplatz kann man hier in einem schönen Altbau in vier komfortablen, geschmackvollen Zimmern übernachten, zwei auch mit Kochnische, zentraler geht es kaum. Via Broletto 31, 20121 Mailand, Tel. 02/45 50 64 55, www.locandaduomo.it

Nach dem Kunstgenuss erfrischt das Eis von Like.

VON BRERA ZU SANT'AMBROGIO

13 Das Viertel Brera	92
14 Brera: Pinakothek und Kunstakademie	98
15 Die Piazza dei Mercanti	106
16 Um die Piazza Cordusio	108
17 Pinacoteca Ambrosiana	112
18 San Maurizio al Monastero Maggiore	120
19 Das Museo Archeologico	124
20 Die Basilica Sant'Ambrogio	126

VON BRERA ZU SANT'AMBROGIO

13 Das Viertel Brera
Pariser Flair und eine bedeutende Kunstsammlung

Nördlich der Piazza della Scala geht es ins Viertel Brera, wer aus dem Quadrilatero della Moda kommt, nimmt die Via Borgonuovo oder die Via Monte di Pietà. Für viele ist Brera das hübscheste Innenstadtviertel, ein Hauch von Paris mit gepflegten Straßen, die zum Bummeln einladen, vorbei an originellen feinen Läden und Cafés, die beim ersten Sonnenstrahl ihre Tische auf die Gassen stellen. Und mittendrin steht der Palazzo di Brera mit einer der kostbarsten Kunstsammlungen Italiens.

Brera wirkt wie eine beschauliche Welt für sich. Eingefasst von der Via Borgonuovo und der Via Ponte Vetero, von der Via dell'Orso und der Via Pontaccio, grenzt der kleine zentrale Stadtteil ans Quadrilatero della Moda, an die Piazza della Scala und ans Kastell-Viertel – eben mitten drin. Man fühlt sich gleich heimisch und denkt, wenn in der Innenstadt Mailands leben, dann am liebsten hier, in einem der schönen gepflegten Bürgerhäuser

S. 88/89: Die Via Fiori Chiari ist tagsüber wie abends eine beliebte Bummelgasse.
S. 92: Immer mehr Mailänder setzen sich schick und unbekümmert aufs Fahrrad.

> ## MAL EHRLICH
> **GEDECK AUF DER RESTAURANTRECHNUNG**
> Eine Sache, die einen in Italien immer wieder etwas verärgert, ist die Berechnung eines *coperto*, des Gedecks, das geht von 2 bis 6 Euro, je nach Restaurantklasse. Machen Sie sich darauf gefasst, dass das *coperto* selbst in der einfachsten Pizzeria oder in manchem Café mit auf dem Kassenbon steht. Allerdings bekommt man dafür auch saubere Tischdecken und unbegrenzt frisches Brot.

Das Viertel Brera

mit einem bunt bepflanzten Balkon. Hier und dort bieten Kioske frische Blumen an, und in den Cafés an der Via Brera, in der Caffetteria Brera oder in der Bar Jamaica kann man stundenlang sitzen, Cappuccino trinken und Zeitung lesen.

Bummeln am Tag und am Abend

Mehrere Straßen und Gassen sind für den Verkehr gesperrt, da spaziert man über das Pflaster aus runden Flusskieseln, durch das Spuren aus glatten Steinplatten gelegt sind für High Heels, Fahrräder und Kinderwagen. In hübschen Läden mit individueller Mode, ausgefallenem Schmuck, Antiquitäten, Kunsthandwerk und handverlesenen Parfüms lässt es sich ausgiebig stöbern. Langsam dringen auch große Modenamen ins Quartier, angefangen mit Gucci und seinem Hauptquartier direkt gegenüber der Pinakothek von Brera. Das Label Etro ist in einen Palazzo aus dem 19. Jahrhundert an der Via Pontaccio eingezogen, hier mit Wohnaccessoires im für die Marke typischen Ethnostil, die in die heute teuren und beliebten Wohnungen von Brera passen. Und Marc Jacobs hat an der Piazza del Carmine seinen schillernden Laden mit einem stylishen Café. Dabei bildet die stimmungsvolle Piazza mit der Chiesa Santa Maria del Carmine das spirituelle Herz des Viertels. Sie entstand um 1400 im gotischen Stil, allerdings stammt ihre heutige neogotische Backsteinfassade von 1880. Bis auf einige prächtige barocke Seitenkapellen ist ihr Inneres gotisch rückrestauriert worden. Sie ist die Pfarrkirche von Brera, und ihr stiller Kreuzgang bietet eine Zuflucht im städtischen Getöse.

Brera ist zu jeder Tageszeit beliebt, auch abends, mit den Cafés und einladenden Restaurants. An lauen Sommerabenden tauchen Gaukler und Kartenleser auf und platzieren sich in der Via Fiori

AUTORENTIPP!

ANTONIA IN BRERA

Antonia, das steht für Antonia Giacinti, eine der einflussreichsten Modeexpertinnen Italiens und Buyer für das Edelkaufhaus Excelsior. Was sie gut und angesagt findet, zeigt sie seit 2013 auf 600 Quadratmetern in ihrem eigenen Multi-Brand-Store, junge italienische und internationale Mode, schicke Streetwear für Männer und Frauen. Das schöne weiträumige Geschäft befindet sich im historischen Palazzo Cagnola, Mitte des 19. Jahrhunderts Sitz der Kanzlei von General Radetzky, als die Lombardei noch dem Habsburgerreich unterstand und der General versuchte, die zunehmend aufmüpfigen Mailänder in Schach zu halten.

Antonia. Via Cusani 5, 20121 Mailand, http://antonia.it

Oben: Beim ersten Sonnenstrahl sitzt man draußen auf der Via Fiori Chiari.
Unten: Zur Milano Fashion Week werden gewagte Outfits getragen.

Chiari, und wenn sie nicht gerade von der Polizei verjagt worden sind, packen ambulante Straßenhändler ihre Fake-Produkte aus, Ray-Ban-Brillen, D&G-Gürtel oder LV-Taschen für 30 Euro. Und jeden dritten Sonntag im Monat füllen sich die Via Brera, die Via Fiori Chiari und die Via Madonnina mit den Ständen eines Antiquitäten- und Trödelmarkts.

Das ehemalige Künstlerviertel

Nur eines ist Brera nicht mehr, das Viertel der Künstler, der Intellektuellen, der experimentierfreudigen Boheme, wie es das noch bis in die Siebzigerjahre des 20. Jahrhunderts gewesen ist. Damals trafen sich hier Künstler wie Lucio Fontana oder Emilio Tadini. Auch herrschte im Viertel eine lebendige Mischung an Bewohnern, volkstümlich und großbürgerlich zugleich, mit Stadthäusern, Palazzi und einfachen Hinterhäusern mit Werkstätten und den für Mailand typischen durchlaufenden Balkonen, ein Bild des alten Mailands – *la Vecchia Milano*. Heute wohnen hier dynamische gut verdienende Städter.

Das Viertel Brera

Rundgang Brera

Spaziergang durch Brera Wer aus dem Modeviertel um die Via Montenapoleone kommt, dem empfiehlt es sich, sich Brera über die Via Borgonuovo mit ihren noblen strengen Fassaden zu nähern. Ihrem Namen entsprechend eher »finster« geht es durch die Via Fiori Scuri, an der Kreuzung zur Via Fiori Chiari und Via Brera beginnt dann der besonders belebte Teil des Viertels. Mehrere Straßen sind für den Autoverkehr gesperrt. Je nach Gusto lässt man sich treiben über die Via Brera, die Via Fiori Chiari oder weiter nördlich über die Via Pontaccio bis zur Via Madonnina und der Piazza del Carmine.

Ⓐ Museo del Risorgimento – Das Museum befindet sich in einem für die Via Borgonuovo typischen Adelspalazzo.

Ⓑ Palazzo di Brera – mit Kunstakademie, Pinakothek, Astronomiemuseum und Botanischem Garten

Ⓒ Palazzo Cusani – An der Via Brera 13–15 steht dieser besonders prächtige ehemalige Adelspalazzo aus dem 17. Jahrhundert.

Ⓓ Palazzo Citterio – Die Via Brera 12 und 14 nimmt dieser Palazzo (2. Hälfte 18. Jahrhundert) ein, um den die Pinakothek im Projekt La Grande Brera erweitert werden soll.

Ⓔ Hotel Bulgari – In einem sehr verschwiegenen Gässchen liegt dieses Luxushotel.

Ⓕ Piazza Santa Maria del Carmine – Die Skulptur auf dem stimmungsvollen Platz vor der Pfarrkirche ist ein Werk des polnischen, aber in Italien sehr beliebten Bildhauers Igor Mitoraj.

Ⓖ Officina Profumo Farmaceutica di Santa Maria Novella – Mit dem Kosmetikladen der legendären Florentiner Klosterapotheke beginnt die hübscheste Straße von Brera, die Via Madonnina.

Ⓗ Luisa Beccaria – die zauberhaften Kreationen der sizilianischen Modedesignerin

Ⓘ Fiori Chiari Plates – Das ansprechende Interieur und die ausgebackenen Teigteilchen *gnocchi fritti* laden zur Pause ein.

Ⓙ Palazzo Crivelli – In dieser eindrucksvollen ehemaligen Adelsresidenz an der Via Pontaccio 12 ist heute ein Kunstauktionshaus untergebracht, zu dessen Ausstellungen man in den Palazzo darf.

Ⓚ Da Claudio – Für den, der frischen Fisch liebt, noch dazu einfallsreich zubereitet.

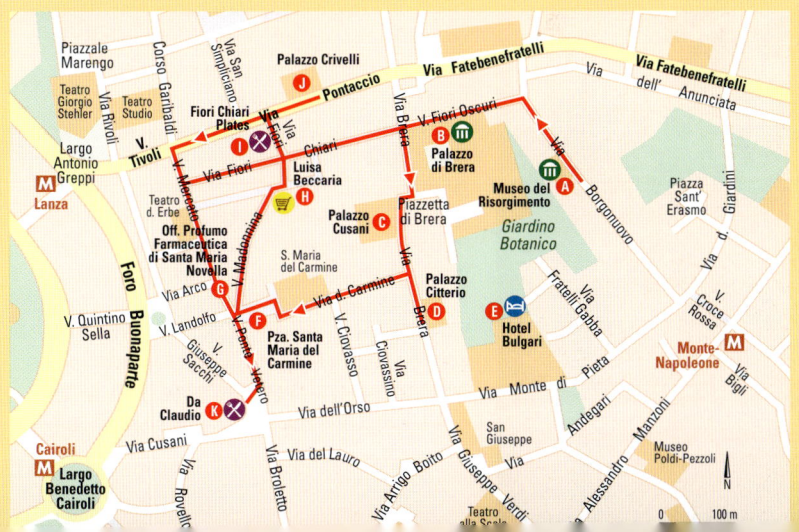

AUTORENTIPP!

CANETTA MANI DI FATA

So ein schöner Name, *mani di fata*, Feenhände. Mit solchen Händen werden die Hemdchen, Höschen, Jäckchen, Kleidchen für die *bambini* genäht, mit solchen Händen werden Taufkleider, Servietten und Decken bestickt oder Makramee-Bordüren geknüpft. In Mailand wimmelt es von Läden mit entzückenden Anziehsachen für Babys und Kleinkinder, auch die großen Modelabels lassen sich diese lukrative Sparte nicht entgehen. Aber Canetta ist anders, nicht so trendy. Seit 1881, nun in dritter Generation, kümmert sich die Familie um feine Babysachen, Aussteuer, Garne und in einer eigenen Zeitschrift um Näh- und Stickanleitungen.

Canetta. Via Pontaccio 2, 20121 Mailand

VON BRERA ZU SANT'AMBROGIO

Den Namen Brera bekam das Viertel vom großen Palazzo di Brera, um das es sich im 17. und 18. Jahrhundert entwickelte, vor allem nachdem die Habsburger Regentin Maria Theresia hier 1773 die Kunstakademie an der Stelle eines ehemaligen Jesuitenkollegs einrichten ließ. Der Palazzo nannte sich Brera, eine weiterentwickelte Version des Begriffes *braida*, brach liegendes, verwildertes Stück Land, auf dem im Mittelalter ein Vorgängerkloster errichtet worden war.

Anfang des 19. Jahrhunderts gelangten die Kunstwerke aus den von Napoleon aufgelösten Klöstern in den Palazzo, der Grundstein für die wertvolle Pinakothek. Der Boheme-Mythos ist aber jüngeren Datums, denn viele zeitgenössische Maler, Designer, Fotografen, Schriftsteller haben ihn noch erlebt und schwärmen von freundlichen Pensionswirtinnen, den gemütlichen Trattorien mit ihren Wirtsfamilien aus der Toskana, vor allem aber vom legendären Stammcafé der Künstler, der Bar Jamaica. Läden mit einem reichen Sortiment an Künstlermaterialien für die Studenten der Akademie gibt es zum Glück noch, Crespi in der Via Fiori Oscuri 3 und Morlacchi in der Via Brera 28. Von den einst knapp drei Dutzend Galerien haben eine Handvoll überleben können, die meisten in der Via Brera (Galleria Ponte Rosso Nr. 2, Miniaci Art Gallery Nr. 3, Galleria Il Castello Nr. 16).

Heute ist das Viertel schick und durch und durch bürgerlich geworden. Aber nach wie vor anregend und mit Flair. Kreative Energie durchzieht es während der Designwochen im April, dann wird es zum Brera Design District mit Ausstellungen, Schauen und Events. Der Bummel setzt sich auch jenseits der Via Pontaccio in Richtung Porta Garibaldi fort in dem Viertel San Marco beziehungsweise längs der Achsen Corso Garibaldi und Via Solferino, mit weiteren netten Straßen, Lokalen und Läden (s. S. 170).

Das Viertel Brera

Infos und Adressen

SEHENSWÜRDIGKEITEN

Cortili Aperti. Offene Höfe nennt sich eine Initiative des Kulturvereins Milano città nascosta, die einmal im Jahr – meist Ende Mai – zu Führungen in die hochherrschaftlichen Innenhöfe der Palazzi an der Via Borgonuovo einlädt. Tel. 0039/3 47/3 66 11 74 (mobil), www.cittanascostamilano.it

ESSEN UND TRINKEN

Da Claudio. Für Fischliebhaber eine Kultadresse. Zur Fischhandlung gehört ein modernes Restaurant, man isst exzellenten frischen Fisch, ideal als Mittagsimbiss. Via Cusani 1, 20121 Mailand, Tel. 02/39 66 36 90, www.pescheriadaclaudio.it

ÜBERNACHTEN

Brera Apartments. Geräumige, geschmackvoll und modern eingerichtete Apartments zwischen Brera, San Marco und Quadrilatero della Moda, die man tageweise und länger mieten kann. Kontakt über Handy oder Internet, die Schlüsselübergabe erfolgt dann direkt bei der Wohnung. Tel. 0039/0 34/09 59 60 30 (mobil), www.breraapartments.com

EINKAUFEN

Etro Home. Das Mode- und Parfümlabel setzt auch auf Innenausstattung, mit orientalisch anmutenden Stoffen, Kissen und auch Möbeln, einladend ausgestellt in einem Palazzo aus dem 19. Jahrhundert. Via Pontaccio 17, 20121 Mailand

Massimo Alba. Der Stil von Modedesigner Massimo Alba mit weichen Naturmaterialien, allen voran Kaschmir, von entspanntem Chic und von großer handwerklicher Sorgfalt, passt gut zur beschaulichen Urbanität von Brera. Via Brera 6, 20121 Mailand, Tel. 02/72 09 34 20, www.massimoalba.com

Mailand ist trotz der Ferne zum Meer die Stadt des frischen Fisches.

VON BRERA ZU SANT'AMBROGIO

14 Brera: Pinakothek und Kunstakademie
Höhepunkte italienischen Kunstschaffens

Der Palazzo di Brera bildet den Kern des Viertels, das sich über die Jahrhunderte um dieses ehemalige Jesuitenkolleg entwickelt hat. In seinen Mauern lernen junge Menschen das Kunstschaffen – in direkter Nachbarschaft zu einigen der bedeutendsten Werke der Vergangenheit, von Meistern wie Mantegna, Piero della Francesca, Raffael oder Tiepolo, Caravaggio und Rubens: Sie machen die Pinacoteca di Brera zu einem Highlight des Mailandbesuchs. Auch ein Astronomiemuseum und ein Kräutergarten gehören dazu.

Im imposanten Ehrenhof des gewaltigen barocken Palazzo gehen Studenten ein und aus, sitzen unter den eleganten Säulenbögen, die den Hof einfassen, oder zu Füßen von Napoleon Bonaparte am Sockel der ihm gewidmeten Statue. Folgt man

Zu den wenigen Skulpturen in Brera gehört die Jägerin Atalanta von L. Acquisti (1806).

MAL EHRLICH

EIN VERBLÜHTER GARTEN

Der Orto Botanico hinter dem Palazzo di Brera könnte eine zauberhafte Ruheoase inmitten der Stadt sein, mit bequemen Bänken und gepflegter Vegetation. Stattdessen macht er einen etwas verwahrlosten Eindruck, was auch seine Artenvielfalt nicht zur Geltung bringt. Doch nun, so heißt es, soll sich eine Schülerinitiative seiner annehmen, da darf man hoffen, dass das Gartenparadies eine neue Blütezeit erlebt.

Die Pinakothek von Brera

ihnen, gelangt man über lange, etwas düstere Korridore in die Aulen, eher Ateliers als Hörsäle, in denen gemalt, modelliert oder an Bühnenmodellen gebaut wird: Das ist die Accademia di Belle Arti di Brera, die renommierteste Kunstakademie Italiens. Etwas sehr Ehrwürdiges strahlt sie aus, auch wenn man hier natürlich längst auch Fotografie, Mode, Videokunst, Kunstmanagement und Kunsttherapie studieren kann.

Gegründet wurde die Akademie der Schönen Künste im Jahr 1773, in der Blütezeit Mailands. Man baute und modernisierte, die Habsburger unter Maria Theresia förderten öffentliche Schulen, Krankenhäuser und Kultureinrichtungen. In dieselbe Zeit fällt die Eröffnung des Teatro alla Scala. Im Zuge dieser aufklärerischen Bestrebungen um eine moderne öffentliche Verwaltung wurde der Einfluss der Kirche und ihrer Einrichtungen immer mehr zurückgedrängt.

Kirchenkunst wird zu Staatskunst

Nach den Habsburgern eroberte 1797 Napoleon Ober- und Mittelitalien und machte den kirchlichen Institutionen endgültig den Garaus. Er ließ seine Truppen die Kunstwerke aus Konventen, Kirchen und Bruderschaften holen, um sie zu »verstaatlichen«. Hier im Ehrenhof hat Antonio Canova, der Großmeister des italienischen Klassizismus, Napoleon 1807 als Frieden stiftenden Kriegsgott Mars dargestellt, *Marte Pacificatore*, göttlich unbekleidet und von schönster Athletik: möglicherweise ein Dank des Künstlers an den damaligen König Italiens dafür, dass er die Kunst zu einem Staatsanliegen gemacht hatte.

Zur Akademie gehörte damals bereits eine kleine didaktische Gemälde- und Skulpturensammlung

Oben: Nach dem mächtigen Palazzo di Brera ist das ganze Viertel benannt.
Mitte: Der Palazzo di Brera beherbergt die wichtigste Kunstsammlung Norditaliens.
Unten: Zu den Belle Arti der Akademie gehörte einst die Astronomie.

VON BRERA ZU SANT'AMBROGIO

AUTORENTIPP!

DIE KÜNSTLERBAR JAMAICA
Die Bar gibt es immer noch, seit 1911 in der Via Brera 32, sie hält sich wacker, auch wenn heute an ihren Tischchen und auf der Veranda eher Touristen sitzen. Aber viele der Künstler, die an der Kunstakademie studiert haben und deren Werke im Museo del Novecento oder in den Gallerie d'Italia zu sehen sind – wie zum Beispiel Lucio Fontana, Enrico Baj, Renato Guttuso und Piero Manzoni –, haben hier bei passionierten existenzialistischen Debatten ihr Mailänder Schnitzel gegessen oder einen Negroni getrunken. Zu den Stammgästen zählten ebenso die beiden Literaturnobelpreisträger Dario Fo und Salvatore Quasimodo, und während ihrer Mailandbesuche kamen auch Ernest Hemingway und Allen Ginsberg hierher.

Jamaica. Via Brera 32, 20121 Mailand, www.jamaicabar.it

als Anschauungsmaterial für die Kunststudenten. Doch eine große öffentliche Pinakothek, wie sie einer europäischen Kapitale würdig gewesen wäre, fehlte Mailand noch. Auch die bedeutende Biblioteca Ambrosiana und die erlesene Bildersammlung des humanistischen Kardinals Federico Borromeo waren nicht zu vergleichen mit Sammlungen wie der über die Jahrhunderte gewachsenen Collezione Capodimonte in Neapel mit Werken aus der Zeit der Bourbonen und der Farnese oder dem enormen Nachlass der Medici in Florenz. In den wenigen Jahren, in denen Napoleon König von Italien war und Mailand dessen Hauptstadt (bis 1814), brachte er das ehrgeizige Projekt einer Real Galleria, einer großen öffentlichen Bildersammlung – wie schon mit dem Louvre in Paris – auf den Weg.

Astronomie, Kräuter und Kunst

Platz gab es im riesigen Palazzo di Brera. Der Bau war im 16. Jahrhundert als Sitz eines Jesuitenkollegs entstanden, dort wo einst ein mittelalterlicher Konvent des Humiliatenordens gestanden hatte. 1775, kurz vor der Einrichtung der Kunstakademie, war das Jesuitenkolleg von den Habsburgern aufgelöst worden. Ihr Plan war, ein großes wissenschaftliches und kulturelles Zentrum aufzubauen, und so übernahm man von den Jesuiten das astronomische Observatorium (heute das Museo Astronomico), den Kräutergarten (heute Orto Botanico) und die umfangreiche Bibliothek, die Biblioteca Braidense. Dieses Projekt führte Napoleon fort: Er ließ Kunstwerke – zum großen Teil Altartafeln und Heiligendarstellungen – aus seinen Herrschaftsgebieten (neben der Lombardei auch aus der Emilia-Romagna, aus Venetien und den Marken) nach Mailand bringen. 1809 wurde die Pinakothek mit 139 Gemälden eröffnet, vier Jahre später waren es bereits 889.

Die Pinakothek von Brera

Im Laufe der Jahre kamen viele weitere Werke hinzu, aus Nachlässen, Schenkungen von Sammlern und aus Ankäufen der künstlerischen Leitung. Die Depots platzen aus allen Nähten und eine Erweiterung der Pinakothek ist im Gespräch.

Mittelalter und lombardische Renaissance

Über die breite Treppe gelangt man vom Ehrenhof aus hinauf in den ersten Stock des Palazzo. Die Schätze verteilen sich auf 38 Säle, in den ersten sind Fresken aus zwei Wohnpalazzi der Sforza und der Visconti ausgestellt, von Bernardino Luini (1480–1532) und Donato Bramante (1444–1514). Beide waren wichtige Renaissancekünstler (Letzterer auch der Baumeister des Petersdoms in Rom), die die damalige Fürstenfamilie Sforza in die Stadt gerufen hatte. Ein Lehrstück des Humanismus der Renaissance ist Bramantes Darstellung der beiden antiken Philosophen Heraklit und Demokrit mit der Weltkugel in ihrer Mitte. Aus der Privatkapelle des lombardischen Grafen Porro stammen die spätmittelalterlichen Fresken vom sogenannten Meister von Mocchirolo, die in der Nachbildung einer Kapelle präsentiert werden. Als Nächstes gelangt man zu mittelalterlichen Tafelbildern, aus denen die gotische Altartafel von Gentile da Fabriano hervorsticht, die 1811 aus einer Einsiedelei in den Marken hierhergebracht wurde.

Große Meister aus Venetien

In den Sälen V und VI begegnet man einigen Höhepunkten der Sammlung, wie den Madonnendarstellungen von Giovanni Bellini (1430–1516), Renaissancekünstler aus Venedig, und seiner berühmten *Pietà*. Diese führt weiter zum ebenso berühmten Bild *Cristo Morto* von Andrea Mantegna aus Padua (1430–1506): in ihrer Darstellung des

AUTORENTIPP!

DER DUFT VON MAILAND
Die Kunst, den Duft von Bergamotte, Jasmin, von Mandeln und Lavendel und vielen Essenzen mehr einzufangen und daraus einmalige Duftkompositionen zu gewinnen, das versuchen seit jeher Parfümmeister aus Frankreich, aus England und aus Italien. In Brera siedeln sich seit ein paar Jahren exklusive Duftboutiquen an, etwa die berühmten französischen Parfümläden Diptyque (Via Brera 23) und Caudalie (Via Fiori Chiari 14). Oder der Parfümeur Dr. Franjes aus Florenz (Via Fiori Chiari 24). Den Anfang machte Nicoletta Astori vor 30 Jahren mit ihrem Laden Profumo mit von ihr ausgesuchten Parfüms von oft nur Liebhabern bekannten *Maîtres Parfumeurs*. Eine von ihr vertretene Marke, Le Labo aus der französischen Parfümhochburg Grasse, arbeitet derzeit an einer eigenen Duftnote nur für Mailand.

Profumo. Via Brera 6, 20121 Mailand, www.profumomilano.com

VON BRERA ZU SANT'AMBROGIO

Todes und der Trauer zwei zutiefst berührende Werke. Insgesamt sind die großen Meister aus Venetien stark vertreten, man trifft auf Werke von Tizian, Paris Bordone und Cima da Conegliano. Schließlich das riesige Gemeinschaftswerk der beiden Malerbrüder Gentile und Giovanni Bellini aus dem Jahr 1504, das den heiligen Markus bei seiner Predigt in der beeindruckenden Kulisse des ägyptischen Alexandria zeigt. Dieses Werk schmückte einst den Sitz der berühmten Bruderschaft der Scuola Grande di San Marco in Venedig, die für die Sammlung in Brera regelrecht geplündert wurde. Ihr gehörte auch Tintorettos imposante bühnenartige Friedhofsszene um den heiligen Markus aus dem Jahr 1562, zu sehen in Saal IX.

Die großen Säle VIII, IX, XIV und XV sind die sogenannten napoleonischen Säle mit weiteren venetischen und lombardischen Kunstwerken aus dem 15. und 16. Jahrhundert. Darunter die *Pala Sforzesca* von 1494, auf der sich die Sforza mit Fürst Ludovico il Moro zusammen mit der Muttergottes und den Kirchenvätern hatten darstellen lassen: das klassische Triumphbild der Macht einer Fürstenfamilie.

Schenkungen von Privatsammlern

Im Korridor X längs dieser Säle findet man die Sammlung des Kaffeehändlers Emilio Jesi (1902–1974), der zusammen mit seiner Frau eine der wertvollsten Kollektionen der ersten Hälfte des 20. Jahrhunderts zusammengetragen hatte, die er nach seinem Tod der Pinakothek vermachte. Damit sind hier in Brera auch all die großen italienischen Maler des 20. Jahrhunderts vertreten, darunter Umberto Boccioni mit seinem berühmten futuristischen Bild *Rissa in Galleria* (1910), ein Menschenauflauf in Bewegung in der Galleria Vittorio Ema-

Oben: Der *Kuss* von Francesco Hayez (1859) ist das Hauptwerk der italienischen Romantik.
Unten: Im Hof des Palazzo treffen sich die Studenten der Kunstakademie zu Napoleons Füßen.

Die Pinakothek von Brera

nuele II. In Saal XI sind Schätze aus unterschiedlichen Epochen der Sammlung Lamberto Vitali zu sehen.

Große Meister aus Mittelitalien

Weiter geht es in der Pinakothek mit Werken des 15. und 16. Jahrhunderts aus Mittelitalien, mit Crivelli, Signorelli, Dosso Dossi, Correggio. Auch der Großmeister der Renaissance, Piero della Francesca (1413–1492) ist vertreten: In Saal XXIV findet man sein Tafelbild *Pala di San Bernardino*, ursprünglich für den Fürsten von Montefeltro aus Urbino gemalt, der hier in Rüstung vor der Muttergottes kniet. Im selben Saal hängt auch Raffaels bestechend elegantes Bild *Sposalizio della Vergine* (1504), die Vermählung Mariä.

Barock, Niederländer und ein »Kuss«

Dann sind die Barockmaler aus der Emilia-Romagna an der Reihe, Carracci, Guercino, Cagnacci, Procaccini und Crespi. In Saal XXIX ist der einzige Caravaggio in Brera zu bewundern, immerhin eines seiner herausragenden Werke: die Abendmahlszene *Cena in Emmaus* (1606). Eine Reihe barocker Niederländer wie Rubens, van Dyck, Jan de Beer sind vertreten. Auch die venezianischen Vedutenmaler wie Canaletto, Guardì, Longhi fehlen nicht. In Saal XXXVII steht man endlich vor dem hingebungsvollen *Bacio* von Francesco Hayez (1791–1882) von 1859, einem der berühmtesten Küsse in der Malerei. Und vor dem Porträt des Dichterfürsten Alessandro Manzoni, das Hayez 1861 malte. Hayez, Professor für Malerei an der Akademie, ist draußen auf dem kleinen Platz neben dem Palazzo di Brera ein Denkmal gewidmet. Den Abschluss der Sammlung bilden die Maler des ländlichen Lebens des 19. Jahrhunderts wie Fattori und Segantini.

AUTORENTIPP!

AUCH SCHMUCK IST KUNST

Kaum zu glauben, was dieser winzige Laden von Elvio und Loredana Demaldè nahe der Piazza del Carmine alles in seinen Schubladen, Kästchen und Vitrinen birgt: eine regelrechte Wunderkammer an kunstvollem, kitschigem, glamourösem Modeschmuck aus vielen Epochen. Vor allem aus der ersten Hälfte des 20. Jahrhunderts stammen exzentrische Broschen, Ohrringe oder Haarnadeln, tatsächlich ist der Laden auch eine Fundgrube für Film- und Theaterausstatter. Der eigentliche Schatz aber sind die Manschettenknöpfe in allen nur erdenklichen Macharten und Materialien, von klassisch bis verrückt, viele zu bestimmten Themen, wie Mini-Vespas, Gitarren oder Werkzeug.

Demaldè. Via Ponte Vetero 22, 20121 Mailand

VON BRERA ZU SANT'AMBROGIO

Infos und Adressen

SEHENSWÜRDIGKEITEN

Orto Botanico di Brera. Einst der Botanische Garten des Jesuitenkollegs im 17. Jahrhundert. Auf den wenigen Bänken lässt es sich hier entspannen. Feb.–Okt. Mo–Fr 9–12, 14–17 Uhr, Sa 10–17 Uhr, Nov.–Jan. Mo–Fr 9–12, Sa 10–16 Uhr, Zugang Via Gabbia 10, Mailand 20121, Eintritt frei.

Pinacoteca di Brera. Die große Gemäldesammlung ergänzen kleine Sonderausstellungen, *Brera mai vista* genannt, mit Schätzen aus dem Depot oder frisch restaurierten Werken. Di–So 8.30–19.15 Uhr, Via Brera 28, 20121 Mailand, www.brera.beniculturali.it

Lucilla Beccaria, so zauberhaft wie ihre Kreationen

ESSEN UND TRINKEN

Café Marc Jacobs. Am bühnenartigen Platz, den die neogotische Backsteinfassade der Kirche Santa Maria del Carmine beherrscht, treffen sich vor allem junge Leute im supermodernen, blau schimmernden Café des amerikanischen Modedesigners. Piazza del Carmine 6, 20121 Mailand

Fiori Chiari Plates. Man sitzt bei Kerzenlicht auf weißen Landhausstühlen an großen Holztischen: ein modernes ansprechendes Bistrorestaurant mit unkomplizierter Küche aus Gemüsetorten, Käse und Schinkentellern mit *gnocchi fritti*, das sind ausgebackene Teigteilchen, mit Pasta, Salaten, Kuchen. So geschl., Via Fiori Chiari 13, 20121 Mailand, Tel. 02/36 63 06 35, www.fiorichiariplates.it

Osteria di Brera. In diesem ansprechenden Restaurant sitzt man im Sommer angenehm auf der Gasse zu ausgezeichneter Fisch- und Fleischküche. Via Fiori Chiari 8, 20121 Mailand, Tel. 02/89 09 66 28, www.osteriadibrera.it

Tartufotto. Es duftet wunderbar: Trüffel zu jeder Jahreszeit, aus jeder Gegend, auf Spiegelei, in Ricotta, zu Risotto, auf Kürbiscreme, man sitzt locker an Holztischen oder im oberen Stock gemütlich auf dem Sofa. Via Cusani 8, 20121 Mailand, Tel. 02/39 66 36 90, www.tartufotto.it

Trattoria La Torre di Pisa. In den Fünfzigerjahren des 20. Jahrhunderts kamen einige Wirtsfamilien aus der Toskana nach Mailand und eröffneten in Brera ihre Trattorien mit kräftigen Suppen und saftigen Hüftsteaks. Aus dieser Zeit stammt dieses alteingesessene Restaurant. Via Fiori Chiari 21, 20121 Mailand, Tel. 02/87 48 77, www.trattorialatorredipisa.it

ÜBERNACHTEN

Bulgari Hotel. In einer abgeschiedenen Straße liegt dieses luxuriöse Resort der Schmuckmarke Bulgari, mit schwarzem Marmor, hellem Travertin und Edelhölzern ausgestattet, mit Bar, Restaurant und Spa, elegant und komfortabel in einem renovierten Palazzo aus dem 19. Jahrhundert untergebracht, zu dem einer dieser traumhaften Gärten hinter der Palazzofassade gehört. Eine wahre Oase, die man auch als Barbesucher genießen kann. Via Privata Fratelli Gabba 7/b, 20121 Mailand, Tel. 02/8 05 80 51, www.bulgarihotels.com

UNA Hotel Cusani. Eines dieser angenehmen, modernen und komfortablen Cityhotels der UNA-Kette liegt direkt in Brera. Via Cusani 13, 20121 Mailand, Tel. 02/8 56 01, www.unahotels.com

Die Pinakothek von Brera

EINKAUFEN

Viele Läden machen erst gegen 10 Uhr oder 10.30 Uhr auf. Eine besonders lebendige Stimmung herrscht jeden dritten Sonntag im Monat beim **Antiquitäten- und Trödelmarkt in der Via Fiori Chiari** und in den Nebenstraßen.

Cavalli & Nastri. Hüte, Hutnadeln, Gürtel, Taschen, Kleider in wunderbaren Farben, weit schwingende Röcke, kurz: glamouröse Vintage-Mode der Zwanziger- bis Sechzigerjahre. Via Brera 2, 20121 Mailand, Tel. 02/7 00 04 49, www.cavallienastri.com

Fabriano. Die Produktion dieser uralten Papierfabrik, im Mittelalter in den Marken entstanden, zeigt, wie sich altes Handwerk frisch und modern präsentieren kann, mit schicken farbigen Heften, Alben, Taschen, Lampen, alles aus Papier, selbst die Ohrringe. Via Ponte Vetero 17, 20121 Mailand, Tel. 02/76 31 87 54, www.fabrianoboutique.com

Luisa Beccaria. Die Sizilianerin Luisa Beccaria und ihre Tochter Lucilla bezaubern mit ihren romantischen, sehr weiblichen Modekreationen, eine Institution in Mailand. Via M. Formentini 1, 20121 Mailand, www.luisabeccaria.it

Officina Profumo Farmaceutica di Santa Maria Novella. Die weltberühmte Kosmetiklinie mit eigener Parfümkreation, die die älteste, noch existierende Klosterapotheke Italiens herstellt – mit wunderschönem historischem Hauptsitz in Florenz –, hat auch in Mailand eine Niederlassung, natürlich im Viertel Brera mit seinen ausgefallenen Duftläden. Via Madonnina 1, 20121 Mailand

Roberta e Basta Galleria. Der Name steht für Antiquitäten – Möbel, Lampen, Kerzenhalter, Teewagen – aus dem 20. Jahrhundert, den Zwanzigerjahren, dem Jugendstil und dem Art déco, eine überwältigende Fundgrube, die sich auf drei Galerien verteilt, hier und in der nahen Via M. Formentini 4/6 und der Via Solferino 3. Via Fiori Chiari 2, 20121 Mailand, www.robertaebasta.com

Im Fiori Chiari Plates sitzen alle zusammen am einladenden Tisch.

MUSEEN

Museo Astronomico. Das kleine Museum im Erdgeschoss des Palazzo di Brera (gut ausgeschildert) zeigt eine interessante historische Sammlung alter Instrumente der Physik und Astronomie. Mo–Fr 9–16.30 Uhr, Via Brera 28, 20121 Mailand, Eintritt frei.

Museo del Risorgimento. Das stadthistorische Museum direkt hinter dem Palazzo di Brera ist im Palazzo Moriggia untergebracht, der 1775 von Hofbaumeister Giuseppe Piermarini errichtet wurde. Es erzählt anhand verschiedenster Materialien, wie sich die Nationalstaatsbildung Italiens, das Risorgimento, in Mailand abgespielt hat, ein Mekka für Schulklassen. Di–So 9–13, 14–17.30 Uhr, Via Borgonuovo 23, 20121 Mailand, www.museodelrisorgimento.it

VON BRERA ZU SANT'AMBROGIO

15 Die Piazza dei Mercanti
Im mittelalterlichen Herzen Mailands

Auch Mailand hat eine Ecke, die so aussieht, wie man es sich von einer italienischen Altstadt erwarten darf. Eine Piazza mit mittelalterlich anmutenden Gebäuden, mit Patina und historischem Flair. Mitten auf der Piazza steht der Broletto beziehungsweise der Palazzo della Ragione, der daran erinnert, dass viele norditalienische Städte im Mittelalter als Kommune von einer Bürgerversammlung vertreten wurden.

Ausgangspunkt ist wieder der Domplatz. An seiner nordwestlichen Ecke geht es in die Via dei Mercanti und schon steht man auf der Piazza dei Mercanti, dem Platz der Kauf- und Marktleute. In der Blütezeit der mittelalterlichen Stadtkommunen schlug hier das Herz der Stadt. Noch bis ins 19. Jahrhundert hatte es hier ein mittelalterliches Gassen- und Häuserlabyrinth gegeben, mit den Werkstätten der berühmten lombardischen Waffenschmiede, worauf die Via Spadari (*spada* heißt Schwert) verweist – heute mit edlen Delikatessenläden –, und an die Schmuckhändler erinnert die Via Orefici, die Straße der Goldschmiede. Doch auch dieses Viertel fiel der stadtplanerischen Erneuerung des 19. Jahrhunderts weitgehend zum Opfer.

Im Mittelalter der Platz der Händler

Mitte: Das mittelalterliche Mailand mit dem Palazzo della Ragione und der Loggia dei Mercanti
Unten: Dieses behaarte Schwein steht für einen der Mailänder Entstehungsmythen.

Mittelpunkt des Marktplatzes war der Palazzo della Ragione, in dem der Rat aus 900 Bürgern, den Vertretern der Stände, zusammentrat und in dem das Gericht tagte, über das der alljährlich vom Rat neu

Die Piazza dei Mercanti

gewählte *Podestà* (Gemeindevorsteher) wachte. Den Bau des Palazzo im Jahr 1233 – Vorbild für alle weiteren lombardischen Stadtpalazzi – gab der damalige Podestà Oldrado da Tresseno in Auftrag, er selbst ist hoch zu Ross an der Südostfassade verewigt. Der Palazzo steht auf einer offenen, von schlanken Säulen getragenen Loggia, unter ihr schlossen die Notare an Pulten Verträge für die gehandelten Waren ab. Im großen Saal im Obergeschoss tagten der Rat und das Gericht, unter Maria Theresia, die das Dachgeschoss ausbauen ließ, kam hier, und noch bis 1961, das Notariatsarchiv unter.

Hier kamen die Bürger zu ihrem Recht

Um den Palazzo entwickelten sich wichtige Institutionen: An der Südostflanke entstand 1316 die elegante Loggia degli Osii mit zwei Bogenreihen und dem mittigen Balkon, von dem aus Beschlüsse und Schiedssprüche verkündet wurden. Am Balkon hält ein Adler ein Beutetier in den Krallen – die Justiz packt das Verbrechen –, rechts und links von zwei Schlangen flankiert, dem Wappentier der Visconti-Familie. Links der Loggia schließt ein neogotisches Gebäude an, um 1900 für eine Bank errichtet. Rechts der Loggia imponiert die barocke Fassade mit dem Portikus der Scuole Palatine von 1645, der einstmals wichtigsten Oberschule Mailands, hinter der Fassade geht es nun in moderne Büros. In der heute neogotischen Casa dei Panigarola an der Südwestflanke des Palazzo della Ragione wurden einst die Verwaltungsakten niedergeschrieben. Längs des Palazzo della Ragione an der Via dei Mercanti erstreckt sich der imposante barocke Palazzo dei Giureconsulti, im 16. Jahrhundert die Rechtsschule für die höchsten Ämter in der Stadt, im 19. Jahrhundert die erste Börse Mailands und seit 1912 Sitz der Handelskammer beziehungsweise ihr Kongresszentrum.

Infos und Adressen

SEHENSWÜRDIGKEITEN

Loggia dei Mercanti. Der Portikus unterhalb des Palazzo della Ragione ist seit 1953 der Gedenkort für die im Kampf gegen die faschistische Diktatur gefallenen Partisanen sowie für die deportierten jüdischen Bürger der Stadt, mit ihren Namen auf den Säulen.

Palazzo della Ragione. Heute ist der Saal des mittelalterlichen Ratspalastes der Fotokunst gewidmet. Di, Mi, Fr, So 9.30–20.30, Do, Sa 9.30–22.30 Uhr, Piazza dei Mercanti, 20123 Mailand

Scrofa semilanuta. Die behaarte Sau am Kapitell des zweiten Bogens der Loggia soll aus dem 7. Jh. v. Chr. stammen, als den Galliern in Oberitalien die seltsame, halb mit Wolle – *medio lanum* – bedeckte Sau am Ort ihrer Siedlung erschien, eine der Gründungslegenden der Stadt.

ESSEN UND TRINKEN

Al Mercante. Das gehobene Touristenrestaurant an der stimmungsvollen Piazza. So Abend geschlossen. Piazza Mercanti 17, 20123 Mailand, Tel. 02/8 05 21 98
www.ristorantealmercante.it

Auch der Palazzo della Ragione bleibt nicht von der Feuerleiter verschont.

VON BRERA ZU SANT'AMBROGIO

16 Um die Piazza Cordusio
Im alten Mailand zwischen Börse, Ruinen und Kirchen

Unter dem Pflaster des Innenstadtviertels westlich des Domplatzes liegt das ganz alte Mailand verborgen, etwa das Forum unterhalb der Pinacoteca Ambrosiana (s. S. 112) und ein römisches Theater unterhalb der Mailänder Börse. Das Zentrum des langobardischen Mailands war die heutige Piazza Cordusio, das mittelalterliche Herz schlug an der Piazza dei Mercanti (s. S. 106) und in alten Abteien und Kirchen wie San Maurizio (s. S. 120) und Sant'Ambrogio (s. S. 126)

Vom Domplatz aus über die Via dei Mercanti vorbei an der mittelalterlichen stimmungsvollen Piazza dei Mercanti ist in wenigen Schritten die große Piazza Cordusio erreicht. Genau hier lag vor knapp 1500 Jahren, nach der Eroberung Mailands im Jahr 569 durch Alboin, den König der Langobarden, deren fürstlicher Hof: *curia ducis*, was noch im Namen Cordusio anklingt.

Ende des 19. Jahrhunderts wurde der heutige Platz als ein Zentrum der Finanzwelt angelegt: Man öffnete die Schneise Via Mercanti und Via Dante, schuf damit die Sicht auf das Kastell und Raum für große Palazzi mit konkaven, auf die Piazza gerichteten Fassaden für Banken, Versicherungen und die Börse. So baute Architekt Luca Beltrami 1899 den Palazzo delle Assicurazioni Generali und um 1900 den Palazzo Biandra, in dem sich heute eine Filiale des Bankkolosses Intesa Sanpaolo befindet, und Architekt Luigi Broggi baute 1901 den Palazzo für die damalige Börse, in dem seit 1932 die Hauptpost untergebracht ist.

Mitte: 1899 entstand der Palazzo für eine der größten Versicherungsgesellschaften Italiens.
Unten: Alte Trambahnen rattern gemächlich über die Piazza Cordusio.

Um die Piazza Cordusio

Ein römisches Theater unter der heutigen Börse

An der Post vorbei geht es auf die Piazza Affari: Im Palazzo Turati (zur Via Meravigli hin), 1876 im Stil der Neorenaissance erbaut, hat seit 1950 die Camera di Commercio, die Handelskammer, ihren Sitz. Und im Börsenpalast von 1932, im wuchtigen Stil aus faschistischer Zeit und nach dem Architekten auch Palazzo Mezzanotte genannt, findet der italienische Wertpapierhandel statt, immerhin gilt die Mailänder Börse als einer der wichtigsten Finanzplätze Europas. Beim Bau beider Palazzi stieß man auf die Reste des römischen Theaters aus der Zeit von Augustus (1. Jh. v. Chr.) mit Platz für immerhin 9000 Zuschauer bei damals 25 000 Einwohnern des römischen *Mediolanum*. Die Handelskammer organisiert die Besichtigung der Ausgrabungen.

Die Geduld des Dromedars

Von der Via Santa Maria Fulcorina südwestlich der Piazza Affari führt ein Schlenker über die Piazza Borromeo, an der im 15. Jahrhundert die Palazzi der wohlhabenden Kaufmannsfamilie entstanden, aus der die beiden großen Erzbischöfe Carlo und Federico stammten. Davon steht nur noch der Backsteinpalazzo mit dem gotischen Torbogen, darüber ein Dromedar, ein Wappentier der Borromeo und wohl Ausdruck ihrer geduldigen Dienstbarkeit am Gemeinwohl. Auch die gelbe, heute barocke Kirche Santa Maria Podone (9. Jh.) lohnt einen Besuch.

Die »Kreuzung der fünf Straßen«

Damit ist die Kreuzung der Via Bocchetto, Via del Bollo, Via Santa Marta, Via Santa Maria Podone

AUTORENTIPP!

DER »STINKEFINGER« VOR DER BÖRSE

Vor dem Börsenpalast auf der Piazza Affari baut sich seit 2010 diese 4,60 Meter hohe Marmorhand von Maurizio Cattelan auf, dem derzeit international wohl bekanntesten Künstler Italiens: Von der Pose des faschistischen Grußes, dem die Finger abgeschlagen sind, bleibt der Mittelfinger übrig als provokative Geste gegen die Institutionen der letzten Finanzkrise, die Mailänder Börse in ihrem Palazzo noch aus faschistischer Zeit. Zunächst war die Hand als vorübergehende Installation gedacht, doch mittlerweile hat sich die Stadtverwaltung das Werk vom Künstler schenken lassen, allerdings mit der nicht ganz einfachen Verpflichtung, es hier stehen zu lassen, denn natürlich hat die Hand die öffentliche Meinung in zwei passionierte Lager geteilt. *L.O.V.E.* ist der Name der Skulptur: *Libertà*, *Odio*, *Vendetta*, *Eternità* – Freiheit, Hass, Rache, Ewigkeit.

VON BRERA ZU SANT'AMBROGIO

und Via Santa Maria Fulcorina gemeint: »Le 5 Vie« ist eine Art Marketingbegriff, der sich auf dieses zentrale und dennoch abseitige Viertel mit seinen engen Straßen und kleinen Plätzen bezieht und es neu beleben möchte, so nah am Domplatz, eingefasst vom Corso Magenta mit der Klosterkirche San Maurizio, im Westen von der Basilika Sant'Ambrogio und im Süden von der modernen Einkaufsschneise Via Torino. Man spürt die alte, vielfach noble Substanz, die Siedlungsschichten und das Flair heutiger Tage, etwa in kulinarisch interessanten Adressen und ausgefallenen Geschäften oder Ausstellungsorten im coolen Werkstattstil wie die Garage San Remo.

Von hier brachen einst die Faschisten auf

Beim Bummel durch die Gassen gelangt man auf die Piazza San Sepolcro, auf die die Veneranda Biblioteca Ambrosiana zeigt, die zur Pinacoteca Ambrosiana (s. S. 112) gehört und einen Teil des einstigen Klosters San Sepolcro einnimmt. Dass die gleichnamige Kirche im Mittelalter die Heilige Grabkirche nachbilden sollte, sieht man ihr heute nicht mehr an, mit ihrem barocken Innenraum und der neogotischen Backsteinfassade. In römischer Zeit befand sich hier das Forum, dessen Reste unterirdisch ausgegraben wurden und nun von der Pinakothek aus besichtigt werden können (jeden ersten Samstag im Monat). Am 23. März 1919 rief Benito Mussolini auf der Piazza die faschistische Bewegung aus, unter dem Namen *Sansepolcristi* sollten die Faschisten der ersten Stunde in die Geschichtsbücher eingehen. Entsprechend wählten die Mailänder Faschisten dann auch die Piazza San Sepolcro als Ort für ihren *Fascio*, ihren Parteisitz, aus, in dem heute noch sichtbaren Turmhaus von 1935/1940, ein Zweckbau des damaligen Stararchitekten Piero Portaluppi.

Oben: Ein eindrucksvolles schmiedeeisernes Portal führt in die Banca d'Italia.
Unten: Auch am Abend wird im Börsenpalast von 1932 fieberhaft gearbeitet.

Um die Piazza Cordusio

Infos und Adressen

SEHENSWÜRDIGKEITEN

Le 5 Vie. Die Initiative zur Aufwertung dieses westlichen Innenstadtviertels läuft vor allem zur Designmesse im April und zu den Modewochen auf Hochtouren, wenn Hinterhöfe, Palazzi, Garagen und Werkstätten zu Showrooms und kulinarischen Eventadressen werden. www.5vie.it

Ruinen des römischen Theaters. Unterhalb des Börsenpalastes und der Handelskammer im Palazzo Turati liegen die Reste des römischen Theaters, Mauerreste des Bühnenraums und der Zuschauertribüne. Noch bis ins 4. Jh. n. Chr. wurde das Theater bespielt, später wurden seine Steine als Baumaterial genutzt. Die Handelskammer erlaubt die Besichtigung nach vorheriger tel. Anmeldung. Eingang Via Meravigli 9, 20123 Mailand, Tel. 02/85 15 51 08 43 86, www.mi.camcom.it/teatro-romano

In der Hosteria Borromei kann man sich entspannen.

ESSEN UND TRINKEN

Hostaria Borromei. In einem Palazzo aus dem 15. Jh. sitzt man nett in dieser klassischen italienischen Osteria, im Sommer auch im schattigen Innenhof, zu frischer Pasta und saftigem Grillfleisch. Via Borromei 4, 20123 Mailand, Tel. 02/86 45 37 60, www.hostariaborromei.com

Nerino Dieci Trattoria. In der modernen Trattoria erfreut die schmackhafte Pasta-, Fleisch- und Fischküche. Für die Innenstadt zu günstigen Preisen. Via Nerino 10, 20123 Mailand, Tel. 02/39 83 10 19, www.nerinodieci.it

EINKAUFEN

Rubelli. Die Mailänder Adresse – ein venezianisches Traditionshaus – für schöne Einrichtungsstoffe. Via San Maurillio 19, 20123 Mailand, www.rubelli.com

Wait and See. Ausgefallenes, Elegantes, Vintage aus vielen Ecken der Welt – feine Kleider und Accessoires. Via Santa Marta 14, 20123 Mailand, www.waitandsee.it

Wait and See erfreut selbst erfahrene Shopper.

VON BRERA ZU SANT'AMBROGIO

17 Pinacoteca Ambrosiana
Das Lebenswerk von Erzbischof Federico Borromeo

In Mailand gab es nicht erst seit Napoleon, sondern schon seit Anfang des 17. Jahrhunderts und damit viel früher als anderswo ein allen zugängliches Kulturzentrum mit Gemäldesammlung, Bibliothek und Kunstschule – eine einzigartige, moderne Einrichtung und das Vermächtnis von Kardinal Federico Borromeo (1561–1631), Erzbischof von Mailand. Ihm ist es auch zu verdanken, dass man hier eines der schönsten Gemälde von Caravaggio sowie Leonardo da Vincis größte Skizzensammlung bewundern kann.

Das *Bildnis eines Musikers* strahlt die Ruhe des großen Künstlers Leonardo aus.

Wenige Schritte von den wuchtigen Geldhäusern der Piazza Cordusio und der Piazza Affari entfernt – dem traditionellen Bankenviertel, wo dunkel und elegant gekleidete Angestellte aus der Börse, den Bank-, Versicherungs-, Investment- und Anwaltsbüros an den grauen Fassaden entlang in die *pausa pranzo* (die Mittagspause) eilen –, gelangt man durch das Eingangsportal der Pinacoteca Ambrosiana in eine andere Zeit.

Man betritt eine Welt, in der andere Werte wichtig sind, eine Welt des Hehren und Schönen, eine Erinnerung an eine Zeit humanistischen Gedankengutes, in der der Mensch und sein Wirken – natürlich im Einklang mit Gott – eine neue Wertschätzung erfuhren. So heißt einen die Pinakothek denn auch willkommen: »Der altehrwürdige Ort, den ihr betreten habt, hütet Werke von einigen der größten Künstler aller Zeiten.« Dazu zählen

Die Pinacoteca Ambrosiana

eine Madonna von Botticelli, das Porträt eines Musikers von Leonardo da Vinci und viele wunderbare Werke mehr, vor allem aber das schönste aller Bilder in diesem Museum: der *Früchtekorb* von Caravaggio – *La Canestra di Frutta*.

La Canestra di Frutta

Dieses Bild hat einen hohen Symbolwert, es steht für das Interesse des Mailänder Erzbischofs Federico Borromeo an der Kunst und für seine Mission. Möglicherweise war es sogar die Initialzündung für die Einrichtung der Pinakothek. Federico hatte es von Kardinal Francesco Maria Bourbon del Monte als Geschenk erhalten, dem großen Förderer von Kunst und Künstlern, darunter vor allem des aus Mailand stammenden Michelangelo Merisi, genannt Caravaggio (1571–1610). *La Canestra di Frutta* (1595) war ein eigentlich für die damalige Zeit unübliches, unheiliges, vielleicht sogar banales Motiv. Ein Stillleben, Früchte und deren Blätter in einem Korb, aber in ihrer Wahrhaftigkeit dargestellt, in all ihrer Schönheit, mit Farbschattierungen, dem Licht auf den Trauben, schimmernden Tautropfen, aber auch mit Zeichen der Vergänglichkeit, Mehltau, welken Blättern, Flecken, Wurmlöchern im Apfel: Das war bahnbrechend.

Eine öffentliche Bibliothek

Zunächst aber bemühte sich Federico um die Einrichtung einer öffentlichen Bibliothek. Schon als Junge war er ein Büchernarr gewesen, wissbegierig und gebildet – und er war davon überzeugt, dass die Menschen Schönheit und Wissen brauchen. In seiner Studienzeit in Rom war er darüber hinaus mit katholischen Kreisen in Berührung gekommen, die sich um die Reformierung der römisch-katholischen Kirche sowie um neue Glaubwürdigkeit und ein neues Bewusstsein bemühten. Diese Be-

AUTORENTIPP!

MUSEO MANGINI BONOMI
Als der Immobilienmakler Emilio Carlo Mangini 2003 verstarb, hinterließ er einen edlen Wohnpalazzo aus dem 15. Jahrhundert, angefüllt mit Schätzen aller Art. Und ein Stiftungsvermögen, das dieses Museumsjuwel finanziert. Auf drei Stockwerken verteilen sich über 4000 Exponate, Gegenstände aus dem Leben des Menschen, die Mangini als »neugieriger und nimmermüder Sammler« auf Reisen zusammengetragen hatte, Schaukelstühle, Barbierköfferchen, Küchenutensilien aus vielen Epochen, erste Telefone und Fotoapparate, medizinische Geräte, Waffen, Zaumzeug, Spielzeug, Nähzeug, Schirme, Fächer und vieles mehr aus unterschiedlichen Zeiten, angefangen im 15. Jahrhundert: eine Fundgrube der Ästhetik des Nützlichen.

Museo Mangini Bonomi. Mo, Do 15–19 Uhr, Mi 15–17 Uhr, Via dell'Ambrosiana 20, 20123 Mailand, www.museomanginibonomi.it

VON BRERA ZU SANT'AMBROGIO

Oben: Seit Jahrhunderten wird in der Biblioteca Ambrosiana gelesen und studiert.
Unten: Ihrem Gründer Erzbischof Federico Borromeo lag sie am Herzen wie die Bildersammlung.

gegnungen haben sicher sein späteres Wirken entscheidend geprägt. Die Wissensvermittlung lag ihm am Herzen, und so schickte er seine Emissäre in alle Welt, vor allem nach Griechenland, Ägypten und Palästina, wo sie nach Schriftwerken der Philosophie, Literatur und Wissenschaft, zu den Ursprüngen der eigenen christlichen und der anderen Religionen suchen sollten. Was dabei zusammengetragen wurde – über 30 000 Stiche, Drucke, Schriftstücke und über 8000 Handschriften –, legte den Grundstein für die Biblioteca Ambrosiana.
Im Jahr 1603 begann Federico – oberhalb des einstigen Forums aus römischer Zeit sowie des mittelalterlichen Marktplatzes – mit dem Bau des Komplexes, der seine Schätze und Sammlungen aufnehmen sollte. Mit den Jahren wurde der Gebäudekomplex erweitert, das zur Kirche San Sepolcro gehörende Oblatenkloster wurde miteinbezogen. Schon bei ihrer Eröffnung im Jahr 1609 stand die Bibliothek jedermann offen, um die kostbaren alten Handschriften und Inkunabeln aus Theologie, Literatur und Wissenschaften zu studieren. Somit war sie eine der ersten öffentlichen Bibliotheken überhaupt.

Das Gedankengut der Renaissance

In ihrem Besitz befinden sich große Kostbarkeiten: Handschriften der berühmten Dichter des italienischen Mittelalters wie Petrarca und Boccaccio, des Rechengenies Galileo Galilei sowie eine Abhandlung des Mathematikers Luca Pacioli (1445–1517) über die Perspektive (*De Divina Proportione*), die als die Lehre vom Goldenen Schnitt zu einem Meilenstein für bautechnische Berechnungen und den Einsatz der Perspektive in der Malerei wurde. Von Leonardo da Vinci schließlich stammt der *Codex Atlanticus*, der über eine Schenkung in die Bibliothek kam. Auf diesen 1119 Blättern hielt

Die Pinacoteca Ambrosiana

Leonardo in der für ihn charakteristischen Spiegelschrift Projekte und Kommentare zu seinen mechanischen, physikalischen und anatomischen Studien fest. Im Laufe der Jahrhunderte kamen wertvolle Schenkungen hinzu. Kurz, die Biblioteca Ambrosiana hütet das humanistische Gedankengut der Renaissance, genau wie es der Kardinal vorgesehen hatte.

Die Bildersammlung des Kardinals

Ein paar Jahre nachdem er die Bibliothek eröffnet hatte, machte er auch seine Bildersammlung öffentlich zugänglich: im Jahr 1618 als Pinacoteca Ambrosiana. Und damit nicht genug: Drei Jahre später richtete er eine Accademia del Disegno ein, an der man Zeichnen, Bildhauen und Architektur erlernen konnte. Diese Kunstschule ging 160 Jahre später in der Accademia di Belle Arti auf. Was Federico hier auf die Beine gestellt hatte, war ein modernes, allen zugängliches Kunst- und Kulturzentrum, seiner Zeit weit voraus und für einen Kirchenmann der damaligen Zeit ungewöhnlich. Ein solch kulturelles Sendungsbedürfnis war sonst eher bei weltlichen Fürsten der Renaissance anzutreffen.

Heute ist die Sammlung des Kardinals in den Sälen 1, 4, 5, 6 und 7 des Museums zu sehen. Sie umfasst 180 Bilder, vornehmlich italienische Werke, viele aus der Lombardei und aus Venetien, aber auch ein ganzes Konvolut der damals beliebten und hochdotierten flämischen Malerei. In Saal 1 begegnet man dem ersten Höhepunkt, der *Adorazione dei Magi*, der *Anbetung der Heiligen Drei Könige* von Tizian (1485–1576), einem der bedeutendsten Maler der Hochrenaissance, aus Venedig stammend und schon zu Lebzeiten in ganz Europa berühmt.

AUTORENTIPP!

DIE GOLDBLONDE LOCKE DER LUCREZIA BORGIA

Mit Saal 8, der »Sala della Medusa«, so benannt wegen des steinernen Medusenhauptes über einem Brunnenbecken, geht es in den Flügel, der ab 1928 die Pinacoteca Ambrosiana erweiterte. Kunstfertig gestaltete Gegenstände sind hier in Vitrinen zu sehen. Die Neugier weckt eine blonde Haarsträhne hinter Glas in einer Art Reliquiar. Nicht das Haar einer frommen Märtyrerin, nein, Lucrezia Borgia, der skandalumwitterten Tochter von Papst Alexander IV. und Gattin des Renaissancefürsten Alfonso d'Este von Ferrara, soll es gehört haben. Tatsächlich taucht die Locke 1685 im von Kardinal Federico Borromeo persönlich verfassten Inventar zur Veneranda Biblioteca Ambrosiana auf, wie auch Lucrezias Briefe von 1502 an den Renaissanceliteraten und späteren Kardinal Pietro Bembo. Im schwärmerischen 19. Jahrhundert pilgerten Dichter wie Lord Byron oder Gustave Flaubert eigens für die goldblonde Locke ins Museum.

AUTORENTIPP!

GASTRONOMIEIMPERIUM PECK

Franz Peck kommt 1883 aus Prag und bietet böhmisch Geräuchertes an, Schinken, Würste, Haxen. Den Mailändern schmeckt's. Bald entsteht ein Gastronomiegeschäft mit Küche, auch mit Mailänder Spezialitäten, die sich die Bürgerfamilien zubereiten lassen für den Sonntag. Anfang des 20. Jahrhunderts zieht das Geschäft in die Via Spadari 9. Peck wird zum Inbegriff erstklassiger Delikatessen: alle erdenklichen Käsesorten auch aus abgelegenen Alpentälern, die hauseigene Espressomischung, eine riesige Weinauswahl, Pasta in allen Formen, Soßen, Konserven, Marmeladen. Man kann hier mittags eine Kleinigkeit essen oder auch sehr gepflegt tafeln. 1996 vervierfachten die heutigen Besitzer Auslage und Angebot, und trotz vieler neuer Foodadressen steht Peck nach wie vor für das Beste vom Besten.

Peck. Via Spadari 9, 20123 Mailand, www.peck.it

VON BRERA ZU SANT'AMBROGIO

Einige der flämischen Künstler hatte der Kardinal in Rom kennengelernt, wo er mit Jan Brueghel dem Älteren (1568–1625) und mit dem Landschaftsmaler Paul Bril (1556–1626) Freundschaft schloss. Ihre Werke sind in Saal 7 zu sehen. Besonders beeindruckt hier die lebendige Unterwasserlandschaft der *Allegoria dell'Acqua* von Brueghel. Saal 5 zeigt einen weiteren Höhepunkt: die großformatigen Vorzeichnungen von Raffael (1483–1520), dem großen Hochrenaissancemeister aus Urbino, für seine Wandmalereien im Vatikan, hier *Die Schule von Athen* (1510). Im selben Saal hängt, isoliert vor roter Wand, das kleine Bild von Caravaggio mit dem Früchtekorb.

Ein Saal für Leonardo

Saal 24 nennt sich »Aula Leonardi« und ist Leonardo da Vinci (1452–1519) gewidmet. Von ihm stammt das Porträt eines Musikers – neben dem *Früchtekorb* das wertvollste Bild der Sammlung. Außerdem hängt hier die Kopie von Leonardos berühmtem *Abendmahl*, die der Maler und Kopist Andrea Bianchi, auch bekannt als Il Vespino, im Auftrag des Kardinals anfertigte. Denn schon damals musste man um die Konservierung des berühmten Freskos in der Mailänder Kirche Santa Maria delle Grazie fürchten. Dass die Aula einst ein Oratorium war, bezeugt das eindrucksvolle Wandfresko des lombardischen Renaissancemalers Bernardino Luini von 1522 mit einem Christus mit der Dornenkrone.

Der Codex Atlanticus

Von hier geht es in den alten Lesesaal der Biblioteca Ambrosiana, die »Sala Federiciana«, wo wechselnde wissenschaftliche Zeichnungen und Schriften aus Leonardos umfangreicher Skizzensammlung *Codex Atlanticus* ausgestellt werden. Ein faszinierendes Konvolut, das zeigt, mit wie vielen unterschiedlichen Themengebieten sich Leonardo, das Universalgenie, beschäftigte: von der Schallübertragung bis zum Flügelschlag eines Vogels.

Die Bibliotheksbestände und Bildersammlung wuchsen im Laufe der Jahrhunderte. Heute ist die Pinacoteca Ambrosiana die wichtigste Sammlung lombardischer Malerei des 15. bis 19. Jahrhunderts. Eines der jüngsten Geschenke ist das Bild *Testa di Gesù* das *Selbstbildnis* von Gian Giacomo Caprotti, auch Salaj genannt. Er war der Lieblingsschüler von Leonardo da Vinci, eine der vier Figuren am Denkmal auf der Piazza della Scala stellt ihn dar. Manche meinen gar, er habe dem Meister für seine *Mona Lisa* Modell gestanden. 2013 kam dieses Bild in die Sammlung, der Gönner ist Bernardo Caprotti, der sein Geld mit der exklusiven Supermarktkette Esselunga gemacht und diesen Salaj für 300 000 Euro ersteigert hat. Seine Schenkung nennt er – kein Verwandter, aber mit Stolz auf seinen Namensvetter – *Caprotti di Caprotti*. Die Museumswächter raunen dem interessierten Besucher zu, Leonardo selbst habe das Bild gemalt, das sähe man doch sofort!

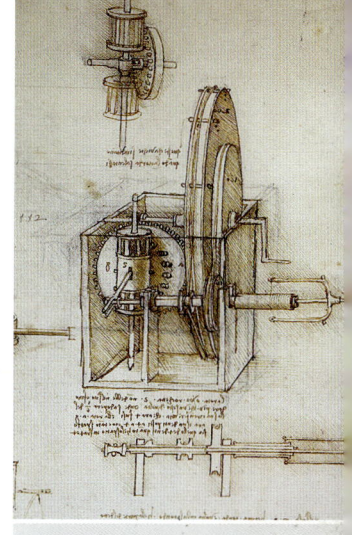

Oben: Inmitten der geschäftigen Innenstadt tut sich die stille Piazza zur Pinacoteca Ambrosiana auf.
Unten: Der Codex Atlanticus zeigt, dass Leonardo kein Wissensgebiet fremd blieb.

VON BRERA ZU SANT'AMBROGIO

Infos und Adressen

SEHENSWÜRDIGKEITEN

Archäologische Ausgrabungen. Die *Scavi archeologici*, die letzten Reste des römischen Forums, die man unterhalb der Pinacoteca, der Biblioteca und der Kirche San Sepolcro gefunden hat. Das Forum bildete einst den Mittelpunkt des öffentlichen Lebens in der römischen Stadt, wo sich der städtische Senat traf, Recht gesprochen wurde und sich ein Göttertempel befand. Zu diesen Resten kann man jeden ersten Samstag im Monat zwischen 10.30 und 16.30 Uhr hinabsteigen.

Pinacoteca Ambrosiana. Zum Besuch der Pinakothek gehört auch die wechselnde Ausstellung der Skizzenblätter aus dem *Codex Atlanticus* von Leonardo da Vinci, die in der Sala Federiciana der **Veneranda Biblioteca Ambrosiana** noch bis Ende 2015 gezeigt werden. Di–So 10–18 Uhr, Piazza Pio XI 2, 20123 Mailand, www.ambrosiana.eu

ESSEN UND TRINKEN

Cracco. So nüchtern und schnörkellos die Eleganz des Lokals, so einfallsreich die mit zwei Sternen belohnten Kreationen des charismatischen Chefs und TV-Stars Carlo Cracco, Mailands berühmtestem Koch. Via Victor Hugo 4, 20123 Mailand, Tel. 02/87 67 74, www.ristorantecracco.it

La Fettunta. Wenn man bedenkt, wie überteuert die Lokale im Bereich um den Dom oft sind, ist diese handfeste Trattoria ein echter Tipp: Hier dominiert die Küche aus der Toskana mit *Crostini*, Pecorino-Käse, deftigen Suppen wie der *Ribollita* und exzellentem Fleisch. Man bekommt aber auch die klassische *Cotoletta alla milanese*. Via Santa Marta 19, 20123 Mailand, Tel. 02/8 05 66 30

Taverna Moriggi. Funzeliges Licht, karierte Tischdecken, auf dem Teller ein cremiges Safranrisotto mit geschmorter Beinscheibe, dazu ein Glas Rotwein. Die anheimelnde Taverne in einem Palazzo aus dem 17. Jh. ist keine nostalgische Inszenierung, sondern echt alt, die Preise sind der Gegenwart angepasst, nahe beim Palazzo Borromeo. Via Morigi 8, 20123 Mailand, Tel. 02/80 58 20 07

Trattoria La Colonna. Eine klassische große Trattoria mit sehr ordentlicher frischer Küche, die jeden Tag wechselt. Die Angestellten der Innenstadtbüros gehen hier gern zur Mittagspause hin, da kann es ziemlich voll werden. Man sollte das laute Untergeschoss meiden. Via Santa Maria alla Porta 10, 20123 Mailand, Tel. 02/86 18 12

ÜBERNACHTEN

Albergo Spadari. In der Straße der Waffenschmiede, 150 Meter vom Domplatz entfernt, versteckt sich dieses angenehme Hotel, komfortabel, mit exzellentem Service, vor allem aber stilsicher gestaltet mit klassischen Designermöbeln und junger Kunst. Via Spadari 11, Tel. 02/72 00 23 71, 20123 Mailand, www.spadarihotel.com

Schmuckes in den Läden um die Piazza dei Mercanti

Die Pinacoteca Ambrosiana

Hotel Gran Duca di York. In einem restaurierten Palazzo aus dem 18. Jh. mit stimmungsvoller Loggiaterrasse wohnt man stilvoll behaglich, das machen die schönen Antiquitäten und die klassische Eleganz der Einrichtung, hinzu kommen ein aufmerksamer Service und vernünftige Preise. Via Moneta 1/A, Tel. 02/87 48 63, 20123 Mailand, www.ducadiyork.com

EINKAUFEN

Aldo Citterio. In den traditionsreichen Einkaufsstraßen um die Piazza dei Mercanti bzw. nahe dem Domplatz finden sich zahlreiche Juweliere und Goldschmiede, wie dieser hier mit seinen edlen modernen Gold- und Silbergeschmeiden. Via Orefici 18, 20123 Mailand, www.aldocitterio.it

Artisanal. Man merkt dieser Ecke Mailands an, dass sich hier der elegante Geschäftsmann einkleidet. Diese Boutique bietet eine Auswahl besonders schöner Herrenschuhe, handgemacht und von exklusiven internationalen und italienischen Schuhmachern. Man kann sich auch Schuhe nach Maß anfertigen lassen. Via Santa Marta 16, 20123 Mailand

Camiceria Tiziano. Jetzt fehlt zum Schuh noch das passende Hemd. Im Mailand der eleganten Businessmänner findet sich eine ganze Reihe Maßschneidereien für Hemden, wie diese hier nahe der Handelskammer und unweit der Kirche San Maurizio al Monastero Maggiore. Via Meravigli 13, 20123 Mailand, www.camiceriatiziano.it

Ladurée. Die Via Spadari hat sich im Schlepptau vom Delikatessenimperium Peck zu einer exklusiven Schlemmermeile entwickelt, so hat sich hier auch die französische Edel-Pâtisserie angesiedelt, berühmt für ihre bunten Macarons, allein der Anblick ist eine Augenweide. Via Spadari 6, 20123 Mailand

Marinella. Eine italienische Erfolgsgeschichte: Eugenio Marinella eröffnete 1914 seinen Schlipsladen in Neapel, heute sind diese Schlipse ein

Schon die Auslage im Ladurée ist ein Genuss.

Must für jeden eleganten Mann, auch die Damen gehen angesichts feiner Seidenschals nicht leer aus. Von hier sind es nur ein paar Schritte zur Renaissancekirche San Maurizio al Monastero Maggiore. Via Santa Maria della Porta 5, 20123 Mailand, www.marinellanapoli.it

Noberasco 1908. Eine Augenweide ist auch die Auslage dieses hübschen Ladens im Kolonialstil. Hier finden sich alle nur erdenklichen Früchte der Welt, getrocknet, eingelegt, kandiert, in Schokolade getunkt, sowie jede Art von Nüssen. Der ligurische Händler ist mit seiner *frutta secca* eine italienische Institution. Via Spadari, 20123 Mailand

Savinelli 1876. Noch eine italienische Erfolgsgeschichte, nämlich die Pfeifen aus der Pfeifenmanufaktur Savinelli, die seit bald 140 Jahren die Pfeifenraucher erfreuen. Ausgefallene Modelle in edlen Hölzern sind heiß begehrte Sammlerstücke. Via Orefici 2, 20123 Mailand, www.savinelli.it

VON BRERA ZU SANT'AMBROGIO

18 San Maurizio al Monastero Maggiore
Die »Sixtinische Kapelle« der Lombardei

So wird die Abteikirche dank ihres gut erhaltenen, reichen Freskenschmucks aus dem 16. Jahrhundert bezeichnet, ein Renaissancejuwel. Unter den lombardischen Künstlern, die sie ausmalten, sticht Bernardino Luini hervor. San Maurizio liegt an einer der Achsen, Via Meravigli und Corso Magenta, im westlichen Zentrum, dem alten Kern der Stadt, in dem bedeutende Klöster entstanden und sich zwischen der heutigen Bebauung Ruinen aus römischer Zeit aufspüren lassen, als Mailand noch *Mediolanum* hieß.

Der Konvent von San Maurizio war den Töchtern der Mailänder Oberschicht vorbehalten.

Die heutige Bebauung der Straßenachse, die als Via Meravigli an der Piazza Cordusio beginnt, vorbeiführt am Palazzo Turati, dem Sitz der Mailänder Handelskammer, und sich als Corso Magenta fortsetzt, stammt vornehmlich vom Ende des 19. Anfang des 20. Jahrhunderts: Da füllte sich die Straße – zwischen vereinzelten alten Adelspalazzi und den Klosteranlagen wie San Maurizio al Monastero Maggiore und Santa Maria delle Grazie (s. S. 222) – mit gehobenen Wohnadressen. Auch heute noch macht sie einen noblen reservierten Eindruck ohne die üblichen Schaufenster.

Römische Ruinen im Siedlungsgeflecht

Dass sich hier das römische *Mediolanum* befand, führt ein Abstecher in die Via Brisa vor Augen: Hier liegen die Ruinen des Circus und des kaiserli-

chen Palastes aus dem 4. Jahrhundert frei, als Mailand die Kapitale des Weströmischen Reiches war – bei den dichten Überbauungen der Jahrhunderte ein seltener Anblick. Eine Überbauung ist auch das Benediktinerkloster San Maurizio. So ist der viereckige Turm der Klosterkirche ein Überbleibsel des Circus, und der Rundturm im Innenhof, an dem das archäologische Museum (s. S. 124) liegt, war Teil der römischen Stadtmauern.

Adlige Damen in Klausur

Schon im 9. Jahrhundert ist hier ein Benediktinerkloster verbürgt. Ab dem 11. Jahrhundert entwickelte sich die Abtei zum bedeutendsten Mailänder Nonnenkloster, als Hort für die Töchter der lombardischen Adelsfamilien. Seinen gesellschaftlichen Höhepunkt auch als Demonstration des opulenten Lebensstils der damaligen Aristokratie erlebte das Kloster im 16. Jahrhundert: Das zeigt der Renaissanceneubau der Abteikirche (1506) und ihr überreicher Freskenschmuck.

Ein Rautengeflecht überwölbt als in ockergold und blau dekorierter Himmel das lange Mittelschiff, in dem eine hohe Trennwand den Chorraum abschirmt: Nur dahinter durften die Nonnen ungesehen an der Messe teilnehmen. Alles, die Seitenkapellen und die Trennwand – 10 000 Quadratmeter –, ist mit Heiligenporträts, mit Episoden aus dem Leben der Heiligen, mit biblischen Szenen

Oben: San Maurizio al Monastero Maggiore ist der Tempel lombardischer Renaissancemalerei.
Unten: Die Cappella Bergamina zeigt die Auferstehung Christi der Brüder Luini.

VON BRERA ZU SANT'AMBROGIO

AUTORENTIPP!

PASTICCERIA MARCHESI
Wenn zur Weihnachtszeit der Wettstreit beginnt, welcher Bäcker den besten Panettone bäckt, dann schafft es diese ehrwürdige Konditorei an der Nahtstelle der Via Meravigli und dem Corso Magenta stets auf einen der ersten Plätze. Seit 1824 wirkt hier die Familie Marchesi, unverändert ist das Liberty-Ambiente mit der Theke aus blank poliertem Messing und Stahl, der Kassettendecke, den Spiegeln, den Holzregalen voller Pralinen, Zuckergebäck und glasierten Mandeln. Eine Spezialität ist der *Budino di riso*, ein Teilchen aus Mürbeteig, das mit Milchreis, Rosinen und Eiercreme gefüllt ist. Auf der Jagd der finanzstarken Modemarken nach Mehrwert gehört sie nun Prada, im Wettlauf mit dem französischen Luxusimperium LVHM, das sich die Pasticceria Cova an der Via Montenapoleone gesichert hat.

Pasticceria Marchesi. Via Santa Maria alla Porta 11, 20123, www.pasticceriamarchesi.it

und vielerlei Ornamenten lebendig und in schönsten Farbkombinationen bemalt, hinzu kommen im Chor kostbares Gestühl und eine Originalorgel aus dem 16. Jahrhundert.

Der lombardische Renaissancemaler Bernardino Luini

Den Großteil der Ausmalung übernahm ab 1521 der lombardische Meister Bernardino Luini (1481–1532), seine Söhne Aurelio und Giovan Pietro und weitere lombardische und italienische Maler kamen im Laufe der Jahre hinzu. Und auch wenn hier viele Künstler Hand angelegt haben, so fügt sich doch alles zu einem harmonischen Zusammenspiel und einem eindrucksvollen Beispiel großer Renaissancemalerei. Luini war damals auf dem Höhepunkt seines Erfolgs, er und seine Werkstatt konnten sich vor Aufträgen kaum retten. Und auch in anderen lombardischen Städten malte er Altartafeln und Fresken für Kirchen und Adelskapellen. Sein lieblicher, an Raffael angelehnter Stil gefiel. Sehr beliebt waren seine anrührenden Darstellungen der Muttergottes mit Kind – eines seiner bekanntesten Bilder ist die Madonna im Rosenhain in der Pinakothek in Brera. Und seine Heiligen glichen in ihrer Anmut eher dem Idealbild von Edeldamen als Märtyrerinnen.

Auf den beiden Bildern links und rechts vom Altar verewigte Luini das fromm kniende Stifterpaar inmitten von Heiligen: Alessandro Bentivoglio aus der ersten Familie Bolognas im Exil in Mailand und Gattin Ippolita aus der Mailänder Fürstenfamilie Sforza, sie hatten eine Tochter im Kloster. Luinis Sohn hingegen, Aurelio, malte die linke Chorkappelle aus. Es macht richtig Spaß sich anzusehen, wie hier fantasievolles Getier von allen Seiten und aus den Lüften paarweise zur Arche Noah strömt.

San Maurizio al Monastero Maggiore

Infos und Adressen

SEHENSWÜRDIGKEITEN

Palazzo Litta. Am Corso Magenta beeindruckt die imposante Fassade des Barockpalastes Litta, zu Beginn des 17. Jh. als Residenz der Senatorenfamilie Arese entstanden. Heute hat die lombardische Denkmalbehörde im Palazzo einen Teil ihrer Büros, das renommierte Prosatheater Teatro Litta hat hier seinen Sitz (www.teatrolitta.it), und die stattlichen Anbauten jenseits der Innenhöfe sind für Luxuswohnungen vorgesehen. Zu den Bürozeiten kann man einen Blick in den Innenhof werfen. Corso Magenta 24, 20123 Mailand

Römische Ruinen an der Via Brisa. Die Mauerreste des Circus und des kaiserlichen Palazzo des römischen Imperators Massimiano, der gegen Ende des 3. Jh. n. Chr. die Kapitale des weströmischen Reiches nach Mailand verlegte, liegen umgeben von heutiger Bebauung hinter dem linken Apsisbereich der Abteikirche San Maurizio.

Von der römischen Stadtmauer ist ein Turm erstaunlich gut erhalten.

San Maurizio al Monastero Maggiore. Nach 25 Jahren Restaurierung der Fresken ist die Kirche seit 2007 wieder für Besucher geöffnet. Hin und wieder finden Konzerte statt, das kann man dem Veranstaltungskalender Milanomese entnehmen. Di–Sa 9.30–17.30 Uhr, Corso Magenta 13, 20123 Mailand

ESSEN UND TRINKEN

La Brisa. In der Straße mit den römischen Ausgrabungen überrascht dieses schöne Lokal mit raffinierter frischer Küche und einem lauschigen Garten. Via Brisa 15, 20123 Mailand, Tel. 02/86 45 05 21

Pizzeria Meucci. In der kleinen unspektakulären Pizzeria schmecken die kompakten und hohen Pizzen zu kleinem Preis. Via Meravigli 18, 20123 Mailand, Tel. 02/86 45 05 26

Im schönsten Barockpalast Mailands residierte die Patrizierfamilie Litta.

VON BRERA ZU SANT'AMBROGIO

19 Das Museo Archeologico
Das römische *Mediolanum*

Mailand war in spätantiker Zeit die nach Rom wichtigste Stadt im Imperium. Im Stadtgefüge scheint diese Zeit fast vergessen zu sein, nur wenige Spuren sind in der immer wieder umgemodelten und überbauten Stadt noch sichtbar. Dabei sind bei Ausschachtungen und U-Bahn-Bauten hier und dort wertvolle Fundstücke ans Licht gekommen, die man im sehenswerten archäologischen Museum gleich neben der Kirche San Maurizio bewundern kann.

Es war Kaiser Diokletian, der im Jahr 286 n. Chr. die römische Stadt *Mediolanum* im Norden Italiens zur Hauptstadt der weströmischen Reichshälfte machte und hier den Heerführer Massimiano als Mitkaiser einsetzte: Dieser machte aus *Mediolanum* eine besonders prächtige Stadt. So wurde der westliche Teil des heutigen Mailands in die neue erweiterte Stadtbefestigung mit einbezogen, und hier dehnten sich der riesige Circus und die Anlage des neuen kaiserlichen Palastes aus – Reste davon sind noch an der nahen Via Brisa auszumachen.

Antike Überbleibsel im Museo Archeologico

Mit welch großen Bauanlagen – neben dem Circus und dem Kaiserpalast sind das verschiedene Theater, das Forum, riesige Kornspeicher und Thermen – die Stadt ausgestattet war, veranschaulicht das Modell im Eingangsbereich des Museums, das seit 1965 in den ehemaligen Klosterräumen des zur Kirche San Maurizio gehörenden Monastero Maggiore untergebracht ist. Der passende Ort, denn

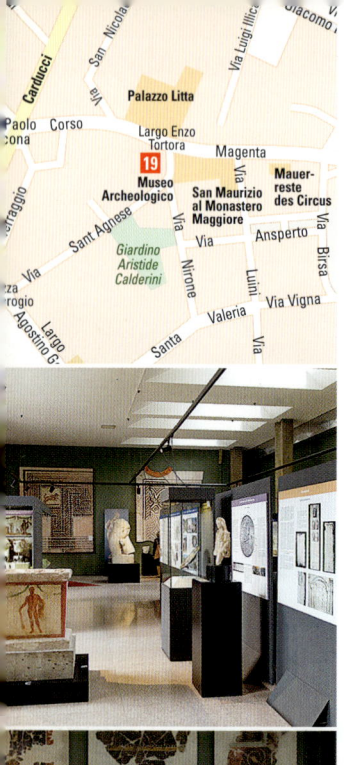

Mitte: Funde des antiken *Mediolanum* im archäologischen Museum
Unten: Viele antike Stücke kamen beim Bau der Mailänder U-Bahn zu Tage.

Das Museo Archeologico

im Kreuzgang hat ein vieleckiger Turm der römischen Stadtmauer aus der Zeit Massimianos überlebt. Er wurde im Mittelalter als Kapelle genutzt und mit Darstellungen von Heiligen ausgemalt. Und der Kirchturm von San Maurizio gehörte einstmals zum römischen Circus.

Im Kreuzgang des Museums sind die Inschriftensteine aufgebaut, die den Archäologen Aufschluss über die Familien von *Mediolanum* geben, Statuen und Büsten hat man ausgegraben, darunter Köpfe von Diokletian und Massimiano. Schöne Mosaikfußböden kommen aus einem nah gelegenen *domus*, einer Wohnvilla, ein handwerklicher Höhepunkt ist die gläserne, in eine kunstvolle Schmiededekoration eingefasste Glasvase, Diatreta Trivulzio genannt.

Im Museumstrakt jenseits des Innenhofs sind Fundstücke der etruskischen und griechischen Kultur ausgestellt, die Italien geprägt haben. Direkt aus der Lombardei kommen Überbleibsel der gotischen und hunnischen Eroberungen im 5. und 6. Jahrhundert n. Chr., vor allem aber die kostbaren Grabbeigaben aus der Zeit der Langobarden.

Das Mailänder Toleranzedikt

In *Mediolanum* erließen die römischen Kaiser Konstantin und Licinius im Jahr 313 das sogenannte Toleranzedikt, das den Christen die Ausübung ihres Glaubens zusichern und der Christenverfolgung ein Ende bereiten sollte. Damit setzte der Kirchenbau in Mailand ein. Mit der Gründung der Basilika des Ambrosius (s. S. 126), und dem Bau von San Lorenzo (s. S. 232) an der Römerstraße Via Ticinensis nach Pavia, mit ihren römischen Säulen und der nahen Ausgrabung des Amphitheaters führt San Lorenzo an den Übergang von der römischen in die christlich-mittelalterliche Zeit heran.

Infos und Adressen

SEHENSWÜRDIGKEITEN
Civico Museo Archeologico. Mithilfe einer Karte kann man sich auf einen Streifzug durch Mailand zu den noch sichtbaren römischen Spuren begeben. Als PDF auf Italienisch: www.comune.milano.it/museoarcheologico, siehe »Oltre il museo«. Di–So 9–17.30 Uhr, Corso Magenta 15, 20123 Mailand

ESSEN UND TRINKEN
Magentino Bistronomia Milanese. Eine kleine Bar nahe beim Museum, mittags stehen frische Pasta- und Risottogerichte und Saisongemüse auf der Karte. Corso Magenta 14, 20123 Mailand, Tel. 02/84 94 53 72, www.magentinomilano.it

Osteria al 29. An den Fotos von Totò und Sophia Loren, die an den Wänden hängen, sieht man sofort, dass der Wirt aus Neapel kommt. Neben leckerer Pizza gibt es schmackhafte süditalienische Spezialitäten, zum Beispiel Pasta aus Gragnano mit *salsiccia e friarielli*, mit Wursthack und dem bitteren Gemüse vom Vesuv. Corso Magenta 29, 20123 Mailand, Tel. 02/8 69 30 49

Frische Pizza ist immer noch Italiens bestes Streetfood.

VON BRERA ZU SANT'AMBROGIO

20 Die Basilica Sant'Ambrogio
Das spirituelle Herz Mailands

Hier wurden die christlichen Märtyrer begraben, außerhalb der Mauern der spätrömischen Stadt, und in ihrem Gedenken ließ Bischof Ambrosius im Jahr 386, 73 Jahre nach dem Toleranzedikt von Konstantin, seine Kirche errichten. Heute zeigt sie sich im Gewand der lombardischen Backsteinromanik aus dem 12. Jahrhundert. Mit ihrer mystischen Atmosphäre und unter dem Schutz des Kirchenvaters und Stadtpatrons ist sie der Ort, an dem die Mailänder Familien am liebsten heiraten und ihre Kinder taufen lassen.

Im Innern überrascht die alte Basilika mit ihrer anheimelnden Atmosphäre.

Heute rückt ihr die städtische Umbauung dicht auf die Pelle. Altersfragil, aber immer noch imposant behauptet sie sich zwischen einer enormen Polizeikaserne (19. Jh.), der Gefallenengedenkstätte von 1928 – dem imposanten Sacrario dei Caduti Milanesi von Architekt Giovanni Muzio – und der katholischen Universität Sacro Cuore von 1921, die auch zwei Renaissancekreuzgänge der Basilika einnimmt. So begegnet man hier auch vielen Studenten und entsprechend netten und entspannten Cafés. Noch bis ins 12. Jahrhundert stand sie außerhalb der spätrömischen Stadtmauern. Bald wuchs die Stadt weiter, über die Kirche hinaus, sodass man 1136 um diese mittelalterliche Ausdehnung den breiten, von einem Erdwall begleiteten Kanalring anlegte, später Cerchia dei Navigli genannt – heute der Innenstadtring Via Carducci-Via De Amicis –, mit Stadt- und Wehrtoren. Ein solches Wehrtor, die sogenannte Pusterla di Sant'Ambrogio – ein Wiederaufbau von 1939 – steht auf dem Vorplatz der Basilika.

Die Basilica Sant'Ambrogio

Durch alle Epochen hindurch hat sie sich ihre sakrale Kraft bewahren können: Wie ein feierlicher Übergang wirkt das lange rechteckige und von einem Säulenportikus gerahmte Atrium, in dessen Mauern spätantike und frühmittelalterliche Grabplatten und Inschriften eingelassen sind. Das Gelände vor den Stadttoren war seit jeher, auch in antiker Zeit, eine Grabstätte. Das Atrium geleitet auf die hüttenförmige, von zwei Glockentürmen flankierte Backsteinfassade und hinein in das dreischiffige Kircheninnere mit seinen breiten und kompakten Proportionen.

Grabstätte des Heiligen Ambrosius

Der Bischof hatte die Basilika als eigene Grabstätte errichtet, für sich und für die Märtyrer Gervasius und Protasius – im Jahr 379 als *Basilica martyrum*. Nach seinem Tod 397 wurde Ambrosius hier beigesetzt. In der Krypta unter dem Hauptaltar liegt er aufgebahrt, und seither ist die Basilika ihm geweiht. In ihrer dreischiffigen Grundform ist sich die Kirche weitgehend treu geblieben, auch wenn sie zahlreiche Ergänzungen, Um- und Rückbauten erlebt hat. So wurden nach dem Einsturz des mittigen Hauptschiffes 1196 die Joche verstärkt und das Kreuzrippengewölbe gotisch zugespitzt. Und nach den Bombenschäden von 1944 musste sie im Apsisbereich neu aufgebaut werden.

Für die Karolinger, die Ottonen und die Salier des Heiligen Römischen Reichs wurde die Basilica Sant'Ambrogio mit ihren Bischöfen, ihren Kanonikern und Mönchen zu einem wichtigen Bezugspunkt. Pippin, ein Sohn Karls d. Großen und König von Italien, sowie der Karolinger Kaiser Ludwig II. liegen in der Basilika begraben, aus fränkischer Zeit stammen der kostbare Altar und darüber das Ziborium.

AUTORENTIPP!

»O BEJ! O BEJ!«

»Oh wie schön, oh wie schön!« Das sollen die Mailänder Kinder ausgerufen haben, als sich am 7. Dezember 1510 Giannetto Castiglione, der römische Gesandte von Papst Pius IV., mit einem Haufen Pakete voller Spielzeug und Süßigkeiten nach Mailand begab, um die Bewohner, traditionell dem Papst nicht besonders wohlgesonnen, für sich einzunehmen. Castiglione traf es gut, der 7. Dezember war seit jeher der Festtag des Mailänder Schutzheiligen Sant'Ambrogio, der Tag seiner Weihe zum Bischof der Stadt im Jahr 374. Nach wie vor ist er der wichtigste Feiertag für die Mailänder, und »O Bej! O Bej!« der schönste Markt mit Kunsthandwerk, Kinderspielzeug, Weihnachtsschmuck und Süßigkeiten, dessen Stände sich heute in den Straßen um das Castello Sforzesco verteilen. Und am Abend des Patronatsfestes wird im Namen von Sant'Ambrogio die Opernsaison im Teatro alla Scala eröffnet, der mondänste Abend im Jahreskalender der Mailänder.

AUTORENTIPP!

IMBISS POLENTAMISU

Polenta aus Maismehl war früher in Norditalien ein einfacher preiswerter Magenfüller, die Speise der armen Landarbeiter und Bergbauern. Während die Norditaliener ihre süditalienischen Brüder *terroni*, Erdfresser, nannten, wurde *polentone*, Langweiler aus Mais, die Retourkutsche der Süditaliener für ihre Brüder im Norden. Heute kommen besonders gute Maissorten, gemischt mit Buchweizenmehl, aus dem lombardischen Alpental Veltlin. Dieser Imbiss unweit der Basilica Sant'Ambrogio serviert den Maisbrei mit Hirsch- und Wildschweingulasch, mit Gorgonzola und Gemüse. Dazu trinkt man frisch gebrautes Poletti-Bier. Zum Nachtisch könnte man Polenta mit Nutella probieren.

Polentamisu. So geschl., Via Carducci 11, Tel. 02/49 66 73 65, 20123 Mailand, www.polentamisu.it

VON BRERA ZU SANT'AMBROGIO

Der Altar, das wertvollste Stück

Um 835 ummantelte ein Schmiedemeister mit Namen Volvinius den hölzernen Altar mit Blattgold und vergoldetem Blattsilber und ziselierte auf die Vorderseite Szenen aus dem Leben Christi und auf die Rückseite Szenen aus dem Leben von Ambrosius. So fein und ausdrucksstark, dass der Altar als das künstlerisch wertvollste Stück in der Basilika gilt. Auf Säulen noch aus römischer Zeit erhebt sich darüber das Ziborium mit blassfarbigen Stuckreliefs. Während das Frontrelief Christus mit Petrus und Paulus zeigt, steht auf der Rückseite Ambrosius zwischen den beiden Märtyrern Gervasius und Protasius und zwei Benediktinermönchen, einer mit dem Modell des Ziboriums in den Händen. In der Apsis sieht man das Chorgestühl aus dem 15. Jahrhundert und den marmornen Bischofssitz aus dem 9. Jahrhundert. Oben im Apsisrund beeindruckt das byzantinisch anmutende Mosaik sogar noch aus dem 5. und 7. Jahrhundert, mit Christus als Erlöser und Szenen aus dem Leben von Ambrosius, mit Mosaikergänzungen aus dem 13. und 20. Jahrhundert.

Die Schlange im Mittelschiff

Zwei frei stehende Säulen fallen im zentralen Schiff auf, die linke mit einer kunstvoll geschwungenen eisernen Schlange: mal die eherne Schlange von Moses, ein Geschenk aus Konstantinopel an Erzbischof Arnolf, den Gesandten Ottos III., Ende des 11. Jahrhunderts, mal als Kultgegenstand aus einem Äskulaptempel interpretiert. Ihr steht auf der rechten Säule ein modernes Kreuz gegenüber.

Die Kanzel ist das Prunkstück: Auf antiken Marmorsäulen steht sie über einem spätrömischen Sarkophag, dem sogenannten Sarcofago di Stilicone (Ende des 4. Jh.), dessen steinerne Flanken christliche Motive schmücken: Christus zwischen den Aposteln, Adam und Eva und die Anbetung der Heiligen Drei Könige. Die Kanzel selbst ist aus dem 11./12. Jahrhundert und mit den typischen mittelalterlichen Symbolen versehen, wie bedrohlichem Getier, gepeinigten Trägerfiguren und Evangelisten, hier Matthäus (Menschenfigur) und Johannes (Adler).

San Vittore in Ciel d'Oro

Neben Gervasius und Protasius liegen in Sant'Ambrogio weitere, für ihren Glauben gestorbene Christen begraben: Noch vor dem Bau der Basilika war hier im 4. Jahrhundert für die Brüder Vittore und Satiro die Gedenkkapelle San Vittore in Ciel d'Oro entstanden, die man über die rechte Apsis erreicht. Aus ihrer Entstehungszeit stammen die kleine goldene Kuppel und die Mosaiken. Neben den Märtyrern ist auch Ambrosius in zig Steinchen verewigt – man vermutet recht naturgetreu –, ernsthaft und schmal sieht er aus, die einzige überlieferte realistische Abbildung eines spätantiken Kirchenvaters.

Oben: Das Mosaik in der Apsis (4./8. Jh.) zeigt den thronenden Erlöser.
Unten: Der vergoldete Altar und das Ziborium stammen aus dem 9. Jh.

Wer war Ambrosius?

Als Sohn eines römischen, für Gallien zuständigen Präfekten war er 338 in Trier zur Welt gekommen. Nach dem Tod des Vaters zog die Familie zurück nach Rom, dort wurde Ambrosius ein hoher Funktionär und als Präfekt nach Mailand geschickt, damals eine der kaiserlichen Residenzen des nunmehr gespaltenen Römischen Reiches. Von der Bevölkerung hoch geschätzt, überparteilich und ein charismatischer Redner, wurde er am 7. Dezember 374 zum Bischof der Mailänder Diözese ernannt. Er hielt die Kaiser Valentinian und Theodosius I. zu prochristlichen Positionen an und übertrug die griechischen Texte der östlichen Kirchenväter ins Lateinische, um sie im Westreich verständlich zu machen. Auch schrieb er Hymnen und Messgesänge und trug damit entscheidend zur choralen liturgischen Musikform bei, dem ambrosianischen Gesang. Unter anderem waren es diese Verdienste, weshalb man ihm im 13. Jahrhundert den Status eines der vier großen abendländischen Kirchenväter zuerkannte. Als ambrosianischer Ritus werden auch die liturgischen Unterschiede zum römischen Ritual bezeichnet. Eigenarten, die sich in den Messen und im Kirchenkalender der Mailänder Diözese (auch im Tessin) bewahrt haben und bis heute die kirchenpolitische Eigenständigkeit Mailands gegenüber Rom ausdrücken. So gibt es in Mailand zum Beispiel 6 Adventssonntage und bei der Taufe wird der Kopf ganz unter Wasser getaucht.

Oben: In der Krypta liegen die Gebeine der Märtyrer und des Heiligen Ambrosius.
Mitte: Ein Geflecht aus Kreuzgewölben überspannt das Haupt- und die Seitenschiffe.
Unten: In den Gewölben lassen sich feine Details ausmachen.

Die Basilica Sant'Ambrogio

Infos und Adressen

SEHENSWÜRDIGKEITEN

Basilica Sant'Ambrogio. Die Sonntagsmesse um 11 Uhr wird auf Latein abgehalten, die Kanoniker des Kapitels der Basilika nehmen an ihr teil, und die Chorkapelle singt die traditionellen ambrosianischen Hymnen. Mo–Sa 10–12, 14.30–18 Uhr, So 15–17 Uhr, Piazza Sant'Ambrogio, 20123 Mailand, www.basilicasantambrogio.it

Museo Basilica Sant'Ambrogio. Im Apsisbereich gelangt man ins Museum im Capitolino, früher der Versammlungsraum der Mönche. Neben Goldschmiedearbeiten beeindrucken u. a. ein Triptychon aus der Schule des lombardischen Renaissancemeisters Bernardino Zenale (15. Jh.), ein Mosaiklamm (5. Jh.) und eine Weihnachtskrippe, die italienische Gefangene 1944 im Lager Wietzendorf bastelten, mit dem Christstern aus Stacheldraht. Tgl. 10–12, 14.30–17.30 Uhr

Bei Galdina gibt es auch Süßes für Veganer.

ESSEN UND TRINKEN

Bioesserì. Zur Biosupermarktkette Naturasi gehört dieses angenehme Lokal mit sorgfältiger Küche aus Biozutaten. Tgl. geöffnet, Via Edoardo de Amicis 45, Tel. 02/26 69 92 15, 20123 Mailand, www.naturasi.it

Caffè Carducci. Dank der Studenten der katholischen Universität gibt es viele Bars, diese hier mit kostenlosem WLAN ist besonders beliebt. Via San Vittore 2/Ecke Via Carducci, Tel. 02/8 90 04 40, 20123 Mailand

Pasticceria Galdina. Im Innenhof überrascht diese entzückende Konditorei mit köstlichen Kuchen. So und mittags geschl., Via Terraggio 9, 20123 Mailand, Tel. 02/89 07 32 80, www.galdina.com

ÜBERNACHTEN

Hotel Pierre. Das frisch renovierte Hotel bietet klassische Eleganz und hohen Komfort. Via Edmondo de Amicis 32, 20123 Mailand, Tel. 02/72 00 05 81, www.hotelpierremilano.it

Hier isst man sich an Biofeinkost satt.

DAS KASTELL UND DER NORDEN

21 Das Castello Sforzesco	136
22 Der Parco Sempione	144
23 Das Triennale Design Museum	146
24 Studio Museo Achille Castiglioni	150
25 Die Via Paolo Sarpi	152
26 Der Cimitero Monumentale	154
27 City Life, Casa Milan San Siro	158

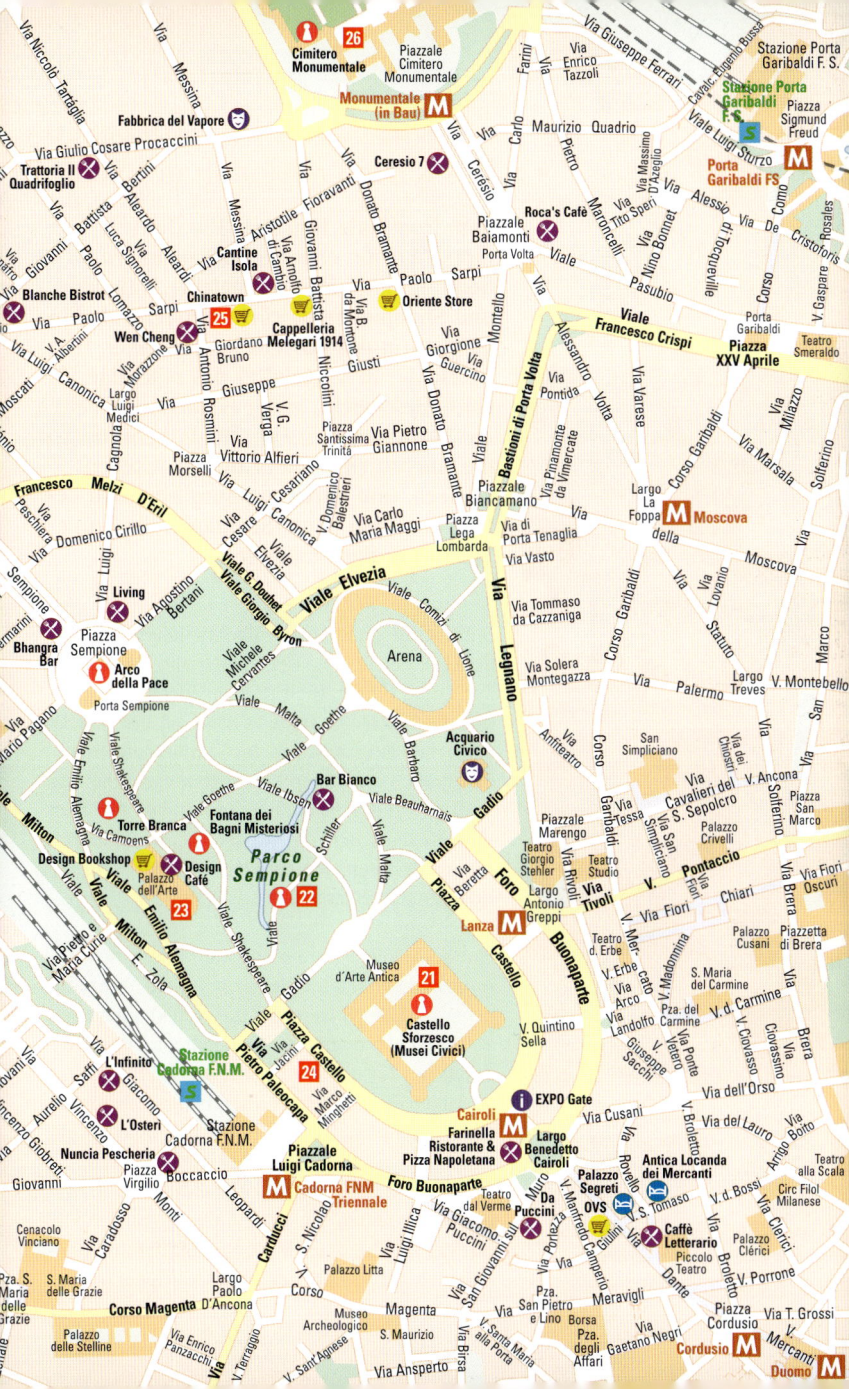

S. 132/133: Diesen Triumphbogen hat Napoleon der Stadt hinterlassen.
Mitte: Der Torre del Filarete weist weithin sichtbar den Weg zum Kastell.
Unten: Ein Höhepunkt im Museo d'Arte Antica sind die sakralen Skulpturen.

DAS KASTELL UND DER NORDEN

21 Das Castello Sforzesco
Das Kastell mitten in der Stadt

Vom Domplatz führt die Via Dante direkt auf die enorme Burganlage zu. Beim Bummel über die belebte Fußgänger- und Shoppingmeile rückt der zentrale Eingangsturm des Kastells immer näher. Hier herrschte im Mittelalter das mächtige Visconti-Geschlecht, in der Renaissance hielten die Sforza-Fürsten Hof, heute beherbergen die wuchtigen Mauern die städtischen Museen, und durch die Burg hindurch betritt man den Parco Sempione, die grüne Spielwiese der Mailänder.

Die trutzige quadratische Backsteinburg ist nach dem Dom der zweite Ort, zu dem die Mailänder ihre Gäste führen. Breit und einladend erstreckt sich die 200 Meter lange Fassade mit dem mittig gelegenen Eingangsturm. Im Sommer blühen im Burggraben die wilden Kapernsträucher, und man trifft sich zum Freilichtkino im Burghof. Auf dem Vorplatz plätschert das Wasser in einen großen runden Brunnen, den die Mailänder despektierlich Hochzeitstorte nennen.

Eine so friedliche Stimmung hat in der wuchtigen Anlage in den letzten sieben Jahrhunderten selten geherrscht. Auch wenn sie zur Verteidigung nach außen diente, ging von ihr auch immer etwas Bedrohliches für die Stadt selbst aus. Hier residierten die rüden Fürstengeschlechter, mal martialisch, mal mit schöngeistigen Mitteln, hier brachten die verschiedenen Fremdherrscher wie Franzosen, Spanier und Österreicher ihre Soldaten, Waffen und Kerker unter. Die letzte dramatische Episode war der Aufstand der Mailänder Bürger und Adligen im März 1848 gegen die Österreicher im

Kampf um die nationale Unabhängigkeit Italiens im 19. Jahrhundert. Die Soldaten von General Radetzky hatten sich in der Burg verschanzt und schossen auf die Stadt. Kein Wunder, dass man diese nach der Nationalstaatsgründung zerstören wollte. Wie auch schon andere Male im Laufe ihrer Geschichte.

Festung im 14. Jahrhundert

Als sich Galeazzo II. im Jahr 1355 innerhalb des Visconti-Clans durchgesetzt hatte, begann er drei Jahre später mit dem Bau des Kastells an der nordwestlichen Festungsmauer, zur Sicherung nach außen, aber auch zur eigenen Machtsicherung nach innen. Während des kurzen Intermezzo der »Aurea Repubblica Ambrosiana« (1447–1450) – ein Versuch, die Bürgerversammlung nach dem mittelalterlichen Vorbild der freien Stadtkommunen wieder einzuführen – wurde sie zum ersten Mal zerstört. 1451 musste man den Heerführer Francesco Sforza (1401–1466) zum Schutz gegen die Eroberungsgelüste der Republik Venedig in die Stadt holen. Als erster Mailänder Sforza-Fürst

Oben: In den Museen mit Möbeln und Kunsthandwerk sind der Gestaltung keine Grenzen gesetzt.
Unten: Durch diesen Portalbogen betrat man im 15. Jh. die Mailänder Filiale der Medici-Bank.

DAS KASTELL UND DER NORDEN

AUTORENTIPP!

DER TORRE BRANCA
Eine grandiose Sicht auf das Kastell, den Parco Sempione, das Friedenstor, die Stadt, die Alpen und den Apennin hat man von der Spitze des Torre Branca, bei klarem Wetter ein Muss. Im Nordwesten des Stadtparks erhebt sich der 108,6 Meter hohe Turm aus Stahlstreben, 1933 nach dem Entwurf des Designers und Architekten, Gio Ponti, anlässlich der Designausstellung Triennale errichtet. Seit 2002 kann man wieder hinauf, natürlich mit dem Fahrstuhl, nachdem ihn der Mailänder Spirituosenkonzern Branca unter seine Obhut genommen hat (wer kennt nicht den Magenbitter Fernet Branca). Am Fuße des Turms wummert das Disco-Restaurant von Modeschöpfer Roberto Cavalli.

Torre Branca. Mitte April–Mitte Okt. Di, Do, Fr 15–19, 20.30–24 Uhr, Mi 10.30–12.30, 15–19, 20.30–24 Uhr, Sa, So 10.30–14, 14.30–19.30, 20.30–24 Uhr, sonst Mi, Sa, So geöffnet, Parco Sempione – Viale Luigi Camoens, 20121 Mailand

baute er das Kastell wieder auf, größer und sicherer. Stadtauswärts mit einem weiteren Wehrwerk, *ghirlanda* genannt, und unterirdischen Tunneln, und schöner: der Stadt zugewandt mit schmückender Fassade. Dazu gehörten die beiden runden Ecktürme mit spitz zugeschnittenen Steinen, dem für die Renaissancefassaden typischen Diamantenschliff. In die Mitte der breiten Frontfassade kam der Eingangsturm Torre del Filarete, nach dem damaligen Baumeister benannt. Durch das Portal gelangte man auf den Aufmarschplatz für die Soldaten, die Piazza delle Armi, die anschließende Hälfte des Burgquadrats nahm zur linken die Rocchetta ein, der von den Visconti erbaute Burgteil, und zur Rechten ließ Francesco Sforza den herzoglichen Hof, die Corte Ducale, so errichten, wie es für die Renaissancefürsten typisch war: nämlich mittelalterliche Wehrburgen in ausgeschmückte Hofresidenzen zu verwandeln. Dazu gehörte auch die Pflege des riesigen Waldgebiets als Jagdrevier im Rücken des Kastells, *barcho* genannt, mit Nutz- und Lustgärten.

Kultivierter Renaissancehof

Mit Galeazzo Maria als Nachfolger von Francesco und später mit Ludovico il Moro (1452–1508) setzte sich die Ausschmückung des Hofes fort, mit Ausmalungen, Festsälen, herrschaftlichen Treppenaufgängen und einer Fürstenkapelle. Il Moro war es, der 1483 den damals berühmtesten Renaissancemenschen an den Hof nach Mailand holte, Leonardo da Vinci als *ingeniarus et pinctor*. Sozusagen als Art Director arrangierte dieser im Kastell die Hochzeit zwischen Ludovicos Neffen, Gian Galeazzo, und der spanischen Isabella d'Aragona als »Paradiesfest«. Im Saal *Sala delle Asse* im Museo dell'Arte Antica im rechten Fürstenhof sind noch Freskenreste von Leonardo zu sehen. Auch der große Renaissancearchitekt Donato Bramante

Das Castello Sforzesco

Rundgang durch das Kastell

- Ⓐ **Torre del Filarete** – Haupteingang ins Kastell
- Ⓑ **Torrione di Santo Spirito** und
- Ⓒ **Torrione del Carmine** – Die Ecktürme bezeugen die Eleganz der Militärarchitektur der Renaissance.
- Ⓓ **Infopoint**
- Ⓔ **Piazza d'Armi** – Exerzierplatz aus den Anfängen des Kastells im 14. Jahrhundert
- Ⓕ **Zwei Fassadenteile** vom abgerissenen Stadtpalais mit Stilelementen der Renaissance
- Ⓖ **Porta del Carmine** – der nordöstliche Seiteneingang mit Zugbrücke
- Ⓗ **Porta di Santo Spirito** – der südwestliche Seiteneingang
- Ⓘ **Torre di Bona di Savoia** – Schutzturm für die Witwe eines 1476 ermordeten Sforzafürsten
- Ⓙ **Museumskasse** und **Bookshop**
- Ⓚ **Corte Ducale** – der Fürstenhof
- Ⓛ **Museo d'Arte Antica**
- Ⓜ Die **Sala delle Asse** im Museo d'Arte Antica mit Leonardo da Vincis Freskenresten
- Ⓝ **Pinacoteca** – Gemäldesammlung
- Ⓞ **Ägyptische Sammlung** und **Museum zur Frühgeschichte**
- Ⓟ **Raccolta dei Mobili**
- Ⓠ **Portico dell'Elefante** – Portikus mit Elefantenfresko
- Ⓡ **Museo degli Strumenti Musicali** – Museum der Musikinstrumente
- Ⓢ **Raccolta di Arte Applicata** – Sammlung für angewandte Kunst
- Ⓣ **Porta del Barcho** – Ausgang in den Stadtpark
- Ⓤ **Rocchetta** – aus der Zeit der Visconti

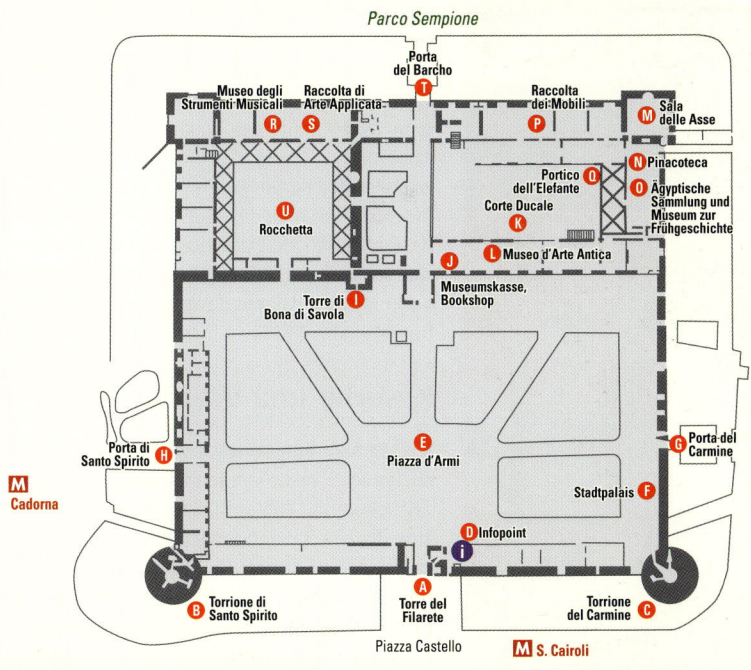

DAS KASTELL UND DER NORDEN

AUTORENTIPP!

CAFFÈ LETTERARIO
Wer sich aus dem Shoppinggewühl der Via Dante und der Fülle an Eindrücken für einen Moment ausklinken möchte, der findet im lichten, von eleganten Arkaden gesäumten Innenhof des Palazzo Carmagnola diese weiße moderne Ruheoase, ein Café mit Buchladen zum Frühstücken, zum Lesen, zum Lunchen und zur Happy Hour mit Buffet. In den weißen Sesseln im Hof lässt es sich entspannt Cocktails schlürfen, und sonntags trifft man sich zum Brunch. Der Palazzo aus dem 15. Jahrhundert, einst eine Residenz der Sforzafürsten, zeitweise sogar Kornspeicher und Steuerbüro, wurde im Laufe der Jahrhunderte mehrmals umgebaut, seit 1947 beherbergt er das renommierte Prosatheater Piccolo Teatro (s. S. 166).

Caffè Letterario. Via Rovello 2/ Via Dante, 20121 Mailand, Tel. 02/72 33 35 05

arbeitete für Il Moro. Doch dann war Mailand durch innere Machtkämpfe so weit geschwächt, dass es 1499 den Franzosen unter Ludwig XII. gelang, triumphal einzumarschieren.

Die spanische Befestigung

Die Franzosen verstärkten sogleich die Wehrhaftigkeit der Burg und umzogen sie mit einem neuen Graben. Doch schon 1521 unterlagen sie den vereinten Kräften Kaiser Karls V. – Kaiser von Spanien und des Heiligen Römischen Reichs –, Venedigs und des Papstes. Nachdem durch die Investitur des Kaisers ein letzter Sforza und Sohn von Ludovico il Moro, Francesco II., noch zehn Jahre lang in der Burg residierte, übernahmen nach dessen Tod (1535) die spanischen Statthalter die Herrschaft. Die Spanier sollten bis zu den Spanischen Erbfolgekriegen 1711 ihre Hand über Mailand halten, sie bauten einen weiträumigen Bastionsring um die Stadt mit dem Kastell als Scharnier. Das Kastell selbst war Anfang des 17. Jahrhunderts aufwändig verstärkt worden durch eine sternförmige sechseckige Ummauerung, um so besser einen frontalen Beschuss durch die neuen Feuerwaffen abwehren zu können. Mittlerweile hauptsächlich Militäranlage hatte es seine Funktion als Fürstenhof abgegeben an den Palazzo Reale (s. S. 38) neben dem Dom.

Kaserne und Waffenlager

Mit der Habsburger Herrschaft ab 1748 diente das mittlerweile recht ramponierte Kastell als Kaserne. Als Napoleon 1796 in Mailand einmarschierte, war eine der ersten Forderungen der Bevölkerung, dass es zerstört werden sollte. Tatsächlich ließ Napoleon die spanischen Wehrteile der Burg abtragen, ihm schwebte eine große Anlage mit öffentlichen Gebäuden um das Kastell vor – das Foro Bonaparte,

Das Castello Sforzesco

woraus bis auf den Exerzierplatz nichts wurde. Nach dem Fall Napoleons 1814 zogen wieder die österreichischen Soldaten ins Kastell.

Die städtischen Museen im Kastell

Eigentlich ist es ein Wunder, dass die Burg noch steht. Nach der Nationalstaatsbildung wollte man dieses Herrschaftssymbol erst recht dem Erdboden gleichmachen. Anstelle des enormen Backsteingebildes dachte man an ein feines innerstädtisches Wohnviertel am Park. Letztlich ist es Baumeister Luca Beltrami zu verdanken, der sich im Stadtrat mit seinem Projekt, das Kastell wieder zurück ins Mittelalter zu restaurieren, und mit der Idee, hier die stadthistorischen Museen einzurichten, durchsetzen konnte. Was man heute sieht, ist also mehr oder weniger die Anlage, wie sie zu Zeiten der Sforzafürsten im 14.–15. Jahrhundert ausgesehen hat. Auch den Eingangsturm Torre del Filarete, der 1521 durch explodierendes Schießpulver zerstört worden war, ließ Beltrami nach alten Stichen wieder aufbauen. Das Reiterbild als Hochrelief stellt den zweiten König Italiens dar, Umberto I. Auf dem Vorplatz Largo Cairoli reitet seit 1895 der stolze Nationalheld Giuseppe Garibaldi. Großbürgerliche Wohnungen entstanden in zwei Baubögen rechts und links des Kastells, eine gelungene städtische Einbindung und Foro Bonaparte genannt. 1905 waren die Rekonstruktionsarbeiten abgeschlossen und die städtischen Museen eröffnet. Nach den Bombenschäden von 1944 musste das Kastell erneut restauriert werden. Zu den Höhepunkten in den Burgmuseen gehören die mittelalterlichen Grabmonumente der Visconti-Fürsten, die berührende Pietà Rondanini des Michelangelo sowie Freskenreste von Leonardo da Vinci. Für die Pietà ist derzeit ein neuer eigener Ausstellungsbereich innerhalb des Kastells in Vorbereitung.

AUTORENTIPP!

DIE MAILÄNDER SCHLANGE
Biscione nennt sie sich, sie ist das eigentliche Symbol Mailands. Man begegnet ihr – in mehreren Schlängeln und mit einem Menschlein im Maul – überall, als Relief an alten Palazzi, besonders eindrucksvoll auf dem Balkon am Palazzo degli Osii auf der mittelalterlichen Piazza dei Mercanti (s. S. 106), vor allem aber im Kastell, gemalt, in Stein gehauen, in Eisen geschmiedet. Sie war das Wappentier der Visconti und später der Sforza. Eine der Entstehungslegenden erzählt, dass ein Visconti auf einem Kreuzzug im Jahr 1100 einen muslimischen Heerführer besiegt hatte, auf dessen Banner eine Schlange dargestellt war, ein Bild, das zur Trophäe der Familie wurde. Als stolzes Zeichen der Verbundenheit mit Mailand taucht sie in manchem Stadtbanner auf oder in Firmenlogos, etwa von Alfa Romeo und dem Fernsehsender Canale 5 des Medienmoguls Silvio Berlusconi.

DAS KASTELL UND DER NORDEN

Infos und Adressen

SEHENSWÜRDIGKEITEN

Castello Sforzesco. Der Spaziergang durch das Kastell, über die Innenhöfe der Rocchetta (links) und des Fürstenhofs, der Corte ducale (rechts), ist kostenlos. Am Wochenende werden kostenpflichtige Führungen angeboten über die Zinnen- und Wehrgänge und in die Burgtürme (Sa, So 15 Uhr) sowie in die unterirdische *Strada Coperta della Ghirlanda*, den Geheimgang unter dem Parco Sempione, einst Fluchtweg oder um ungesehen Verstärkung in die Burg zu holen (Sa 14.30, 16 Uhr). Info und Anmeldung: Tel. 02/6 59 69 37, www.adartem.it.

Rechts am Eingang befindet sich der Infopoint mit Informationen auch auf Deutsch zum Kastell und zu den Musei Civici. Man erhält auch Auskünfte zu den Führungen.

Das ganze Jahr über, vor allem in den Sommermonaten, ist das Kastell Schauplatz vieler Kulturevents. Tgl. 7–18 Uhr, im Sommer 7–19 Uhr, Piazza Castello, 20121 Mailand, www.milanocastello.com

MUSEEN IM KASTELL

Die Kasse für die Eintrittskarten befindet sich im hinteren Teil des Kastells in der Corte Ducale. Alle Museen sind Di–So von 9–17.30 geöffnet, es empfiehlt sich die günstige Sammelkarte.

Museo d'Arte Antica. Die eindrucksvolle Sammlung mit Skulpturen aus Antike, Mittelalter und Renaissance befindet sich in den ehemaligen Sälen der Sforza-Residenz, im Erdgeschoss der Corte Ducale. Ein Höhepunkt ist die sogenannte *Pietà Rondanini* (1744 von der Adelsfamilie Rondanini erstanden), die letzte Marmorskulptur von Michelangelo Buonarroti, an der er in zwei Anläufen gearbeitet haben soll (1552–1564): eine steinerne Verschmelzung von Maria und Christus, bei der die Mutter den sinkenden Sohn aufrecht zu halten versucht. Für diese einzigartige Skulptur ist eine neue Aufstellung vorgesehen. In einem nur ihr gewidmeten Museo della Pietà in den Räumlichkeiten des ehemaligen spanischen Spitals im linken Kastellbereich beim Torrione S. Spirito). Zum Museum gehört auch die Sala delle Asse, die von Leonardo da Vinci und seinen Helfern mit einem einfarbigen Lauben-Trompe l'œil ausgemalt war, das Jahrhunderte unter zahllosen Anstrichen verborgen lag und derzeit Meter für Meter restauriert wird.

Museo della Prestoria e Protostoria. Diese Sammlung im Untergeschoss des Fürstenhofes zeigt Fundstücke aus den Ausgrabungen von Gräbern und Ansiedlungen aus Vorgeschichte und Frühzeit in Norditalien, Zeugnisse der Kulturen vor der Ankunft der Römer.

Museo Egizio. Aus den immensen Beständen der frühen ägyptischen Hochkultur haben durch Schenkungen von Sammlern und Archäologen sowie durch italienische Ausgrabungskampagnen viele eindrucksvolle Stücke den Weg in dieses Museum im Untergeschoss des Fürstenhofes gefunden.

Der Springbrunnen und das EXPO Gate vor der Burg – ein filigranes Lichtspiel

Das Castello Sforzesco

Bei Farinella stärkt man sich mit neapolitanischer Pizza.

Pinacoteca. Die städtische Gemäldesammlung ebenfalls im ersten Geschoss des Fürstenhofs wurde neu geordnet: Sie enthält zahlreiche Werke lombardischer, venetischer und toskanischer Meister wie Vincenzo Foppa, Bergognone (Ambrogio da Fossano), Antonello da Messina, Andrea Mantegna und Giulio Cesare Procaccini.

Raccolte d'Arte Applicata e Museo degli Strumenti Musicali. Über das erste und zweite Geschoss der Rocchetta verteilen sich Keramik, Teppiche und Schmuck sowie die kostbare Sammlung historischer Musikinstrumente aus der ganzen Welt.

Raccolta dei Mobili. Die Möbelsammlung mit herausragenden Einrichtungsbeispielen vom 15. bis zum 21. Jahrhundert im ersten Geschoss des Corte Ducale ist eine Abteilung des Museo delle Arti Decorative, des Museums für angewandte Kunst (in der Rocchetta).

ESSEN UND TRINKEN

Da Puccini. Wer entspannt tafeln möchte, ist in diesem gepflegten Restaurant genau richtig. Neben Pizza gibt es hier das Mailänder Kotelett genauso wie mediterrane Fischküche. Via San Giovanni sul Muro 5, 20121 Mailand, Tel. 02/8 05 39 39, www.ristorantedapuccini.com

Farinella Ristorante & Pizza Napoletana. Natürlich kommen viele Touristen hierher, das Lokal liegt am Platz vor dem Kastell, doch es ist ansprechend eingerichtet, die Pizza hat den für Neapel typischen hohen weichen Teig und die Büffelmozzarella kommt jeden Tag frisch aus dem Süden. Foro Buonaparte 71, 20121 Mailand, Tel. 02/89 09 50 84

ÜBERNACHTEN

Antica Locanda dei Mercanti. Ein besonders stilvolles und charmantes Hotel. Via San Tomaso 6, 20121 Mailand, Tel. 02/8 05 40 80, www.locanda.it

Palazzo Segreti. Für hohe Designansprüche, 18 ungemein schick gestaltete Suiten. Via San Tomaso 8, 20121 Mailand, Tel. 02/49 52 92 50, www.palazzosegreti.com

EINKAUFEN

OVS. Die erfolgreiche italienische Casualmarke hat ihren schönen weiträumigen Flagship Store an der verkehrsberuhigten Via Dante, eine der beliebtesten Shoppingmeilen Mailands, an der sich auf nur 800 Metern, von der Piazza Cordusio bis zum Kastell, ein Laden an den anderen reiht. Via Dante 11, 20121 Mailand

INFORMATION

EXPO Gate. Das Tor zur EXPO 2015, so nennen sich die beiden zeltartigen Strukturen aus weißen Verstrebungen direkt vor dem Kastell, in denen man sich über die Veranstaltungen zur EXPO informieren und Eintrittskarten erwerben kann. www.expo2015.org

DAS KASTELL UND DER NORDEN

22 Der Parco Sempione
Die grüne Schneise zwischen Kastell und Friedenstor

Das ist der größte innerstädtische Park, auf knapp 40 Hektar dehnt sich die Grünfläche im Rücken des Kastells aus. Hier drehen frühmorgens und abends die Jogger ihre Runden, man trifft sich zum Picknick, zum Schlendern und Bolzen. An Kiosken gibt es Eis, und im üppigen Grün findet man das städtische Aquarium, das Designmuseum (s. S. 146), den Aussichtsturm Torre Branca (s. S. 138), eine Sportarena und eine Stadtbibliothek. Den krönenden Abschluss bildet der Triumphbogen Arco della Pace, im Sommer ein beliebter Abendtreffpunkt.

Hinter dem Kastell erstreckte sich einst das 300 Hektar große Jagdrevier der Visconti und später der Sforza-Fürsten, *barcho* genannt, auch mit Lustgärten. Mit der Nutzung des Kastells als militärische Festung unter der spanischen und österreichischen Herrschaft ab dem 17. Jahrhundert verwilderten die Gärten zusehends. Als Napoleon um 1800 die Herrschaft übernahm, ließ er hier einen großen Exerzierplatz mit öffentlicher Festwiese anlegen. Hinzu kam 1807 die große Arena Civica, in Anlehnung an die imperiale Architektur der römischen Antike, in der heute der Mailänder Rugby-Verein spielt. Ebenso wurde der Grundstein gelegt für den Triumphbogen, ähnlich wie er schon in Paris stand. Daran schloss sich der elegante Boulevard Corso Sempione an, die Simplon-Allee auswärts gen Nordwesten, Großrichtung Paris. Mit den städteplanerischen Erweiterungen in der zweiten Hälfte des 19. Jahrhunderts sollte die große Fläche hinter dem Kastell für den Bau von groß-

Vor dem Arco della Pace breitet sich die Spielwiese der Mailänder aus.

Der Parco Sempione

bürgerlichen Wohnungen genutzt werden. Doch konnte sich die Idee von einem öffentlichen Stadtpark durchsetzen, und so ließ der Architekt Emilio Alemagna um 1890 diesen englischen Landschaftspark anlegen.

Natürlich darf man sich nicht einen dieser großen deutschen Parks wie den Englischen Garten in München oder den Tiergarten in Berlin vorstellen. Aber mit seinem sanften Auf und Ab, seiner reichen, Schatten spendenden Vegetation, seinen gewundenen Wegen, den sehr gepflegten Wiesen und kleinen Teichen lässt es sich hier wunderbar entspannen oder auch Sport treiben. Das tun auf jeden Fall die Mailänder, Jung wie Alt, und die Liebespaare treffen sich an der romantischen Eisenbrücke Ponte della Sirenetta. Seit 1906 der Simplon-Tunnel, der durch die Alpen von Italien nach Frankreich führt, eröffnet wurde, nennt sich der Stadtpark Parco Sempione.

Aperitif am Arco della Pace

Tritt man aus dem Kastell durch die Porta del Barchio hinaus in den Park, hat man eine grandiose Sicht über den Park hinweg auf das marmorne Friedenstor. 1807 war es von Napoleon nach Plänen des Architekten Luigi Cagnola als Siegestor im Stil der Antike, das seine Triumphe feiern sollte, in Auftrag gegeben worden. Fertig gestellt wurde es dann 1828 unter dem österreichischen Kaiser Franz I., der es im Gedenken an den Europäischen Frieden 1815 nun zum Friedenstor machte. Dazu wurde die bronzene Quadriga oben auf dem Tor gedreht, die Hinterteile der Pferde nun gen Frankreich gerichtet. Seit der Platz um das Tor und der erste Teil der angrenzenden Straße Corso Sempione verkehrsberuhigt wurde, treffen sich hier die Nachtschwärmer auf den Steinstufen des Arco und in den vielen Abendlokalen.

Infos und Adressen

SEHENSWÜRDIGKEITEN

Acquario Civico. Im Aquarium im Ostteil des Parks, ein Liberty-Bau von 1906 voll kuriosen steinernen Wassergetiers, wird das Leben in Flüssen und im Mittelmeer gezeigt. Di–So 9–13, 14–17.30 Uhr, Viale G.B. Gadio 2, 20121 Mailand, www.acquariocivicomilano.eu

Parco Sempione. Zahlreiche Parkeingänge, die nachts aber abgeschlossen werden.

AUSGEHEN

Bar Bianco. Die Loungebar mit Terrasse mitten im Park, im Sommer Mückenspray nicht vergessen. Viale Ibsen 4, 20121 Mailand

Bhangra Bar. Aperitifbar im Ethnolook mit üppigem Buffet gleich am Arco della Pace, mit dem die Ausgehmeile Corso Sempione beginnt. Corso Sempione 1, 20145 Mailand, www.bhangrabar.it

Living. Eine schicke Cocktailbar mit direktem Blick auf den abends beleuchteten Arco della Pace und die beiden flankierenden Wachhäuser, für das Aperitifbuffet am besten reservieren. Piazza Sempione 2, 20154 Mailand, Tel. 02/33 10 08 24, www.livingmilano.com

Eintritt frei im Aquarium am ersten Sonntag im Monat

DAS KASTELL UND DER NORDEN

23 Das Triennale Design Museum
In der Hochburg des schönen Scheins

Schöner Schein strahlt aus Leuchten wie der Tolomeo Tavolo von Designer Michele De Lucchi und Giancarlo Grassina, wie der Arco von Achille Castiglioni und aus der kugelrunden Tischlampe Eclisse von Vico Magistretti. Er beleuchtet Sacco, den lümmeligen Sitzsack von Piero Gatti, Cesare Paolini und Franco Teodoro genauso wie Plia, den Klappstuhl aus Plexiglas von Giancarlo Piretti. All diese Stücke haben Designgeschichte geschrieben. Die zeigt das Triennale Design Museum im Stadtpark Parco Sempione.

Man spaziert durch den Park gen Südwesten. Kommt man vom Stadtbahnhof Stazione Piazzale Cadorna, führen die stattlichen Straßen Via Paleocapa und Viale Alemagna direkt zum Eingang unter flatternden Ausstellungsbannern. Wie imposant die Struktur des in üppiges Grün gebetteten Kunstpalastes ist, lässt sich erst bei genauem Hinschauen ausmachen. Halb aus Klinkern, halb aus Marmor, wirkt er mit seinen eckigen, aufstrebenden Säulen und strengen Bögen schnörkellos und zugleich an der Monumentalität der Antike angelehnt. Der Palazzo dell'Arte erhielt so das architektonische Gewicht der anderen Monumentalbauten im Park, die Kastellanlage und des Arco della Pace. Im Innern tun sich dagegen helle hohe Räume voll schöner bunter Dinge auf. Im ehemaligen Restaurant mit Terrasse befindet sich heute die elegante Discothek Old Fashion, ein Dauerbrenner im Mailänder Nachtleben.

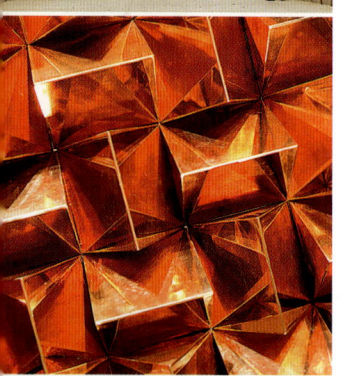

Mitte: Michele De Lucchi, Designer und Architekt, gestaltete 2007 das Innere des Kunstpalastes neu.
Unten: Beim Design dreht sich alles um Materialkunde, wie sie am Mailänder Polytechnikum gelehrt wird.

Das Triennale Design Museum

Was ist die Triennale?

1933 wurde der vom bedeutenden Architekten Giovanni Muzio erbaute Palazzo dell'Arte eingeweiht. Sein Name war Programm: »Esposizione triennale delle arti decorative e industriali moderne e dell'architettura moderna«, die Ausstellung im Dreijahrestakt des modernen Kunsthandwerks und Industriedesigns und der modernen Architektur, kurz, der Gebrauchskultur, die in schön geformten Dingen Gestalt annimmt. Eine avantgardistische Vision und irgendwie auch ein Gegenprogramm zur rückwärtsgewandten imperialen Monumentalität der faschistischen Jahre. Die ersten Ausstellungen hatten seit 1923 in der Villa Reale in Monza stattgefunden. Der Umzug nach Mailand stand an, und wie so oft in dieser Bürgerstadt trat ein privater Mäzen auf den Plan, an ihn erinnert am Eingang eine Tafel: Die Finanzierung des Palazzo sicherte der Nachlass des Textilindustriellen Antonio Bernocchi. Zu den nun folgenden, international Aufsehen erregenden Triennale-Ausstellungen trugen auch namhafte Künstler bei, einige Werke sind im Garten hinter dem Museum zu sehen.

Mailänder Kreativität

Die Italiener beeindruckten mit ihrem *Bel Design*, legendär sind die Olivetti-Schreibmaschinen wie die Lettera 22 (1950 von Marcello Nizzoli) oder die ersten Vesparoller. In den Siebziger- und Achtzigerjahren bringt die Formlust von Designergruppen wie Alchimia und Memphis neuen Schwung in Möbel und Gebrauchsgegenstände. Diese Kreativität ist durchaus dem Genius Loci Mailands zuzuschreiben, hier verknüpfen sich Funktionalität, Ästhetik und die Kompetenz, diese produkttechnisch aufs Beste umzusetzen, perfekt. Seit Beginn des 20. Jahrhunderts siedelten sich erste Designfirmen in und um Mailand an, und viele ihrer kreativen Schöpfer studierten am Mailänder Politecnico,

AUTORENTIPP!

DIE NÄHNADEL MIT KNOTEN
Ein poppiges Beispiel für die Gestaltung städtischen Raums bietet die Piazza Cadorna mit der Stazione Ferrovie Nord. Hier im Westen des Parco Sempione kreuzen sich die Metrolinien 1 und 2, verschiedene Bus- und Tramlinien, von hier starten der Malpensa-Express zum Flughafen und die Züge ins nördliche Hinterland. Gae Aulenti, die wohl berühmteste Mailänder Architektin (weltbekannt wurde sie 1984 durch ihre Umwandlung einer Pariser Bahnhofshalle in das Musée d'Orsay), ließ im Jahr 2000 vor dem von ihr neu und benutzerfreundlich gestalteten Bahnhof die bunte Riesenskulptur aus Nadel, Faden und Knoten des schwedisch-amerikanischen Künstlerpaares Claes Oldenburg und Cossje van Bruggen aufstellen – ein Blickfang, an dem sich die Geister scheiden: bunte Albernheit für die einen, Mailänder Ausdruck der Verbindung von Mode und solidem Schneiderhandwerk für die anderen.

Oben: Wechselnde Ausstellungen präsentieren Klassisches wie Zeitgenössisches des Made of Italy.
Unten: Auch junge Designer zeigen ihr Spiel mit Formen, Motiven und Materialien.

der bedeutendsten Technischen Hochschule Italiens. Schon 1928 gründete einer der innovativsten Meister, Giò Ponti, die Monatszeitschrift *Domus* für Produktdesign und Architektur, heute noch führendes Organ und weltweit in mehreren Sprachen vertrieben. Giò Ponti initiierte auch 1954 den höchsten Designpreis, Compasso d'Oro, den goldenen Zirkel, den die ADI – Associazione per il Disegno Industriale – vergibt, der wichtigste italienische Verband für Industriedesigner und Herstellerfirmen.

Dass viele der mythischen Leuchten, schon vor 30 oder 60 Jahren entworfen, nicht an Aktualität verloren haben und nach wie vor produziert werden, zeigen die Mailänder Showrooms von Artemide oder Flos (z. B. in Corso Monforte). Das gilt genauso für manche Möbelklassiker von Firmen wie Cassina, Kartell, Poltrona Frau und anderen. Oder die verspielten Küchenutensilien von Alessi, so die Espressokanne in Türmchenform von Aldo Rossi.

2007 Eröffnung des Designmuseums

Nachdem in den letzten Jahrzehnten der Triennale die Luft ausgegangen war, wurde der alte Kunstpalast Anfang dieses Jahrhunderts restauriert. Vor allem im Innern räumten wiederum zwei Meister der Gestaltung, Michele De Lucchi und Gae Aulenti, ein wenig auf. Was offenlegte, wie modern dieser Kunstpalast heute noch ist.

Das Triennale Design Museum

Infos und Adressen

SEHENSWÜRDIGKEITEN

Fontana dei Bagni Misteriosi. Im Garten des Triennale Design Museums schuf Giorgio De Chirico, Meister der metaphysischen Kunst, 1973 anlässlich der XV. Triennale dieses Badeszenario aus bemaltem Kalkstein: mit zwei Schwimmern im Pool, mit Fisch, Ball, Umkleidekabine und Sprungbrett eine geheimnisvolle Traumvision und vor Kurzem restauriert.

Triennale Design Museum. Wechselausstellungen mit den Schätzen des italienischen, jungen und internationalen Designs, mit Kunst und Fotografie. Im Theater des Kunstpalastes, dem Teatro dell'Arte, Events, Performance, Musik – kurz, ein spannender Ort. Di–So 10.30–20.30 Uhr, Do 10.30–23.30 Uhr, Viale Alemagna 6, 20121 Mailand, www.triennale.it

Selbst das Museumscafé ist Design pur.

ESSEN UND TRINKEN

Design Café. Michele De Lucchi gestaltete auch das Museumscafé, man sitzt auf Designerstühlen mit Blick in den Museumsgarten und den Parco Sempione. Im Sommer öffnet das Gartencafé. Viale Alemagna 6, 20121 Mailand.

L'Osteri. Schmackhafte mediterrane Küche im hübsch auf alte Osteria gestylten Lokal jenseits der Eisenbahnschienen. Via Vincenzo Monti 26, 20123 Mailand, Tel. 02/4 69 31 03, osterimilano.it

Pescheria Mattiucci. Fischhandlung mit Imbiss, klein, Vintage-chic und trendy. Via Vincenzo Monti 56, 20123 Mailand, Tel. 02/48 00 93 16, www.pescheriamattiucci.it

ÜBERNACHTEN

B&B Casa Calicantus. Drei große Zimmer im gepflegten Altbau zwischen Parco Sempione und der Innenstadtmesse. Via Niccolò Macchiavelli 8, 20154 Mailand, Tel. 02/4 81 46 93, www.casacalicantus.it

EINKAUFEN

Design Bookshop. Buchhandlung im Designmuseum mit großer Auswahl zu Design, Architektur und Kunst. Viale Alemagna 6, 20121 Mailand

Sogar das Fischlokal Mattiucci ist stylish.

DAS KASTELL UND DER NORDEN

24 Studio Museo Achille Castiglioni
Im Atelier eines berühmten Designers

Nicht weit vom Designmuseum geht es an der Piazza Castello in einem stattlichen Altbau hinein in das 200 Quadratmeter große Atelier von Achille Castiglioni, dem 2002 verstorbenen Meister des Designs Made in Italy. Hier bekommt man einen Einblick in den kreativen Prozess des Künstlers, der aufdeckt, wie seine Sitzmöbel und Lampen entstanden, für die er so oft wie kein anderer den renommierten Designpreis Compasso d'Oro verliehen bekam.

Als Tochter Giovanna 2006 das Atelier des Vaters Besuchern öffnete, hätte sie nie mit diesem Erfolg gerechnet. Seither ist sie, eigentlich gelernte Geologin, hauptberuflich damit beschäftigt, sein Werk anderen nahe zu bringen. Sie spricht Englisch, und da immer öfter ausländische Besucher kommen, erklärt sie alles problemlos zweisprachig. Besonders freut sie sich über die vielen Designstudenten, aus Mailand und aus aller Welt. Immer wieder weist sie darauf hin, wie neugierig, humorvoll und unvoreingenommen ihr Vater gewesen sei. Und dass gerade dieser Wesenszug, sich nicht zu ernst zu nehmen, seinen kreativen Prozess beflügelt hätte. Wie sonst hätte ihn eine Kuchenform zu seinem Hut für die berühmte Marke Borsalino inspirieren können? Oder ein Fahrradsattel zum Hocker Sella? Ein Traktorsitz zum Stuhlhocker Mezzadro. Beide Sitzmöbel befinden sich heute im Museum of Modern Art in New York, ebenso wie zwölf weitere Kreationen von Castiglioni. Seine Arbeiten finden sich aber auch in einer Vielzahl europäischer Museen für angewandte Kunst. 1997 war Achille

Im Atelier von Achille Castiglioni schaut man hinter die Kulissen kreativen Schaffens.

Studio Museo Achille Castiglioni

Castiglioni als erstem italienischen Designer eine Einzelausstellung im MoMA gewidmet worden.

Sammler von Alltagsgegenständen

Er war fasziniert von gutem Handwerk und der Intelligenz normaler Alltagsgegenstände, von deren Zusammenspiel von Form und Zweck. Im Atelier, dessen hohe Altbauwände Regale voller Bücher, Mappen und Skizzenrollen bedecken, finden sich zwischen Modellen und Zeichentischen Gebrauchsgegenstände, die der Designer früh zu sammeln begann, z. B. ein Sieb, ein Besen oder ein Melkschemel. Für sein Beistelltischchen Comodo ließ er sich vom Aufklappmechanismus eines Nähkorbs inspirieren. Mit seinem Bruder Pier Giacomo arbeitete er bis zu dessen Tod im Jahr 1968 eng zusammen, ab 1962 hier im Atelier am Kastellplatz. Aus diesem Jahr stammt die legendäre Stehlampe Arco, die in einem weiten eleganten Bogen als Hängelampe über den Tisch reicht. Hier soll die Inspiration von Straßenlaternen gekommen sein, wie Tochter Giovanna erzählt. Mit der Lampe konnte er zum ersten Mal das künstlerische Autorenrecht beanspruchen, ein Meilenstein auf dem Weg zum Copyright der Designer. Da die Lampe nach wie vor produziert wird, helfen die Royalties bei der Finanzierung des Ateliermuseums.

Vorbild für Generationen von Designern

Nicht nur, dass Achille Castiglioni viele Jahre Produktdesign lehrte, wie kaum ein anderer gilt er Designern als das große Vorbild, wegen seiner spielerischen Transformationen und seiner ästhetischen Sparsamkeit, bei der die Form nie zum Selbstzweck wird, sondern immer an der Benutzbarkeit orientiert bleibt.

Infos und Adressen

SEHENSWÜRDIGKEITEN
Fondazione Achille Castiglioni Studio Museo. Führungen: Di–Fr 10, 11, 12 Uhr, Do auch 19.30, 20.30 Uhr. Telefonische Anmeldung. Piazza Castello 27, 20121 Mailand, Tel. 02/8 05 36 06, www.achillecastiglioni.it

Zwei weitere interessante Ateliers sind die von Franco Albini (1905–1977) und Vico Magistretti.

Fondazione Franco Albini, Via Telesio 13, 20145 Mailand, Anmeldung unter Tel. 02/4 98 23 78, www.fondazionefrancoalbini.com

Fondazione Vico Magistretti. Via Conservatorio 20, 20122 Mailand, Anmeldung unter Tel. 02/76002964, www.vicomagistretti.it (s. S. 207)

ESSEN UND TRINKEN
L'Infinito. Hausgemachte Pasta und exzellentes Grillfleisch. Via Giacomo Leopardi 25, Tel. 02/4 69 22 76, 20123 Mailand, www.ristoranteinfinito.com

Nuncia Pescheria. Fischhandlung, die mittags und zum Aperitiv superfrische Fischgerichte serviert. Piazza Virgilio/Ecke Via Metastasio, Tel. 02/43 98 64 66, 20123 Mailand, www.pescherianuncia.com

Castiglioni hatte Augenmaß und vor allem Humor.

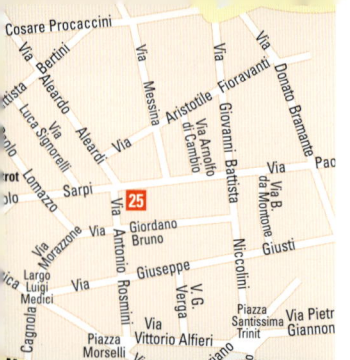

DAS KASTELL UND DER NORDEN

25 Die Via Paolo Sarpi
»Chinatown« in Mailand

Das traditionelle Einwandererviertel erstreckt sich entlang der Via Paolo Sarpi und der Nebenstraßen, zwischen dem Corso Sempione im Norden des Parco Sempione und dem Monumentalfriedhof: Hier arbeiten Hunderte von chinesischen Familien, in Werkstätten in den Hinterhöfen, in Klamotten- und Handyshops, vor allem aber als Großhändler. Vor ein paar Jahren hat sich die Straße in eine verkehrsberuhigte hübsche Bummelmeile verwandelt, mit netten Cafés und überraschenden Läden.

Man sieht Asiaten mit vollbepackten Handwagen aus Hinterhöfen auftauchen oder darin verschwinden. Chinesische Schriftzeichen stehen auf den Ladenschildern. Fast 500 chinesische Firmen gibt es in dieser Gegend. Man kommt her, um sich kaputte Smartphones, Tablets und Computer zu Preisen reparieren zu lassen, zu denen sich das noch lohnt. Beliebt sind auch die Änderungsschneidereien. Wenn die Chinesen zu ihrem Neujahrsfest Ende Januar in bunten Traditionskostümen im Schlepptau ihrer tanzenden Drachen durch die mit Lampions geschmückte Via Sarpi ziehen, kommen auch die Mailänder. Genauso gern kommen sie zum Food-Markt am zweiten Oktoberwochenende, mit Schlemmerständen voll italienischer und chinesischer Delikatessen.

Mitte: Die Ladenschilder an der Via Paolo Sarpi sind fast alle auf Chinesisch.
Unten: Chinesische Läden, Restaurants und Feste bestimmen das Leben in der Via Sarpi.

Die ersten Chinesen kamen 1920

Viele verdingten sich als Krawattenschneider, dank der lombardischen Seidenstoffindustrie, andere als Lederverarbeiter. Mit den Hightechprodukten kam

Die Via Paolo Sarpi

die zweite große Einwandererwelle in den Neunzigerjahren des letzten Jahrhunderts. Die chinesischen Familien bauten dann massiv den Großhandel mit all den Waren aus, die die italienischen Wochenmärkte beliefern: Kleidung, Wäsche, Lederwaren, Haushaltswaren. In den Hinterhöfen entstanden die Warenlager, die aus allen Nähten platzten, Lieferwagen und Karren verstopften die Straßen, es kam zu Konflikten zwischen Bewohnern, Chinesen und der Polizei. Denn tatsächlich wohnen hier auch nach wie vor hauptsächlich Mailänder, die um ihre Straße beziehungsweise um ihr Wohnviertel fürchten, um die Verdrängung des Einzelhandels und der Parkmöglichkeiten.

Attraktiver Fußgängerbummel

Die Via Paolo Sarpi zwischen der Piazza Gramsci und Piazzale A. Baiamonti mit dem Stadttor Porta Volta ist nun neu gepflastert und für Autos gesperrt, Bäume wechseln sich ab mit Bänken und Fahrradständern, und die Cafés stellen ihre Stühle und Tische raus. Die Waren werden nur noch auf Handwagen transportiert, während die Lieferwagen in die Nebenstraßen ausweichen. Natürlich finden sich hier Hightech-Shops, Billigläden mit Perücken, Schmuck, Kleidung und Haushaltswaren sowie chinesische Nahrungsmittelgeschäfte, aber man staunt auch über alte italienische Traditionsläden wie den Hutladen Melegari, den es hier seit 1914 gibt. Oder über neue schicke, von Chinesen geführte Modeläden, wie zum Beispiel die beiden Ninfee Boutiquen (Nr. 26 und Nr. 53). In den Weinausschank Cantine Isola kommen die Leute dank der herausragenden Weinauswahl auch aus anderen Vierteln. Ein großes chinesisches Kaufhaus hat aufgemacht, The Oriental Mall in Nr. 33. Das Zusammenspiel der Kulturen ist spannend, und man wundert sich nicht, dass der Bummel über die Via Paolo Sarpi immer beliebter wird.

Infos und Adressen

ESSEN UND TRINKEN

Blanche Bistrot. An der Ecke zur Via Canonica liegt dieses helle unkomplizierte Bistrorestaurant, es gibt auch glutenfreie Gerichte und leckeren Kuchen zum Frühstück. Via Paolo Sarpi 62/4, 20154 Mailand, Tel. 02/34 10 68

Cantine Isola. Ein in ganz Mailand bekannter Weinausschank mit exzellenter Weinhandlung. Via Paolo Sarpi 30, 20154 Mailand, Tel. 02/3 31 52 49

Wen Cheng. Hier in einer Seitenstraße gehen die Chinesen essen, unaufgeregt und sehr gut. Via Antonio Rosmini 13, 20154 Mailand

EINKAUFEN

Cappelleria Melegari 1914. Alteingesessene, stadtbekannte Hutmacherei. Sommerhüte, Cowboyhüte, Zylinder, Kappen, Baskenmützen, einfach jedes Modell. Via Paolo Sarpi 19, 20154 Mailand, www.cappelleriamelegari.com

Oriente Store. Diesen Laden mit hochwertigen Seidenstoffen, Kunsthandwerk, Teeservicen und Dekorationen aus ganz Asien gibt es schon seit 1967. Via Bramante 29/Via Paolo Sarpi, 20154 Mailand

Die Hüte von Melegari kommen nicht aus China.

DAS KASTELL UND DER NORDEN

26 Der Cimitero Monumentale
Spaziergang durch ein faszinierendes Freilichtmuseum

Auf dem Mailänder Monumentalfriedhof haben sich die Familien des erfolgreichen Bürgertums, Industrielle, Politiker, Wissenschaftler, Künstler und Handwerksmeister, ihre letzte Adresse auf Erden eingerichtet, mit Mausoleen, Pyramiden und Miniaturausgaben von Kirchen im Stile der Neoromanik, Neogotik, Neorenaissance und Liberty, dabei den irdischen Wettbewerb mit Prunk und Pathos fortsetzend. Man spaziert vorbei an eindrucksvollen Grabskulpturen der besten Bildhauer der Stadt und zugleich durch ein Stück Stadtgeschichte.

Mitte: Im Tempel Famedio liegen Mailänder Fußballer, Dichter, Sänger und Politiker begraben.
Unten: Jede Familie, die etwas auf sich hielt, schuf sich eine aufwendige Grabstätte.

Im Zuge der Säkularisierung und Entwicklung der modernen Hygiene überall im 19. Jahrhundert wurde 1860 auch in Mailand ein städtisch organisierter Zentralfriedhof in der Peripherie angelegt. Der Entwurf des Architekten Carlo Maciachini (1818–1899) überzeugte: Eine symmetrisch gegliederte, monumentale Front aus Terrassen und Bogengalerien und in der Mitte hoch erhoben ein Tempel, ein antik-gotischer Stilmix aus hellem Marmor und rotgrauem Ziegelstein. Hinter der Fassadenfront erstreckt sich das 25 Hektar große, geometrisch angeordnete Gelände. Dicht bebaut mit Grabstätten im Schatten von Zypressen, dazu auf der rechten Seite der jüdische Friedhof, auf der linken der Friedhof für die Nichtkatholiken und genau in der Mitte verbindet die zentrale Hauptachse den Ehrentempel mit dem Denkmal für die Opfer des Nationalsozialismus, dem Beinhaus und dem Krematorium.

Der Cimitero Monumentale

Spaziergang über den Monumentalfriedhof

🅐 **Ehrentempel Famedio.** Das Pantheon berühmter Mailänder, oben Alessandro Manzoni, unten in der Krypta Designer wie Bruno Munari (1907–1998) und Gae Aulenti (1927–2012), Schauspieler, Liedermacher oder Fußballspieler wie Giuseppe Meazza (1910–1979), nach dem das Stadion in San Siro benannt ist.

🅑 In den Nischen der linken Galerie: das **Grabmal Sommaruga Faini**, ein eindrucksvolles Beispiel für betende Trauerfiguren (1935), Bildhauer Giannino Castiglioni

🅒 Terrasse: das **Grabmal Elisi**, der neunjährigen Tochter gewidmet, im elegischen Jugendstil (1916)

🅓 Linke Galerie: das **Grabmal Volonté Vezzoli**, ein herzzerreißender letzter Kuss (1889), Bildhauer Emilio Quadrelli

🅔 Linke Galerie: das **Grabmal Carcano di Bregnano**, die Vereinigung des Todesengels mit der Seele der Verstorbenen (1904), Bildhauer Antonio Carminati

🅕 Der **Friedhof für Nichtkatholiken** mit einigen deutschen, österreichischen und Schweizer Familiengräbern, allen voran die monumentale Grabkapelle für den Züricher Seidenhändler Alberto Keller (1875). Als Protestant finanzierte Keller den Bau des Krematoriums, des ersten in ganz Italien.

🅖 **Grab der Familie Davide Campari**, Abendmahl-Szene von Giannino Castiglioni (1935)

🅗 **Grab der Familie Angelo Motta**, der Weihnachtskuchen-Industriellen (Panettone Motta), die Bronzefiguren (1952) sind von Giacomo Manzù (dem Meister eines Portals am Petersdom).

🅘 **Grab Antonio Bernocchi**, die Passion Christi zieht die Turmspirale hinauf, Giannino Castiglionis Werk (1936) für den Textilindustriellen und Stifter des Palazzo dell'Arte (heute Design-Museum); in der Nekropole nördlich des Beinhauses liegen viele Adelsfamilien.

🅙 **Grab Jole Ranza**, ein Beispiel für *Eros und Thanatos*: wie der Tod nach der schönen Frau greift (1920), Bildhauer Domenico Pecora

🅚 **Grabmal Bistoletti**, die beiden im Totenschlaf versunkenen Brüder gelten als ein Meisterwerk des expressionistisch-modernen Adolfo Wildt (1868–1931).

🅛 **Grabmal Treves**, Jugendstilkapelle von 1906 für die Verlegerfamilie auf dem jüdischen Friedhof, mit Darstellungen von bekannten Schriftstellern

🅜 **Monument für die in nationalsozialistischen Lagern ermordeten 847 Mailänder** (1945–1955)

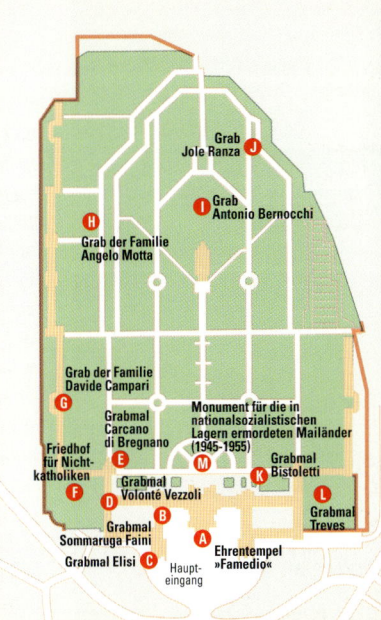

Der Friedhof ist ein Museum der Bildhauerkunst.

AUTORENTIPP!

CERESIO 7

Mit dem Cocktail in der Hand sitzt man am Pool, isst Tartarhäppchen und schaut in der Abenddämmerung auf die angestrahlte Fassade des Friedhofs und auf die wie ein Lunapark schimmernde Skyline am Bahnhof Porta Garibaldi, die coolste Aperitif-Location, die Mailand derzeit zu bieten hat. Wo? Auf dem Dach des ehemaligen Verwaltungssitzes der Staatlichen Elektrizitätsgesellschaft (ENEL), der strenge Kasten aus den Dreißigerjahren ist heute das Hauptquartier der ebenfalls sehr coolen Modemarke Dsquared2. Man braucht keine besondere Einladung, man muss nur an der Straße, die auf den Cimiterio Monumentale zuführt, der Via Ceresio, die Hausnummer 7 finden, hineingehen, freundliches Personal geleitet einen zum Aufzug. Oben gibt es auch ein schönes und gutes Restaurant.

Ceresio 7. Via Ceresio 7, 20154 Mailand, Tel. 02/31 03 92 21, www.ceresio7.com

DAS KASTELL UND DER NORDEN

Spiegel der bürgerlichen Gesellschaft

Es ist beeindruckend, wie das selbstbewusste Bürgertum der letzten 150 Jahre hier zu einem Höhepunkt seiner Selbstdarstellung findet. Eine aufwändige Grabstätte neben der anderen, jede anders, mal überdekoriert, mal zurückhaltend. Manch tüchtiger Mann ist mit den Attributen seiner Arbeit dargestellt. Vor allem aber wird der Schmerz deutlich und zuweilen sehr ergreifend gezeigt, z. B. in der inbrünstig trauernden Frauengestalt, der *dolente*, schön, elegisch, hinweggerissen, so, als wollte sie den Verstorbenen nicht ziehen lassen.

Wer als Mailandbesucher »aufgepasst« hat, der erkennt manchen Namen wieder. So liegt hier die Familie Bocconi begraben, die Gründer des Kaufhauses La Rinascente und der Elite-Universität La Bocconi. Der Gründer der italienischen Enzyklopädie Treccani, genauso wie Ulrico Hoepli (1847–1935), ein Schweizer Emigrant, der 1870 die nach ihm benannte und nach wie vor Mailands wichtigste Buchhandlung eröffnete (im Modeviertel). Für die Familie, die den Bitterlikör Campari erfand, schuf der Bildhauer Giannino Castiglioni (1884–1971), der Vater von Designer Achille Castiglioni (s. S. 150), eine bronzene Abendmahlszene. Wie er kamen viele Bildhauer von der Akademie in Brera. Bedeutende Künstler wie Giacomo Manzù, Medardo Rosso, Adolfo Wildt, Lucio Fontana schufen die Grabmäler.

Das Pantheon in der Frontfassade ist das *famedio*, die Ehrenhalle für besonders verdiente Mailänder, die beiden größten Grabmäler gelten dem Nationaldichter Alessandro Manzoni (1785–1873) und Carlo Cattaneo (1801–1869), als Kopf des Mailänder Risorgimento einer der sogenannten Patrioten.

Der Cimitero Monumentale

Infos und Adressen

SEHENSWÜRDIGKEITEN

Cimitero Monumentale di Milano. Am Eingang bekommt man einen Plan der Friedhofsanlage. Herrlicher Blick von den Terrassen der Frontfassade auf die Skyline um die Porta Garibaldi. Wegen des U-Bahn-Ausbaus gibt es hier zur Zeit kaum Parkplätze, es empfehlen sich öffentliche Verkehrsmittel wie die Busse 37, 94, die Straßenbahnen 2, 4, 12, 14 und die Metrolinien 2 und 5 (Stazione Porta Garibaldi). Di–So 8–18 Uhr, Piazzale Cimitero Monumentale, 20154 Mailand, www.comune.milano.it/monumentale/ (auch auf Deutsch)

Fabbrica del Vapore. Westlich des Friedhofs ist eine alte Lokomotivenfabrik in einen Nachbarschaftstreff, Ateliers und einen Schauplatz für Kulturevents umgewandelt worden. Via G.C. Procaccini 14, 20154 Mailand, www.fabbricadelvapore.org.

Die Fabbrica del Vapore in der Nähe des Cimitero Monumentale

ESSEN UND TRINKEN

In Fußnähe gen Osten erreicht man die Gegend um den Corso Garibaldi und den Corso Como mit ihren vielen Lokalen, oder man hält sich westlich Richtung Via Procaccini Richtung Corso Sempione, bzw. Via Paolo Sarpi (s. S. 152).

Trattoria Il Quadrifoglio. Die Mailänder empfehlen dieses gepflegte Speiselokal mit einfallsreicher Fisch- und Fleischküche. Di, Mi Mittag geschl., Via G.C. Procaccini 21, 20154 Mailand, Tel. 02/34 17 58, www.trattoriailquadrifoglio.net

Roca's Café. Diese Bar unweit des Haupteingangs des Friedhofs bietet auch leckere Mittagsmenüs. Piazza Baiamonti 2, 20154 Mailand

ÜBERNACHTEN

Best Western Hotel Mozart. Zwischen Monumentalfriedhof und der alten Messe bzw. dem Neubaugebiet City Life finden sich neben diesem einige weitere anständige Business- und Reisehotels. Piazza Gerusalemme 6, 20154 Mailand, Tel. 02/33 10 42 15, www.hotelmozartmilan.com

Was möchte diese Grabskulptur einem sagen?

DAS KASTELL UND DER NORDEN

27 City Life, Casa Milan San Siro
Stararchitekten am Werk

Westlich des Corso Sempione sieht man ein neues Viertel wachsen. Das alte Messegelände wird stadtplanerisch völlig neu gestaltet, genauso das daran anschließende Viertel Portello, in dem sich bis 1986 die Produktionsanlagen von Alfa Romeo ausdehnten. Dazu geizt man nicht mit Stararchitekten und Landschaftsgestaltern, für Superlative wie das größte Kongresszentrum Europas und für den höchsten Wolkenkratzer und den größten Platz Mailands.

Aus der Mailänder Skyline ragt der Wohn- und Büroturm von Arata Isozaki hervor.

City Life oder Fiera Milano City nennt sich die zur Zeit umfangreichste Erneuerung in einer europäischen Stadt. Wer gut zu Fuß ist, erreicht den Stadtteil vom Corso Magenta oder vom Corso Sempione aus. Mit der Metrolinie 1 fährt man bis Buonarroti. Hier an der gleichnamigen Piazza findet sich übrigens das von Giuseppe Verdi gegründete Altersheim für Musiker (s. S. 159). Über den weiten Piazzale Giulio Cesare nähert man sich dem neuen Viertel: Im Rücken der alten Bausubstanz vom Anfang des 20. Jahrhunderts machen sich die neuen vertikalen Bauschichten wie die Vorboten einer noch nicht genau definierten Zukunft aus. Klar ist aber jetzt schon, dass die Apartmenthäuser für Besserverdienende gedacht sind, dass aber gleichzeitig mit viel grünem öffentlichem Raum geplant wird, im Gegensatz zur sonst sehr dichten Bebauung Mailands. Einen ersten Überblick kann man sich aus der Vogelperspektive verschaffen, etwa vom Aussichtsturm Torre Branca (s. S. 138) im Parco Sempione. Von oben lässt sich gut verfolgen, wie weit die drei geplanten Hochhaustür-

City Life, Casa Milan San Siro

me von Arata Isozaki (im Bau schon recht fortgeschritten, sein Turm soll mit 207 Metern der höchste werden), Zaha Hadid (mit dem Bau begonnen) und Daniel Libeskind (in Planung) sind. Dafür sind Libeskinds fluide Apartmenthäuser schon schlüsselfertig, luxuriös und komplett geothermisch versorgt. Bald werden auch die sieben Apartmentanlagen von Zaha Hadid bezugsbereit sein. Über 18 Hektar Grünanlage sind vorgesehen, das verspricht neben dem Parco Sempione und den Giardini Pubblici den dritten großen Stadtpark, einiges davon ist schon verwirklicht.

Die Casa Milan an einem Riesenplatz

Zwei Hallengebäude der alten Messeanlage sind von Mario Bellini, der auch viel in Deutschland gearbeitet hat (in Essen und Frankfurt), mit einer riesigen, glitzernd schimmernden Metalldecke bedeckt worden. Es sieht aus, als wäre ein flauschiger Fleece auf die Gebäude gesegelt – *la cometa*, der Komet genannt, darunter tut sich nun Europas größtes Kongresszentrum auf. Über die Via Gattamelata oder die Via Scarampo erreicht man den im Sommer 2014 eingeweihten größten Platz Mailands, die riesige Piazza Gino Valle, benannt nach dem ersten Planer des neuen Viertels. Auch die Kunst kommt nicht zu kurz mit der Installation des Konzeptkünstlers und Poeten Emilio Isgrò. Ein rotgrauer Palazzo ragt auf die Piazza, auf dem Dach kicken Fußballspieler einen Ball bis an den Rand, ein kühner und auch witziger Anblick. Das Gebäude nennt sich Casa Milan und ist der neue Sitz des bekannten Mailänder Fußballvereins mit Fanmuseum.

Der Parco Portello

Jenseits der hohen Trasse Via Renato Serra ragt die neue Parkanlage von Portello auf dem ehema-

AUTORENTIPP!

CASA VERDI – CASA DI RIPOSO PER MUSICISTI

An der Piazza Buonarroti steht die stattliche Villa von 1898, die Giuseppe Verdi für den sorgenfreien Lebensabend von mittellosen Opernsängern, Musikern und Dirigenten erbauen ließ. In der Krypta hinten im Garten liegt er selbst begraben, sein Nachlass und Schenkungen finanzieren das Haus. Stardirigent Arturo Toscanini zum Beispiel vererbte der Casa 5 Millionen Dollar. Für Verdi war diese Heimstätte eine echte Herzenssache, er nannte es sein bedeutendstes Werk. Über 1000 Musiker und Sänger haben hier schon wohnen dürfen, in einer Welt aus schönen alten Möbeln, Fotografien und dem Spinett des Meisters. Die Krypta im Garten kann man tgl. von 8–18 Uhr besichtigen, die Villa nur auf Anfrage: info@casaverdi.org
Casa Verdi. Piazza Michelangelo Buonarroti 29, 20149 Mailand, Tel. 02/4 99 60 09, www.casaverdi.org

ligen Alfa-Romeo-Werksgelände hervor. Kegelförmige Hügel ziehen sich in kühnem Schwung durchs Gelände und vorbei an Teichen, keine Nachahmung von Natur, sondern eher ein Spiel zwischen ihr und dem urbanen Umfeld. Hier hat der deutsche Landschaftsarchitekt Andreas Kipar mitgestaltet, er ist einer der Promotoren von Mailand als zukünftiger Green City (www.greencity-italia.org). Zum urbanen Umfeld gehört das Hochhaus World Join Center, ein Tagungs- und Eventzentrum mit einem erstklassigen Dachrestaurant.

Das Fußballstadion San Siro Meazza

Weiter im Nordwesten schließen sich die Sportanlagen an, die Pferderennbahn und vor allem das nach einem legendären Stürmer benannte Fußballstadion Giuseppe Meazza, in dem die Spiele der beiden Mailänder Fußballvereine ausgetragen werden, Inter und AC Milan – eher bekannt als San Siro, benannt nach dem Stadtviertel. 1925 erbaut, gilt es mit seinen fast 81 000 Plätzen und seiner kühn schwebenden Architektur nach wie vor als größtes und für viele schönstes Fußballstadion überhaupt. Auch treten Rockgrößen hier auf, ebenso der Mailänder Erzbischof und der Papst. Ein Kuriosum des Ippodromo San Siro, der Pferderennbahn: vor ihr baut sich ein riesiges Bronzepferd nach einem Entwurf von Leonardo da Vinci von 1493 auf.

Oben: Seit Anfang des 21. Jhs. verändern Dutzende neue Hochhäuser das Stadtbild.
Mitte: Viel Schwung hat der neue Park Portello auf dem ehemaligen Alfa Romeo-Gelände.
Unten: Luxuswohnungen der Architektin Zaha Hadid in City Life

City Life, Casa Milan und San Siro

Infos und Adressen

SEHENSWÜRDIGKEITEN

Casa Milan. Im neuen Sitz des Fußballvereins AC Milan wird dessen triumphale Fußballgeschichte erzählt, dazu gehören ein Souvenir-Store und eine Caffetteria, alles in den Vereinsfarben Rot-Schwarz. Via Aldo Rossi 8, 20149 Mailand, http://casamilan.acmilan.com

Stadion San Siro Meazza. Geführte Touren durch das Stadion lassen die Herzen von Fußball- und Architekturfans höher schlagen, es gibt auch ein Museum. Tgl. 9.30–17 Uhr, Piazzale Angelo Moratti, Eingang 8, 20149 Mailand, www.sansiro.net, mit der Metro M1 bis Piazzale Lotto, weiter mit der Buslinie 49.

ESSEN UND TRINKEN

Unico Milano. Gewiss einzigartig ist der Blick vom zwanzigsten Stock des MJC-Turms, zum Sonntagsbrunch, zum Cocktail, vor allem aber zu der feinen leichten Küche von Chef Felice Lo Basso. Viale Achille Papa 30, 20149 Mailand, Tel. 02/39 26 10 25, www.unicorestaurant.it

Milan hat Fußballfans in aller Welt.

Toller Ausblick, schickes Interieur und gutes Essen im Unico

ÜBERNACHTEN

Hotel Enterprise. Ansprechend modern gestyltes Hotel, mit reichhaltigem Frühstück und Spa-Bereich mit Aussicht auf die Stadt. Corso Sempione 91, 20149 Mailand, Tel. 02/31 81 88 88, www.enterprisehotel.com

Hotel Nasco. Ein weiteres, gut geführtes Hotel, ideal für Business- wie für Ferienreisende, komfortabel und mit freundlichem Service. Corso Sempione 69, 20149 Mailand, Tel. 02/3 19 51, www.hotelnascomilano.it

AUSGEHEN

Roialto. Dieses schöne riesige Lokal nahe des Corso Sempione ist ein Must in Mailand, der Aperitif-Tempel schlechthin, und das seit Jahren, mit Drinks und üppigem Buffet zu gutem Preis. Trotz der Größe empfiehlt es sich zu reservieren. Via Piero della Francesca 55, 20154 Mailand, Tel. 02/34 93 66 16

PORTA NUOVA UND PORTA VENEZIA

28 Das Piccolo Teatro	**166**
29 San Simpliciano	**168**
30 Von Brera zu Porta Nuova	**170**
31 Eataly und 10 Corso Como	**178**
32 Das Isola-Viertel	**180**
33 Die Stazione Centrale	**184**
34 Um die Porta Venezia	**186**
35 Casa Museo Boschi Di Stefano	**192**
36 Giardini Pubblici I. Montanelli	**194**
37 Villa Reale und PAC	**196**

PORTA NUOVA UND PORTA VENEZIA

28 Das Piccolo Teatro
Eine Bühne, die Theatergeschichte schrieb

Zwischen den beiden Stadtparks Parco Sempione und Giardini Pubblici erstreckt sich ein lebendiges Innenstadtviertel, mit Brera im Süden und den glitzernden Hochhäusern beim Bahnhof Porta Garibaldi im Norden. Hier befinden sich Lokale, interessante Läden, Bars und Diskotheken, aber auch stimmungsvolle alte Kirchen und bedeutende Kulturinstitutionen, etwa die Redaktion des *Corriere della Sera*, Mailands wichtigster Tageszeitung, vor allem aber das legendäre Piccolo Teatro.

Das Piccolo Teatro gehört zu Mailand genauso wie die Mode und der Dom, wie die Finanzwelt und die Scala. Denn die produktive Vitalität dieser Stadt drückt sich auch im kulturellen Bereich aus und macht sie zu einer bedeutenden Kulturmetropole Italiens. Eines der Paradebeispiele dafür ist diese Bühne, eine echte europäische Theaterlegende. Heute nennt es sich auch »Teatro dell'Europa«, mit wichtigen Gastspielen anderer europäischer und internationaler Theatermacher, auch aus dem deutschsprachigen Raum. Und da in den nunmehr drei Häusern ebenso Musik und Tanz auf die Bühne kommen, lohnt sich der Besuch auch ohne Italienischkenntnisse.

S. 162/163: Moderne Architektur auf der Piazza Gae Aulenti
S. 166: Die Spirale von Arnoldo Pomodoro vor dem Strehler-Theater

Neue Wege nach dem Krieg

Angefangen hat es 1947 in einem Kinosaal in einem alten Renaissancepalast an der Via Dante, die Spielstätte, die sich heute Piccolo Teatro Grassi nennt (s. S. 140, AT Caffé Letterario). Das Bedürfnis, nach den Jahren des Faschismus neue gesell-

Das Piccolo Teatro

schaftliche Werte zu schaffen, erlaubte gerade im Kulturbereich, sozial relevante Wege auszuprobieren. Zwei junge Theatermacher, Giorgio Strehler und Paolo Grassi, hoben so das erste »Teatro Stabile« Italiens aus der Taufe: ein festes, von öffentlicher Hand finanziertes Regietheater, frei von kommerziellen Verpflichtungen, Volkstheater im allerbesten Sinne: »Teatro d'arte per tutti«. Das Haupthaus, heute doppelt so groß, hier am Largo Greppi zwischen dem Castello Sforzesco und dem Corso Garibaldi wurde als »Piccolo Teatro Giorgio Strehler« 1998 eingeweiht. 1986 wurde das kleine Teatro Studio nebenan in Betrieb genommen.

Arlecchino – Diener zweier Herren

Was das Piccolo Teatro schnell zu einem Kultort machte, war noch im Gründungsjahr 1947 Giorgio Strehlers Inszenierung des Stückes *Arlecchino – Diener zweier Herren*, das dreihundert Jahre alte Paradestück des venezianischen Lustspielschreibers Carlo Goldoni, auch der »Molière Italiens« genannt. Mit akrobatischer Körpersprache, zupackender Schlagfertigkeit und dem ausdrucksvollen Einsatz von Farbe und Licht frischte Strehler die *Commedia dell'arte* auf, befreite sie von Klamauk und eingefahrener pompöser Rezitation, entstaubte die steife Vorkriegszeit und brachte das Leben kunst- und lustvoll auf die Bühne.

Es folgten Hunderte brillante Inszenierungen klassischer und neuer Theaterstücke, zahllose Einladungen zu Gastspielen, und Strehler wurde in der europäischen Theaterwelt als der Maestro aus Mailand umjubelt. Und seine Paradeinszenierung des *Arlecchino* wird heute noch, Jahre nach seinem Tod (Strehler verstarb 1997), immer wieder aufgeführt, hier im Piccolo Teatro und im Ausland, auch auf deutschen Bühnen.

Infos und Adressen

SEHENSWÜRDIGKEITEN
Piccolo Teatro di Milano – Teatro d'Europa. Dazu gehören die drei Spielorte Piccolo Teatro Strehler, Largo Greppi 1, das kleine Studiotheater, Piccolo Teatro Studio Melato, Via Rivoli 6, sowie das Piccolo Teatro Grassi, Via Rovello 2, 20121 Mailand. Gastspiele in Originalsprache, Musik- und Tanzaufführungen, daher auch attraktiv für Mailandbesucher, die kein Italienisch können. Theaterkasse Mo–Sa 9.45–18.45 Uhr, So 13–18.30 Uhr, Largo Greppi 1, 20121 Mailand, Tel. 02/42 41 18 89, www.piccoloteatro.org

ESSEN UND TRINKEN
Die Bühnen Strehler und Studio haben eine Bar. In der nahen Umgebung am Corso Garibaldi und im Brera-Viertel gibt es zahlreiche Lokale.

Trattoria del Corso. In dieser sympathischen Trattoria hat die Küche bis 22.30 Uhr geöffnet, am besten reservieren. Corso Garibaldi 12, 20121 Mailand, Tel. 02/72 00 45 24, www.daerre.com

In einem Theater aus dem 19. Jh. befindet sich das Piccolo Teatro Studio.

PORTA NUOVA UND PORTA VENEZIA

29 San Simpliciano
Eine Basilika aus den christlichen Anfängen

Am Anfang des Corso Garibaldi stößt man auf diese alte Basilika an ihrer stillen, mit Flusskieseln gepflasterten Piazza. Nachdem Ambrosius im Jahr 375 zum Bischof von Mailand ernannt worden war, galt sein vorrangiges Ziel der Festigung des Christentums in der immer noch römischen Stadt. Dazu gehörte der Bau von vier Basiliken am Rande der römischen Stadteinfriedung, die in ihrer fast quadratischen Anordnung die Stadt nahezu »christlich umarmten«. Eine davon war San Simpliciano, heute eine altehrwürdige Backsteinkirche inmitten des lebendigen Innenstadtviertels.

Für San Simpliciano hatte die hallenförmige Konstantinsbasilika, die im Jahr 310 in Trier errichtet worden war, Modell gestanden. Ambrosius war 339 in Trier geboren worden. Bauelemente der Konstantinsbasilika in Trier wie die Blindbögen an den Außenmauern kann man heute noch im oberen Teil von San Simpliciano ausmachen. Die Kirche wurde unter Ambrosius` Nachfolger, dem Vescovo Simpliciano, fertig gestellt und geweiht, Letzterer ist auch hier begraben.

Imposant muss die Kirche schon in ihren Anfängen gewesen sein, denn Teile ihrer Außenmauern stammen noch aus dem 4. Jahrhundert. Ihre Grundsteinlegung gehörte zum Missionsprogramm von Ambrosius, das in alle Himmelsrichtungen ins Reich ausstrahlen sollte: Während die Basilica Sant'Ambrogio als »Basilica martyrium« den christlichen Märtyrern zugedacht war und an der Straße ins südwestliche Gallien lag, war diese hier,

Die Cappella del Rosario in der romanischen Basilika

San Simpliciano

als »Basilica virginum« der Jungfrau Maria geweiht, aufs nördliche Gallien ausgerichtet. Eine weitere, von Ambrogio gegründete Basilika steht am Corso di Porta Romana, die Basilica San Nazaro al Brolo, die als »Basilica apostolorum« für die Apostel bestimmt war und an der Straße nach Rom lag. Von der vierten, der Basilica San Dionigi, als »Basilica prophetorum« den Propheten zugedacht, hat sich jede Spur verloren.

Romanischer Stil

Im 10. und 12. Jahrhundert wurden romanische Elemente in die Kirche eingebaut, die Apsis wurde verkürzt, dreischiffig gegliedert und mit einem Kreuzgewölbe überspannt. Im Laufe der Jahrhunderte folgten viele weitere Eingriffe, so wurden die ehemaligen Pilgerunterkünfte an den Seitenmauern zu Kapellen ausgebaut. Die Restaurierungen der letzten Jahrzehnte haben den romanischen Charakter der Basilika wieder hervorgehoben. Das Eingangsportal stammt noch aus dem 12. Jahrhundert.

Die Marienkrönung in der Apsis

Das kostbarste Kunstwerk im Innern ist das große Fresko im Apsisrund mit der Darstellung der Marienkrönung, 1508 von Ambrogio da Fossano, Bergognone genannt, gemalt, einem in der Lombardei hochverehrten Meister, dessen Werke sich in vielen Mailänder Kirchen finden, in den Pinakotheken und in der Certosa von Pavia. Leider verstellt der hohe Hauptaltar den Blick darauf, man muss nah heran. Hinter der Kirche erstrecken sich die Gebäude des ehemaligen angeschlossenen -Benediktinerklosters um zwei Kreuzgänge, der eine ist heute der Sportplatz der Pfarrgemeinde, der andere der Innenhof der hier untergebrachten Theologischen Fakultät.

Infos und Adressen

SEHENSWÜRDIGKEITEN

Basilica San Simpliciano. Dank der guten Orgel ist die Kirche einer der Spielorte der Orgelkonzertreihe *Cantantibus Organis,* Termine auf www.lacappellamusicale.com und www.mitosettembremusica.it. Piazza San Simpliciano 7, 20121 Mailand, www.sansimpliciano.it

ESSEN UND TRINKEN

California Bakery. Die beliebte Kette mit Bagels, Pancakes und Sandwiches hat hier ihre Kochschule, im Sommer öffnet ein hübsches Café auf der Piazza. Piazza San Simpliciano 7, 20121 Mailand, Tel. 02/39 81 17 50, www.californiabakery.it

Tramé. Typisch italienisch beziehungsweise venezianisch sind hingegen die Tramezzini, die dreieckigen Sandwiches aus Weißbrot, die mit Mozzarella, Schinken, Fisch oder Gemüse gefüllt sind, ein schmackhafter Happen. Piazza San Simpliciano 1, 20121 Mailand, www.trame.it

Die Front verweist auf ihren mittelalterlichen Ursprung.

PORTA NUOVA UND PORTA VENEZIA

30 Von Brera zu Porta Nuova
Durch ein lebendiges Innenstadtviertel

Der Bummel durch dieses Viertel macht Spaß, es schließt sich übergangslos an das genauso hübsche Viertel Brera an mit den beiden Hauptachsen Corso Giuseppe Garibaldi und Via Solferino, flankiert von einem wohnlichen Mix aus alter und neuer Bebauung mit originellen Läden, Galerien, Cafés und Restaurants. Weiter geht es über die bühnenartige Piazza XXV Aprile und den Corso Como, an dem nachts gefeiert wird, geradewegs auf die neuen Hochhäuser zu.

Einst breiteten sich hier Klosteranlagen mit Gemüsegärten aus, ein paar Kirchen stehen noch, wie San Simpliciano (s. S. 168), San Marco oder Santa Maria Incoronata. Dieses Stadtrandgebiet war eingefasst von dem mittelalterlichen, von einem Wasserkanal begleiteten Befestigungsring – der *Cerchia dei Navigli*, heute verlaufen hier die Via Pontaccio und die Via Fatebenefratelli – und der spanischen Stadtbefestigung aus dem 16. Jahrhundert, heute der Straßenverlauf der Bastioni di Porta Nuova zwischen Porta Garibaldi bzw. Piazza XXV Aprile und Porta Nuova. Man kann das gut auf dem Stadtplan erkennen. Im 19. Jahrhundert entwickelte sich hier ein eher volkstümliches Wohngebiet mit kleinen Läden, Handwerksbetrieben und Hinterhöfen.

Corso Giuseppe Garibaldi

Die Straße hieß bis 1860 Corso di Porta Comasina, Straße, die nach Como führt, hier stand auch das gleichnamige Stadttor. Unter der Habsburger Stadt-

Mitte: Bei der Porta Garibaldi verliefen die mittelalterlichen und spanischen Stadtmauern.
Unten: Ca' Brutta: das »hässliche Haus« (1922) von Giovanni Muzio an der Via Moscova

Von Brera zu Porta Nuova

regierung wurde 1826 das klassizistische Stadttor an der heutigen Piazza XXV Aprile errichtet und nach dem Habsburgerkaiser Franz I. benannt. Nach der Vertreibung der Österreicher und der Nationalstaatsbildung 1860 wurden das Tor und der Corso nach dem nationalen Freiheitskämpfer Giuseppe Garibaldi umbenannt. Der einst eher volkstümliche Charakter hat sich weitgehend verloren, in den Hinterhöfen finden sich Lofts, Studios und Showrooms und vielerorts hindern einen strenge Pförtnerinnen am neugierigen Hineinspazieren. Dennoch, es bummelt sich gemütlich die Straße entlang, vorbei an den wohnlichen Gebäuden mit schmiedeeisernen kleinen Balkons aus dem 19. Jahrhundert, natürlich immer wieder unterbrochen von neuen, aber teils auch interessanten Fassaden aus der Nachkriegszeit. Zur Straße hin reihen sich Läden mit ausgefallenen Modelabels aneinander, mit kreativen Bits & Pieces, Vintage-Mode, mit Bars, Bistros, Gelaterie und Restaurants.

Das setzt sich auch in den Nebenstraßen fort, eine einladende Bummelstraße ist die parallel verlaufende Via Solferino. Und eine schöne Querverbindung ist die Via Moscova, die von den Giardini Pubblici (s. S. 194) im Osten zum Parco Sempione (s. S. 144) im Westen führt.

Theater und Kirchen zwischen Bistros und Boutiquen

Wo der Corso Garibaldi beginnt, lässt sich zur Linken die Rückseite des Piccolo Teatro Studio ausmachen, die Studiobühne des großen Piccolo Teatro (s. S. 166), die 1986 in dem alten Theater Fossati (1859) eröffnet wurde. Durch die Seitengasse Via Giorgio Strehler fällt der Blick auf den klinkerroten Bau des Piccolo Teatro Strehler. Geht man weiter den Corso Garibaldi entlang, öffnet sich ein kleiner Garten mit einem Säulenportikus,

AUTORENTIPP!

ANTICA TRATTORIA DELLA PESA

In diesem Restaurant erlebt man ein Stück altes Mailand, immerhin stammt es aus dem Jahr 1880, nur ein paar Schritte von der Piazza XXV Aprile und dem modischen Corso Como entfernt. Hier findet man die echte Mailänder Küche mit sämigem Safranrisotto, zartem *Ossobuco*, der *Cotoletta* und einer deftigen *Casseula*, ein winterlicher Eintopf aus Wirsingkraut mit Schwänzchen, Ohren und Füßchen vom Schwein, das klassische Schlachtessen, einst Arme-Leute-Essen, heute eine Delikatesse. Zum Nachtisch sollte man sich noch ein Plätzchen frei halten für die warme schaumige Zabaione. Trotz dieser Kalorienbomben kommen auch die Modeleute gerne her. Von hier ist es nicht weit bis zum Monumentalfriedhof.

Antica Trattoria della Pesa. So geschl., Viale Pasubio 10, 20154 Mailand, Tel. 02/6 55 57 41, www.anticatrattoriadellapesa.com

PORTA NUOVA UND PORTA VENEZIA

AUTORENTIPP!

DIE BUNTE KARTELLWELT
Alles ist aus Plastik und Kunstharz, die Stühle, Tische, Bänke, Lampen, Regale, Becher und Vasen – das war 1949 die Geschäftsidee des Mailänder Ingenieurs Giulio Castelli. Sie verband sich ideal mit den Vorstellungen der modernen Designer des »Made in Italy«, dessen Erfolgsgeschichte in den Sechzigerjahren mit Designern wie Gae Aulenti, Ettore Sottsass, Marco Zanuso und Vico Magistretti begann. Die Marke wurde weltberühmt, die besten Designer wie Patricia Urquiola, Piero Lissoni, Antonio Citterio und Ferruccio Laviani arbeiten nach wie vor für sie, ihr Stardesigner wurde der Franzose Philippe Starck mit seinen durchsichtigen Sitzmöbeln. Kartell ist nach wie vor Kult, wie das leichte farbige Wohnen im Mailänder Showroom zeigt. Viele der Produkte finden sich in den Designmuseen der Welt, so auch in Mailand im Triennale Design Museum.

Kartell Showroom. Via Turati/Ecke Via Carlo Porta, 20121 Mailand

hier und im anschließenden Quartierszentrum treffen sich die Bewohner zum Spielen, zum Zeitunglesen und zu Tanznachmittagen – gratis. Auf der anderen Straßenseite öffnet sich die Piazza mit der Basilika San Simpliciano (s. S. 168). Im Rücken der Basilika vorbei an der Theologischen Fakultät gelangt man zur Kirche San Marco, ein typisch lombardischer Backsteintempel mit Giebeldach aus dem 12. Jahrhundert, dem heiligen Markus, Stadtpatron von Venezia, geweiht. Eine Hommage an die Venezianer für ihre Friedensvermittlung nach dem Sieg über Kaiser Friedrich I. Barbarossa in der Schlacht von Legnano 1176. Die Kirche hat eine fantastische Akustik und eine Barockorgel, man achte auf die Orgelkonzerte.

Hier trafen sich die Kanäle

Bis in die Dreißigerjahre des 20. Jahrhunderts lagen noch einige Kanäle hier offen, über die Obst, Gemüse und Getreide aus dem Hinterland in die Stadt transportiert wurde, so längs der Via Fatebenefratelli und an der Via San Marco, wo sich heute ein Parkplatz befindet. Ein winziger leerer Kanalrest ist noch am Ende der Via San Marco auszumachen. Der Kanal, Martesana genannt, tritt erst am nordöstlichen Stadtrand wieder ans Licht, dort befahren ihn Ausflugsboote und ein schöner Radweg flankiert das Ufer.

An der nahen Parallelstraße Via Solferino erhebt sich an der Kreuzung mit der Via della Moscova der prachtvolle Jugendstilbau, in dem seit 1904 die Redaktion der renommierten Tageszeitung *Il Corriere della Sera* ihren Sitz hat. Deren Redakteuren begegnet man in der Pause oder zum Aperitif in den Lokalen der Umgebung. Wo die elegante Via della Moscova die Via Turati kreuzt, erheben sich imposante Bauten aus den Dreißiger- und Fünfzigerjahren: der riesige Wohnkomplex von Gio-

Von Brera zu Porta Nuova

Spaziergang an und um den Corso Garibaldi

- **Ⓐ** **Piccolo Teatro Strehler** – Berühmtes Regietheater
- **Ⓑ** Die frühchristliche **Basilika San Simpliciano**
- **Ⓒ** Im **Liberty-Palazzo** hat die renommierte Tageszeitung *Il Corriere della Sera* ihren Sitz.
- **Ⓓ** Die **Medienbibliothek** in der Barockkirche
- **Ⓔ** Die **Bürohäuser** von **Stardesigner Giò Ponti**
- **Ⓕ** **Palazzo** des traditionsreichen Kunst- und **Künstlervereins La Permanente**
- **Ⓖ** Das charmante altmodische **Hotel Antica Locanda Solferino**
- **Ⓗ** Das **Hutmacheratelier Gallia e Peter** schmückt seit vier Generationen die Mailänderinnen mit ausgefallenen Kopfbedeckungen.
- **Ⓘ** **Café Radetzky** zum Sehen und Gesehen werden
- **Ⓙ** **Eataly** – der Food-Tempel
- **Ⓚ** **10 Corso Como** – der schicke Concept Store
- **Ⓛ** **Fiat Open Lounge Executive** – eine der vielen Ausgehadressen beim Corso Como
- **Ⓜ** Die **Piazza Gae Aulenti** Im Rücken der Skyline beginnt das traditionelle Viertel Isola (s.S. 180)

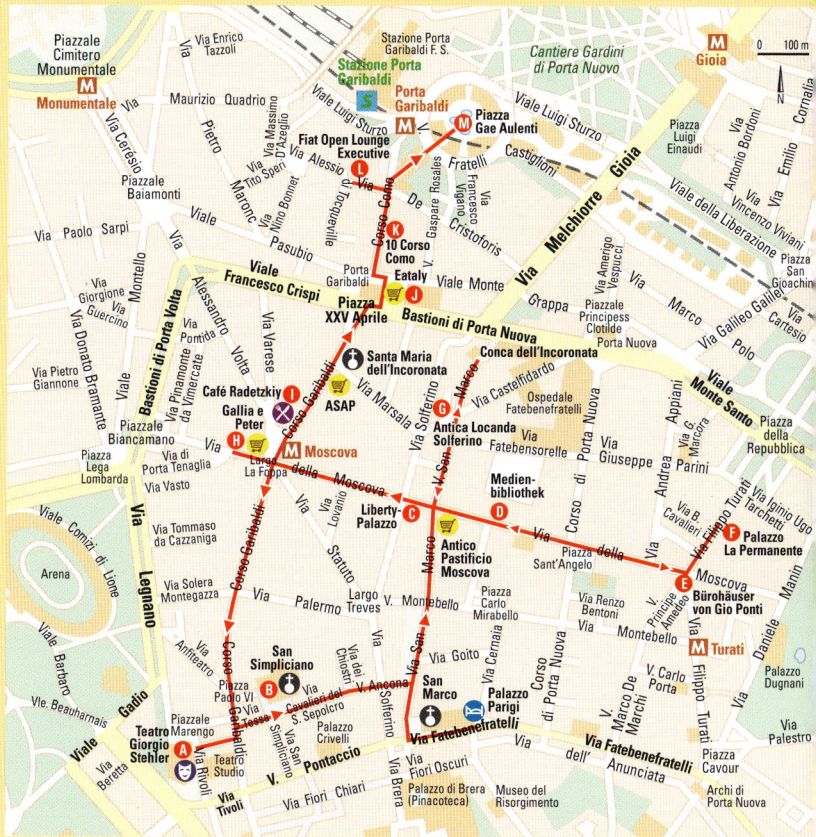

PORTA NUOVA UND PORTA VENEZIA

Oben: In den Hochhäusern befinden sich Banken, Versicherungen und die Regionalverwaltung.
Mitte: Moderne Stadtplanung: zwischen den Hochhäusern der Bahnhof Garibaldi
Unten: Die Piazza Gae Aulenti ist der Mittelpunkt des modernen Viertels.

vanni Muzio (1922) und die beiden Bürohäuser von Gio Ponti am Largo Donegani (1938 und 1951). Die Via Turati Richtung Piazza della Repubblica führt zum traditionsreichen Kunstverein La Permanente (1886). Davor lohnt eine Pause in der milchweißen Welt des Bistros Biancolatte.

Die belebte Kreuzung Largo La Foppa

Doch zurück an den Corso Garibaldi, die Via della Moscova kreuzt ihn an der Piazza Largo La Foppa mit dem Denkmal für den Ingenieur Giovanni Battista Piatti (1812–1867). Das Café Princi am Largo La Foppa verströmt leckere Düfte und auf den Sofabänken des Radetzky (Nr. 105) ein paar Schritte weiter heißt es, sehen und gesehen werden. Von der Piazza geht die Via Volta ab, schnurgerade in der Ferne sieht man die imposante Front des Monumentalfriedhofs.

In Nr. 104 zeigt ASAP seine umweltbewusste Mode aus recyceltem Material, und daneben bei Bento bekommt man in mondäner Gesellschaft Sushi und Sashimi, wie es die Mailänder mögen.

Der Corso Garibaldi öffnet sich nun, zur Rechten erhebt sich die Kirche Santa Maria dell'Incoronata mit ihrer Doppelfassade, von 1450 und damit typisch lombardische Backsteingotik, der ein Augustinerkloster angeschlossen war. Dass sie von den Visconti gegründet wurde, bezeugt das deutlich sichtbare Wappentier, die Schlange mit dem Menschlein im Schlund.

Die Piazza XXV Aprile und der Corso Como

An der bühnenartigen Piazza mit der Porta Garibaldi von 1826, die von zwei klassizistischen

Von Brera zu Porta Nuova

Wach- oder Zollhäusern flankiert wird, sieht man rechts den Eingang ins Schlemmerparadies Eataly (s. S. 178). Und links sitzt man im schicksten Princi-Café (s. Autorentipp) der Stadt. Hier an der Porta Garibaldi verlief einst die spanische Stadtbefestigung aus dem 16. Jahrhundert, die Cerchia dei Bastioni. Über die Piazza XXV Aprile (benannt nach dem 25.4.1945, dem Tag der Befreiung vom Faschismus) hinweg steuert man über die Fußgängermeile Corso Como geradewegs auf die Hochhäuser am Bahnhof Porta Garibaldi zu. Mit den Straßencafés und Geschäften, mit hübschen Stadthäusern und ein paar stadtbekannten Discos ist diese kurze Bummelmeile bei Touristen sehr beliebt. Die Fashionvictims haben hier vor allem eine Adresse im Kopf, 10 Corso Como (s. S. 178).

Das Mailand des 21. Jahrhunderts

Vom Corso Como geht es zum Bahnhof Porta Garibaldi für Metrolinien und die nördlichen Regionalbahnen. Und hinauf zu den glitzernden hohen Stahl- und Glasbauten um die 2013 eingeweihte Piazza Gae Aulenti, benannt nach der berühmten Mailänder Architektin (1927–2012). Sie ist voll neugieriger Spaziergänger, die die drei Türme (2013) der Unicredit-Bank bestaunen, deren hoch aufgedrehte Spitze das Markenzeichen der neuen Mailänder Skyline ist. Zur Via Melchiorre Gioia hin erhebt sich der große schalenförmige Glaskomplex der Regionalregierung der Lombardei (2010), und hinter dem Bahnhof Porta Garibaldi lassen sich die beiden originell mit Bäumen bewachsenen Wohntürme von Architekt Stefano Boeri (2012) ausmachen, *Bosco verticale* genannt und mit Architekturpreisen gefeiert: Porta Nuova nennt sich dieses neue Kapitel Mailänder Stadtgeschichte.

AUTORENTIPP!

PANETTERIA PRINCI MIT CAFÉ

Rocco Princi aus Kalabrien macht (auch für deutsche Ansprüche) köstliche Brote oder den knusprigen Fladen *Focaccia*, der mit Gemüse, Kräutern und Käse belegt wird. In den Vitrinen locken ofenfrische Obst- und Schokoladenkuchen. Zu Weihnachten gibt es den *Panettone*, den klassischen Kuchen Mailands, und zu Ostern die *Colomba*, die Taube aus süßem Hefeteig. Auch der Pizzateig wird mit Naturhefe angesetzt. Man kann alle diese Leckereien hier auch gleich essen, an Theken und Tischen. Und da wir in Mailand sind, sehen seine Bäckereien (nunmehr fünf) sehr schick aus, wie diese hier mit Blick auf die Porta Garibaldi. Immerhin hat sie der renommierte Innenarchitekt Antonio Citterio gestaltet. Eine Teigwarentheke bleibt für die Nachtschwärmer bis 6 Uhr morgens geöffnet und macht um 7 Uhr wieder auf.

Princi. Piazza XXV Aprile 5, Tel. 02/29 06 08 32, 20121 Mailand, www.princi.it

Infos und Adressen

SEHENSWÜRDIGKEITEN

Chiesa San Marco. Achten Sie in den Veranstaltungskalendern der Stadt auf die Termine der Orgel- und Chorkonzerte in der Kirche. Piazza San Marco 2, 20121 Mailand

Chiesa Santa Maria Incoronata. In lombardischer Backsteingotik im 15. Jh. als Ordenskirche der Augustiner entstanden. Corso Garibaldi 116, 20121 Mailand

Società per le Belle Arti ed Esposizione Permanente. Der alteingesessene Kunst- und Künstlerverein im Palazzo von Luca Beltrami von 1886 ist nach wie vor aktiv mit interessanten Ausstellungen und Künstlerförderung. Di–So 10–13, 14.30–18.30 Uhr, Via Turati 34, 20121 Mailand, www.lapermanente.it

Im Biancolatte gibt es köstliches Eis.

ESSEN UND TRINKEN

Antico Pastificio Moscova. In diesem Trendviertel halten sich wacker ein paar Traditionsadressen, seit 1924 dieser vielgerühmte Gastronomieladen voller Köstlichkeiten in den Theken, auf den Regalen und an Tischen. So geschl., Via della Moscova 27, Tel. 02/6 59 94 98, 20121 Mailand, www.anticopastificiomoscova.com

Bento Sushi Restaurant. Die schicke Variante eines italienisch-japanischen Restaurants, Sushi und Sashimi passen nach Mailand, wegen ihrer Ästhetik, ihrem sauberen Geschmack, ihrer Leichtigkeit. Corso Garibaldi 104, Tel. 02/6 59 80 75, 20121 Mailand, www.bentosushi.it

Biancolatte. Mittags stehen die Leute aus den umliegenden Büros Schlange vor diesem milchweißen heimeligen Café-Bistro der Schwestern Ludovica und Valentina Di Sarro. Man kann hier essen, einkaufen oder sahniges Eis schlecken. Via Turati 30, 20121 Mailand, Tel. 02/62 08 61 77, www.biancolatte.it

Da Cecco. In dieser gemütlichen beliebten Trattoria genießt man duftende Schinkenplatten oder frischen Fisch, zum preiswerten Mittagstisch, zum ausgiebigen Abendessen und im Sommer draußen im Hinterhof. Via Solferino 34, 20121 Mailand, Tel. 02/6 55 21 41, www.dacecco.it

Latteria San Marco. Im ehemaligen Milchladen sitzt man urig bei schmackhafter, nicht ganz billiger Hausmannskost. Abends und am Wochenende geschl., Via San Marco 24, 20121 Mailand, Tel. 02/6 59 76 53

Rinomata Gelateria. In diesem hübschen Eiscafé im Retrostil gibt es leckeres Eis, Crêpes und frische Kleinigkeiten. Piazza XXV Aprile 7, 20121 Mailand, Tel. 02/6 55 27 71

Verger. Hinter hohen Glasscheiben öffnet sich das Reich der beiden Brüder Verger, eine interessante stylische Eventlocation, wo man aber auch locker etwas essen oder trinken kann. Via Varese 1, 20121 Mailand, Tel. 02/86 99 82 76, www.verger.it

ÜBERNACHTEN

Antica Locanda Solferino. Die richtige Adresse für Liebhaber kleiner, altmodischer, charmanter Hotels. Via Castelfidardo 2, 20121 Mailand, Tel. 02/6 57 01 29, www.anticalocandasolferino.it

Von Brera zu Porta Nuova

Carlyle Brera Hotel. Mitten im lebendigen Stadtviertel liegt dieses ordentliche komfortable Cityhotel, mit Parkgarage und hübsch begrünten Relaxecken. Corso Garibaldi 84, 20121 Mailand. Tel. 02/29 00 38 86, www.hotelcarlyle.com

Palazzo Parigi. In diesem 2014 eröffneten Luxushotel von raffinierter klassischer Eleganz mit Garten und Wellness-Spa kann man auch gut speisen. Corso di Porta Nuova 1, 20121 Mailand, Tel. 02/62 56 25, www.palazzoparigi.com

UNA Hotel Tocq. Nur ein paar Schritte vom Corso Como entfernt lässt es sich in diesem modernen gepflegten Stadthotel der bewährten UNA-Kette entspannt wohnen. Via A. De Tocqueville 7/D, 20154 Mailand. Tel. 02/6 20 71, www.unahoteltocq.com

AUSGEHEN

Beer Bacco. In diesem angenehmen Lokal staunt man über die Vielfalt und Qualität der italienischen Brauereien. Corso Giuseppe Garibaldi 75 (Eingang Via Laura Solera Mantegazza 2), 20121 Mailand, Tel. 02/91 63 57 86, www.beerbacco.it

Loolapaloosa. Diese Discothek und gleich nebenan das Hollywood (www.discotecahollywood.it) bestimmen seit Jahren das Mailänder Nachtleben um den Corso Como, mit einem Publikum je nach Abendprogramm zwischen 20 und 35 Jahren. Corso Como 15, 20154 Mailand, http://loolapaloosa.sparklingmilano.com

Fiat Open Lounge Executive. Hier herrscht eine besonders lässige Atmosphäre, im Sommer sitzt man auch draußen, und der Abend beginnt schon mit dem Aperitif. Via A. Tocqueville 3, 20154 Mailand, Tel. 02/62 69 06 31, www.executivelounge.it

EINKAUFEN

ASAP-As sustainable as possible. Geschmackvolle Mode aus recycelten Naturmaterialien. Corso Garibaldi 104, 20121 Mailand, www.asaplab.it

In der Latteria San Marco wird lecker gekocht.

Cargo High Tech. In dieser ehemaligen Hinterhoffabrik tut sich eine wahre Fundgrube voll ausgefallener Dinge auf. Mo Vormittag geschl., Piazza XXV Aprile 12, 20121 Mailand, www.cargomilano.it

Esselunga. Unterhalb der neuen Piazza im Hochhausareal geht es in den riesigen Supermarkt der Kette Esselunga, qualitativ einer der besten Italiens. Piazza Gae Aulenti, 20124 Mailand

Gallia e Peter. Die Hutmacherin Laura Marelli schmückt in ihrem Ladenatelier nunmehr in vierter Generation die Köpfe der Mailänder Damenwelt. Via della Moscova 60, 20121 Mailand, www.galliaepeter.it

Post Design Gallery. In der Galerie werden viele der verrückten, verspielten Designstücke der Gruppe Memphis um Ettore Sottsass gezeigt, die man auch online bestellen kann. Via della Moscova 27, 20121 Mailand, http//:store.memphis-milano.com

PORTA NUOVA UND PORTA VENEZIA

31 Eataly und 10 Corso Como
Warenwelten mit gutem Geschmack

Kulinaria und Sinn für schöne Dinge, das sind zwei Lifestyle-Konzepte, auf die die Italiener zu Recht setzen, ihre Marke in einer globalisierten Welt. In dieser Ecke Mailands finden sich dafür gleich zwei Beispiele, die zu Magneten der Mailandbesucher geworden sind: Eataly, der kulinarische Supermarkt, und 10 Corso Como, der erste Concept Store Italiens; ihre Schöpfer, Oscar Farinetti und Carla Sozzani, gelten als Ikonen italienischer Tüchtigkeit.

Ein Riesenstore mit ausschließlich italienischen Kulinarien und treffend »Eataly« genannt: Kaum eine andere Küche ist so berühmt wie die italienische, dazu qualitativ aufgewertet durch die Slow-Food-Idee von der Rückbesinnung auf lokale Produkte. Ein Sirenengesang, dem die Italienreisenden liebend gerne folgen. Der 1954 im piemontesischen Alba geborene Oscar Farinetti, einst ein Supermarktbetreiber, eröffnete 2007 in Turin sein erstes Eataly, mit Regalen voller Pasta ausgesuchter Hersteller, Gläsern schmackhaft eingelegter Gemüse, feinem Tomatenpüree und so fort, dann Auslagen besonderer Käse kleiner Käsereien und frisch gefangener Sardinen, dazu 15 Speisetheken, und alles zu bezahlbaren Preisen. Das hatte einen Riesenerfolg, bei Touristen und bei den Italienern selbst. Es folgten 20 weitere dieser Schlemmerstores in Genua und Rom, in New York und Tokio, und 2014 in Mailand im ehemaligen Teatro Smeraldo: die passende Bühne für dieses Szenarium, das morgens mit frischen *brioches* zum *caffè* beginnt, und abends im Gourmetrestaurant Alice endet. Kritiker

Eataly ist der Tempel der Kulinarien Made in Italy.

Eataly und 10 Corso Como

halten ihm sein kulinarisches Disneyland vor, aber das Preis-Leistungs-Verhältnis stimmt, gute Qualität nicht nur für die Happy Few. An Themennachmittagen lernt man aus preiswerten Adriamakrelen genauso schmackhafte Gerichte zu zaubern wie mit teurem Edelfisch. Und der Mailandbesucher kann sich mit köstlichen Souvenirs eindecken.

Die schöne Welt der Carla Sozzani

Eher etwas für die Happy Few ist der Corso Como Hausnummer 10 nur ein paar Schritte weiter, wo ein Paar Schuhe locker 600 Euro kostet, aber womöglich von der Stararchitektin Zaha Hadid design wurde. Es geht durch ein Tor, das wie ein Lieferanteneingang aussieht, in einen verwunschenen Innenhof mit den typischen durchgehenden Balkongeländern. Tische und Stühle des Café-Restaurants umwuchern das Grün des Hofes, in dem sich das Reich von Carla Sozzani öffnet. Die ehemalige Moderedakteurin (ihre Schwester Franca ist seit 1988 die Chefin der italienischen Vogue, ein Weltrekord) machte 1990 in der verlassenen Hinterhofwerkstatt ihre Galerie für Fotokunst auf. Bald kamen schöne Designgegenstände dazu, Kunstbände und schließlich die Mode, Accessoires und das Restaurant: Zeitgeist als Vernetzung von Kunst, Mode, Design und Food. Womit wir wieder bei den Schuhen von Zaha Hadid sind. Oder bei den skulpturartigen Kleidern von Christopher Kane. Schwarz-weiß gemusterte Wandpapiere unter flirrenden Lampen, alles leicht und transparent, spinnen den Besucher ein und lassen Carla Sozzanis Vorliebe für koreanisches Design und japanische Modelabels erkennen. Nach wie vor werden in der Galerie, ihrer ersten Schöpfung, interessante Ausstellungen gezeigt. Die jüngste Kreation sind drei stylische Bed & Breakfast-Zimmer.

Infos und Adressen

ESSEN UND TRINKEN, EINKAUFEN

10 Corso Como. Store und Kunstgalerie. Man kann auch in drei Suiten im Corso-Como-Stil hier nächtigen. Tgl. 10.30–19.30 Uhr, Restaurant-Café tgl. bis 1 Uhr, Corso Como 10, 20154 Mailand,
www.10corsocomo.com,
www.3rooms-10corsocomo.com

Blenderino. Vom Bann dieses Gestaltungswillens kann man sich ein wenig erholen in dieser winzigen (und sehr schönen) Bar voller gut gelaunter Leute, für die Barkeeper Gabriele bis tief in die Nacht köstliche Aperitifs und Cocktails mixt. Mo geschl., Piazza XXV Aprile 14, 20121 Mailand, Tel. 02/63 47 12 48

Eataly. Auf der Website stehen auch die Termine für Kochkurse und Workshops. Im 2. Stock befindet sich das Gourmetrestaurant Alice, in dem Chefköchin Viviana Varese kocht. Tgl. 10–24 Uhr, So geschl., Piazza XXV Aprile 10, 20121 Mailand, www.eataly.it, Alice,
Tel. 02/49 49 73 40,
www.aliceristorante.it

Gabriele mixt superbe Drinks im Blenderino.

PORTA NUOVA UND PORTA VENEZIA

32 Das Isola-Viertel
Hinter dem Bahndamm

Gleich hinter den neuen Hochhäusern östlich des Bahnhofs Porta Garibaldi beginnt das Isola-Viertel, in dem man wunderbar essen und ausgehen kann. Im 19. Jahrhundert als Ausdehnung der Stadt gen Norden gewachsen, mit Fabriken, Handwerksbetrieben und stattlichen Mietshäusern, in den Achtziger- und Neunzigerjahren des 20. Jahrhunderts von Alternativen und Künstlern »besetzt« und im 21. Jahrhundert von modernen Städtern entdeckt.

Das einstmals eher volkstümliche Viertel, in dem etwa 21 000 Menschen leben, streckt sich hinter dem Bahnhof Porta Garibaldi zwischen den U-Bahn-Stationen Sondrio, Zara und Maciachini aus. *Isola*, die Insel, der Name passt ganz gut zu diesem nachbarschaftlichen Viertel. In wohl kaum einem Viertel haben sich so viele Bürgerinitiativen gebildet, für Grünflächen und gegen den Abriss von Altbauten. Schon in den Fünfzigerjahren des letzten Jahrhunderts plante man quer durch das Viertel eine mehrspurige Trasse, die den Norden der Stadt mit dem Zentrum am Arco della Pace verbinden sollte. 1961 wurde der Bahnhof Porta Garibaldi in Betrieb genommen, ein gewaltiger Verkehrsknotenpunkt mit zwölf Bahngleisen und 25 Millionen Passagieren pro Jahr.

Der mit 1000 Bäumen bepflanzte Wohnkomplex *Bosco Verticale* wurde 2014 zum schönsten Hochhaus gekürt.

Im Schatten der neuen Skyline

Man fürchtet den üblichen Werdegang, dass nämlich die neue luxuriöse Enklave östlich des Bahnhofs Porta Garibaldi so nah am Viertel, das eher eine Mischung aus Wohnblöcken und Innenhöfen aus dem 19. Jahrhundert, aus Liberty-Fassaden, Werks-

Das Isola-Viertel

gebäuden und Stadthäusern der Dreißigerjahre ausmacht, eine Immobilienspekulation auslöst. Dabei hatten die in der Vergangenheit immer wieder ins Stocken geratenen Pläne hässliches Brachland und tote Winkel hinterlassen, die heute in der Neugestaltung verschwunden sind. Vom Corso Como geht es nun über elegante Rampen auf die Piazza Gae Aulenti und zwischen den Hochhäusern hindurch in die neuen Gärten an der Via G. De Castillia, wo sich die beiden mit Bäumen vertikal bewachsenen Wohntürme erheben, der *Bosco Verticale* von Architekt Stefano Boeri. Ein kühner schöner Übergang. Oder man spaziert über die Brücke, die hinter dem Bahnhof Garibaldi über die Gleise führt, hier oben auf Augenhöhe mit der neuen Skyline und mit dem Blick hinab ins Viertel Isola.

Stille und szenige Lokale

Zunächst überrascht die Stille, abends ist kaum Verkehr, man ist unter sich. Allenfalls kommen die Szenegänger. In der Via G. De Castillia steht eine hübsche Liberty-Villa (Nr. 28) mit dem beliebten stylishen Restaurant Ratanà. Hier zwischen der Via De Castillia und der parallelen Via F. Confalonieri befand sich ein Fabrikgebäude, Stecca degli Artigiani genannt, in dem eine bunte Mischung aus Handwerkern, Künstlern und Obdachlosen lebte, 2007 wurde es abgerissen. Die neue Stecca, Incubatore dell'Arte genannt, ist nun ein »Behälter« für Kultur und Nachbarschaftsprojekte, mit einer thermoregulierenden Metallverschalung, Energiesparen ist das große Thema. Hier findet auch jeden Samstag der Biobauernmarkt Verziere Bio all'Isola statt (Via de Castillia 26). Das ist die sanfte Form der Gentrifizierung. In der Trattoria Da Tomaso gibt es Risotti und handfesten Braten (Nr. 20). An der parallel gelegenen Via F. Confalonieri entstehen schicke Apartmenthäuser mit Terrassen, die von

AUTORENTIPP!

CASA DELLA MEMORIA
Stefano Boeri zeichnet auch für diesen neuen Bau verantwortlich, eine große rötliche Schachtel, die Fassade voller Gesichter – Helden und Opfer der zahlreichen blutigen Zusammenstöße der letzten hundert Jahre in Mailand. Es beginnt mit den Prügelmassakern der ersten Faschisten 1919. Aus dem volkstümlichen Viertel Isola kamen zudem viele Partisanen, die ab 1943 gegen die letzten Faschisten Widerstand leisteten. In den Siebzigerjahren schockierte das rechtsradikale Attentat an der Piazza Fontana, Mitte der Neunziger übte sich auch die Mafia in Bombenattentaten, am 27. Juli 1993 beim Padiglione dell'Arte Contemporanea an der Via Palestro, mit fünf Toten. Die Casa della Memoria soll eine Gedenkstätte, Archiv und Sitz der verschiedenen Gedenk- und Opfervereine sein (Eröffnung April 2015).

Casa della Memoria. Via Confalonieri, www.casamemoriamilano.org

Oben: Im berühmten Club sind Jazzgrößen wie Billy Cobham oder Paolo Fresu aufgetreten.
Unten: In Isola lebt es sich ruhig im Schatten der neuen Skyline.

den Bewohnern des Viertels als die Vorboten der Luxusgentrifizierung gefürchtet werden.

Hauptachse durch das Viertel ist die Via P. Borsieri und ihre Fortsetzung, die Via P. Thaon di Revel, die an der Barockkirche Santa Maria alla Fontana endet. An der Via Borsieri stößt man auf Mailands legendären Jazzclub Blue Note. An der Via Thaon di Revel 21 liegt die alte Glockengießerei Fonderia Napoleonica Barigozzi, in der auch Statuen wie das Reiterstandbild von Vittorio Emanuele II. auf dem Domplatz gegossen wurden (heute ein Privatmuseum, Mobil 39/39 30 55 22 72).

Westlich der Via Borsieri geht es in die Via Pastrengo und die Via Jacopo dal Verme mit Beispielen schöner Liberty-Bebauung. Hier entdeckt man einen weiteren Isola-Kultort, das Frida Café mit Graffiti-Bemalung, das an die einstigen alternativen Zentren erinnert, die in den Neunzigern hier ihre Heimat gefunden hatten. Und dennoch, trotz der gentrifizierenden Einflüsse auf das Viertel leben hier auch immer noch junge künstlerische Aktivitäten. Das zeigt sich etwa an einigen besonders gelungenen Street Art-Bemalungen von Hauswänden.

Das Isola-Viertel

Infos und Adressen

KUNSTINITIATIVEN

Brand New Gallery. Eine engagierte Galerie mit Werken junger Künstler aus aller Welt. Via Farini 32, 20159 Mailand, www.brandnew-gallery.com

Isola Art Center. Aktionen international vernetzter Kunstnomaden an verschiedenen Orten im Viertel, wo, erfährt man hier: www.isolartcenter.org

VIR Viafarini-in-Residence. Seit 1991 Aktionen experimenteller Kunst, auch in der Fabbrica del Vapore (s. S. 157). Außerdem Ateliers für Künstler. Via Farini 35, 20159 Mailand, www.viafarini.org

ESSEN UND TRINKEN

Blu. In Neonblau leuchtet der Name des angesagten Lokals den Weg, tagsüber zum Cappuccino und sonntags zum Brunch, man kann hier auch gut essen, frische moderne Küche, und später noch etwas trinken. Via Carmagnola 5, Tel. 39/33 18 22 40 02, 20159 Mailand, www.blumilano.net

Im Frida gibt es Musik, Bier und Mode.

Deus Café. In Isola gibt es eine Reihe von Läden mit Zubehör für Motorräder und ihre Fahrer. Hier trifft man sich auch zum Trinken, Essen und Musikhören. Via Thaon de Revel 3, 20159 Mailand, www.facebook.com/DeusCafeMilano

Osteria di Tradizione Ex Mauri. Man sitzt vor unverputzten Mauern im Stil cruder Werkstattromantik, dazu szenige Küche und szeniges Publikum. Via Federico Confalonieri 5, Tel. 02/60 85 60 28, 20124 Mailand, www.exmauri.com

AUSGEHEN

Blue Note. In diesem legendären Jazzclub sind schon alle internationalen Jazzgrößen aufgetreten. Via Pietro Borsieri 37, 20159 Mailand, www.bluenotemilano.com

FRIDA. Alternatives Lokal mit Bier- und Weingarten, manchmal Livemusik, tagsüber öffnet ein Laden mit Ökokleidung. Via Pollaiuoli 3, Tel. 02/89 82 90 98, 20159 Mailand, www.fridaisola.it

Im Deus Café treffen sich nicht nur Bikerfreunde.

PORTA NUOVA UND PORTA VENEZIA

33 Die Stazione Centrale
Der Bahnhof als Visitenkarte einer Stadt?

Nordöstlich der neuen Skyline um die Porta Nuova gelangt man zum wuchtigen, hell schimmernden Hauptbahnhof von 1931 an der Piazza Duca d'Aosta. An derselben Piazza erhebt sich auch einer der schönsten Eyecatcher Mailands, das kristallin-leichte Hochhaus Torre Pirelli von 1960. Auf die Visitenkarte Mailands gehören also unbedingt beide Gebäude.

Mitte: Über 120 Millionen Menschen betreten alljährlich den zweitgrößten Bahnhof Italiens.
Unten: Hier laufen die italienischen Hochgeschwindigkeitszüge Freccia Rossa und Freccia Bianca ein.

Schwindelig hoch mit einer Vorhalle, die – mit 185 Metern Länge und 27,5 Metern Höhe – in der ersten Projektphase 1906–1912 als Galleria delle Carrozze, als Kutschenvorfahrt, geplant war, wobei bei der endgültigen Einweihung des Bahnhofs im Jahr 1931 längst das Automobil die Vorherrschaft übernommen hatte. Gigantische Überdachungen aus Eisen, Beton und Glas, bis zu 35 Meter hoch und 341 Meter lang, spannen sich über die Gleise. Von außen von geballter Wucht, mit insgesamt 218 Metern Länge und 72 Metern Höhe damals der größte Kopfbahnhof Europas (auch heute noch mit seinen fast 600 Zügen und 370 000 Passagieren pro Tag ein bedeutender Verkehrsknotenpunkt). In manchen Rankings zählt er zu den zehn schönsten Bahnhöfen der Welt – und in der Tat erscheint er im nebligen Dunst wie ein archaisches Kraftfeld –, andere bezeichnen ihn ironisch als »assyrisch-mailändischen« Kitsch. Wer Wartezeit totschlagen muss, hat viel zu gucken: geflügelte Pferde und heroisch stilisierte Adler, aber auch elegante Artdéco-Lampen – irgendwie eine monumental-verdruckste Mischung aus Fortschrittsglauben und der imperialen Starre des Faschismus. Da freut man sich über die Skater auf dem Vorplatz.

Die Stazione Centrale

Die Torre Pirelli

Die Reifenfirma Pirelli hatte das Gebäude 1956 als ihren Verwaltungssitz in Auftrag gegeben, Projektleiter war der berühmte Architekt und Designer Gio Ponti, 1960 wurde es eingeweiht. Die Maxime Pontis, die Architektur sei ein Kristall, wird hier offenkundig. Um ein Betonskelett gliedert sich in feinem Raster aus Glas, Stahl, Aluminium dieser sechseckige flach gedrückte Turm, leicht, von schnörkelloser Klarheit, ohne Pose. 31 Etagen verteilen sich auf 127 Meter: für viele Jahre Italiens höchstes Gebäude und eine Ikone der Moderne. Da wundert es nicht, dass die Region Lombardei den Turm 1978 kaufte und zu ihrem Sitz machte, heute tagt hier nach wie vor die Regionalversammlung, während die Verwaltung umgezogen ist in die neuen Hochhäuser nebenan an der Porta Nuova. Am 18. April 2002 raste ein Sportflugzeug in den 25. und 26. Stock, bei dem der Pilot und zwei Büroangestellte ums Leben kamen, ein Unglück, das einen Riesenschreck und traurige Erinnerungen an den 11. September nur ein Jahr zuvor in New York hervorrief.

Die Piazza Repubblica

Vom Bahnhof führt schnurgrade die Via Vittor Pisani auf die weite Piazza della Repubblica, eine Anlage aus den Dreißiger- und Fünfzigerjahren, nachdem hier der erste Hauptbahnhof Mailands 1931 abgerissen worden war. Hier finden sich die Luxushotels Westin Palace und Principe di Savoia, Letzteres mit dem Gourmetrestaurant Acanto, sowie ein weiteres Hochhaus der ersten Generation, der Apartmentturm Torre Breda aus dem Jahr 1954, 117 Meter hoch. Die Piazza liegt am Innenstadtring, an dem sich im 16. Jahrhundert die spanische Stadtbefestigung befand, und damit auf einer Linie mit der Porta Garibaldi, der Porta Nuova und der Porta Venezia.

Infos und Adressen

SEHENSWÜRDIGKEITEN

Memoriale della Shoah. Von Gleis 21 wurden zwischen 1943 und 1945 italienische Juden und politische Gefangene nach Bergen Belsen, Auschwitz, Mauthausen geschickt. 2013 hat man unterhalb des Gleises eine Gedenkstätte eingerichtet. Besichtigung jeden 1. und 3. Do und jeden letzten So im Monat, Eingang an der Piazza Edmond J. Safra 1 (rechte Bahnhofsseite), Anmeldung: coordinamento.memoriale@memorialeshoah.it

Stazione Centrale. Hier gibt es seit der Renovierung 2010 viele Läden und das einladende Bistro Milano Centrale. Piazza Duca d'Aosta 1, 20124 Mailand, www.milanocentrale.it

ÜBERNACHTEN

Aosta Minihotel. Direkt am Bahnhof. Komfortables und modernes Cityhotel. Piazza Duca d'Aosta 16, 20124 Mailand, Tel. 02/6 69 19 51, www.hotelaostamilano.it

AUSGEHEN

Tunnel. Underground-Club hinter dem Bahnhof unterhalb der Gleise. Fr, Sa, So, Via Sammartini 30, 20159 Mailand, www.tunnel-milano.it

Das neue Bahnhofsinnere mit Laufbändern und Shops.

PORTA NUOVA UND PORTA VENEZIA

34 Um die Porta Venezia
Bummel zur Shoppingmeile Corso Buenos Aires

Sie beginnt im Zentrum als Corso Venezia, gesäumt von den Palazzi des einstigen Adels, führt vorbei an den Giardini Pubblici mit der königlichen Villa, erreicht den Ring der *Bastioni* und das nordöstliche Stadttor Porta Venezia. Und setzt sich fort als Corso Buenos Aires, die dichteste und längste Einkaufsstraße Mailands. In den Seitenstraßen des Corso erstreckt sich Richtung Hauptbahnhof das alte Einwandererviertel um die Viale Tunisia, heute eine kulinarische Multikulti-Gegend.

Der noble Corso Venezia beginnt an der Piazza San Babila, eine wichtige Drehscheibe. Hier laufen die Shoppingstraßen des luxuriösen Modeviertels zusammen, der Corso Vittorio Emanuele und der Corso Matteotti, die Via Montenapoleone und die Via della Spiga. An der östlichen Seite des Platzes geht es über den Corso Monforte ins *Quadrilatero*

Mitte: Überall in der Innenstadt stößt man auf Ständer mit Mieträdern.
Unten: Der Corso Venezia ist eine besonders elegante traditionsreiche Straße.

> ## MAL EHRLICH
>
> **SITZEN KOSTET**
> Das merkt man, wenn man sich dort ins Café setzt, wo die meisten Touristen sind, am Domplatz, an der Via Dante, am Corso Vittorio Emanuele, am Corso Como. Da kann der *caffè* oder der Cappuccino zwei-, dreimal so viel kosten wie anderswo. Nepp? Hohe Bürgersteigmiete? Dafür bekommt man aber auch einen tollen Schauplatz geboten, und selbst im teuersten Café kostet der *caffè* an der Theke im Stehen genauso wenig wie in einer Bar abseits des Trubels.

Um die Porta Venezia

del Silenzio, in das feine »Viertel der Stille« (s. S. 204), und über die Via Durini ins Univiertel um Ca' Granda (s. S. 212). Eine Säule mit dem venezianischen Markuslöwen erinnert daran, dass im Mittelalter der Reiseweg gen Osten, in Richtung Venedig, hier begann. Die Piazza ist nach der Kirche San Babila benannt, eine mittelalterliche Gründung und heute im neoromanischen Gewand des 19. Jahrhunderts.

Der Nordosten der Stadt, »Borgo di Porta Orientale« genannt, war die Lieblingsgegend der Adligen, wie schon die Via Manzoni. Heute kaum vorstellbar, aber hier dehnten sich Gärten und sogar ein als Jagdrevier genutzter Wald aus.

Die Palazzi am Corso Venezia

Dicht an dicht stehen Fassaden von heute neben denen aus den letzten Jahrhunderten, klassizistischen Fassaden und sogar einer aus der Renaissance. Hochwertige Labels haben hier ihre Läden, angefangen mit Max Mara (Nr. 2). Dolce & Gabbana präsentieren ihre Damen- und Kindermode charmant-wohnlich hinter der Jugendstilfassade der Casa Barelli von 1907 (Hausnummer 7). Ein paar Schritte weiter und ein großer barocker Torbogen markiert den Zugang zum Erzbischöflichen Seminar, eine Gründung von Carlo Borromeo aus dem 16. Jahrhundert.

Auf der anderen Straßenseite steht das älteste Haus, die Casa Fontana-Silvestri (Nr. 10), deren Grundstein noch im Mittelalter gelegt wurde, einst wohnte hier der Wachtmeister des östlichen Stadttors. Das heutige Erscheinungsbild geht weitgehend auf das 15. Jahrhundert zurück, der berühmte Renaissancearchitekt Bramante soll mitgewirkt haben, man wähnt sich geradezu in Florenz, wenn man vor dem Palazzo steht.

AUTORENTIPP!

TEATRO DELL'ELFO

Wenn die Theaterszene in Mailand mit dem Piccolo Teatro (s. S. 166) seine renommierte moderne Bühne hat, die in der Nachkriegszeit das Theater entstaubte, dann fällt dem Teatro dell'Elfo die Rolle der Suche nach neuen experimentellen Formen zu. Es entstand 1972 unter dem charismatischen Theatermacher Elio De Capitani, im Schwung der 68er, die ersten Spielorte waren die Centri Sociali, alternative Kulturzentren, oft in besetzten Gebäuden. Heute hat es seinen festen Sitz im Teatro Puccini direkt am Corso Buenos Aires, inmitten der glitzernden Schaufenster. Der Anspruch des Theaterkollektivs drückt sich nicht zuletzt in den Namen aus, die es seinen drei Bühnen gegeben hat: Sala Shakespeare, Sala Fassbinder, Sala Bausch.

Teatro dell'Elfo. Corso Buenes Aires 33, 20124 Mailand, www.elfo.org

PORTA NUOVA UND PORTA VENEZIA

Als der jüngere Sohn von Kaiserin Maria Theresia 1770 Gouverneur von Mailand wurde, galt sein Interesse genau dieser Gegend. Hier ließ er den ersten öffentlichen Stadtpark (s. S. 194) anlegen und große Adelsfamilien zogen nach, so die Familie Serbelloni, die 1793 ihren prachtvollen Palazzo bezog – der zum Mittelpunkt des städtischen Lebens wurde, mit Empfängen für Napoleon, Metternich und König Vittorio Emanuele II. – und der mit seiner zentralen Giebelfassade eines der herausragenden Beispiele klassizistischer Architektur (Nr. 16) darstellt. Weitere klassizistische Palazzi erheben sich bei der Hausnummer 40 – der Palazzo Rocca Saporiti von 1812 mit einer imposanten Säulenloggia –, dann bei Nummer 51 Palazzo Bovara (1787). Der erste Liberty-Palazzo in Mailand, die italienische Version des Jugendstils und Symbol für den Aufstieg des Bürgertums, ist der Palazzo Castiglioni (Nr. 47), den der Architekt Giuseppe Sommaruga 1903 entworfen hat und der mit seinen Proportionen und seiner Dekorfreude den klassizistischen Kanon des Adels provozierte.

Dass die Moderne an Imposanz den Adelspalazzi in nichts nachstehen wollte, zeigt der gewaltige Apartmentkomplex mit dem mittigen hohen Bogendurchgang gegenüber den Stadtgärten (Nr. 62-64), zwischen 1926 und 1930 von Pietro Portaluppi errichtet, einem originellen Architekten der Dreißigerjahre, wie das Casa Museo Boschi Di Stefano (s. S. 192) und Villa Necchi Campiglio beweisen (s. S. 210).

Porta Venezia

Am Stadtpark mit seinen Museen und der Villa Reale (s. S. 196) vorbei ist die Ringstraße Bastioni di Porta Venezia erreicht und damit das Stadttor Porta Venezia, das Scharnier zum Corso Buenos Aires, hier dehnte sich die Stadt im 19. und 20. Jahrhundert weiter aus. Neben der »Veredelung«

Oben: Die Porta Venezia gehörte zu den sechs Toren der spanischen Stadtmauer.
Mitte: Edle Bebauung am Corso Venezia aus dem 18. und 19 Jh
Unten: Auch das 20. Jh. gibt sich imposant, wie dieser Wohnkomplex von 1922 zeigt.

Um die Porta Venezia

durch die beiden klassizistischen Zollhäuser, die das alte Stadttor ersetzten, und der alleenartigen Bepflanzung der Mauerreste der alten Stadtbefestigung, der *Bastioni*, vom Beginn des 19. Jahrhunderts, zeigt sich auch das 20. Jahrhundert mit eindrucksvoller Architektur: die Komposition aus einem weißen Kubus und einem Wohnturm aus rötlicher Klinkerkeramik (1935), wieder von Gio Ponti, der Meister des Pirelli-Turms beim Bahnhof.

Corso Buenos Aires und Piazzale Loreto

Über 350 Läden reihen sich hier auf anderthalb Kilometern aneinander, die internationalen Ketten wie H&M, Zara usw. haben hier ihre Stores, was den Corso zu einem Shopping-Eldorado für jüngere Leute macht. Hinzu kommen Cafés und Eisdielen. Als Reiseweg heraus aus der Stadt war die Straße früher von Händlern und Wirtshäusern gesäumt. Der Piazzale Loreto am Ende des Corso erinnert an die heute verschwundene Wallfahrtskirche Madonna di Loreto. Der Piazzale Loreto weckt aber auch schlimme Erinnerungen an das letzte Kriegsjahr: Als Ort der Hinrichtung von 15 Partisanen am 10. August 1944 durch ein NS-Kommando, und am 29. April 1945 hängten Partisanen hier die Leichen von Diktator Mussolini und engen Weggefährten an den Füßen ans Dach einer Tankstelle, am Tag zuvor hatte man sie bei Como erschossen.

Afrikanische Restaurants

Machen Sie Abstecher in die Straßen links und rechts des Corso Buenos Aires: Schon der Name Viale Tunisia verweist auf die afrikanische Kultur in diesem Viertel. Hier siedelten sich die Einwanderer aus Eritrea und Äthiopien an, die nach dem Zweiten Weltkrieg aus den italienischen Kolonien herkamen. So stößt man auf Lokale mit afrikani-

AUTORENTIPP!

DIANA MAJESTIC

An der Ecke der Piazza Oberdan mit Blick auf die Porta Venezia öffnete 1842 das erste öffentliche – und prachtvolle – Schwimmbad, die Bagni di Diana. Der Architekt Achille Manfredini baute es 1907 zu diesem grandiosen Liberty-Palazzo aus, mit Hotel, Restaurant, Kursaal, Ballspielarena und Theater – ein beliebter Treffpunkt des Mailänder Bürgertums. Ein dunkles Kapitel war das Bombenattentat 1921 im Theater, als Protest gegen die ersten Faschisten, mit 21 Toten. Heute gehört es erneut zu einem der urbanen Leisure-Orte Mailands: In dem luxuriösen Hotel, in Anlehnung an den ursprünglichen Artdéco-Stil stilvoll restauriert, trifft man sich zum Brunch oder zum Aperitif, im Sommer im zauberhaften Garten, genau dort, wo sich einst das Schwimmbad erstreckte.

Sheraton Diana Majestic. Viale Piave 42, 20129 Mailand, www.sheratondianamajestic.com

Oben: Am Corso Buenos Aires überrascht so mancher Hinterhof.
Unten: Stattliche Bürgerhäuser finden sich auch am Viale Tunisia.

scher Küche. Oder koreanischer, thailändischer oder Südtiroler – eine kulinarische Weltreise kann man heute hier unternehmen.

Die Via Lazzaretto erinnert an die Krankenanstalt (15.–19. Jh.), hinter deren Mauern man sich der Erkrankten bei der verheerenden Pest von 1631, die die halbe Stadt hinraffte, anzunehmen bemühte. Die Via Tadino ist das Revier der Galeristen Marconi (s. S. 199). Südöstlich des Corso wartet in der Via Giorgio Jan die Kunstsammlung Boschi Di Stefano (s. S. 192) auf Besucher.

Weiter südöstlich des Corso und der Porta Venezia lösen einige Stadthäuser im Liberty-Stil Staunen aus, wie es Architekten und bürgerlichen Auftraggeber Anfang des 20. Jahrhunderts auch beabsichtigten. Gehen Sie an der Porta Venezia am prächtigen Hotel Diana, ebenfalls ein Liberty-Bau, vorbei in die Via Malpighi, in Hausnummer 3 verblüfft die Casa Galimberti von 1903 mit Fassadenschmuck aus Blumen aus Zement und elegischen, in Mosaik gelegten Damen. Weitere Palazzi in diesem Stil lassen sich hier entdecken, in der Via Melzo oder in der Via Pisacane.

Um die Porta Venezia

Infos und Adressen

SEHENSWÜRDIGKEITEN
Spazio Oberdan. Interessante Filme in Originalsprache und Ausstellungen zu Filmkunst. Viale Vittorio Veneto 2, 20124 Mailand, http://oberdan.cinetecamilano.it

ESSEN UND TRINKEN
Bar Martini. Die Glamourbar von D&G, zum Cappuccino, zum Snack, zum Aperitif. Corso Venezia 15, 20121 Mailand

Björk Store & Brasserie. Norwegischer Räucherlachs, Smörebröd und schwedisches Design. Via Panfilo Castaldi 20, 20124 Mailand, Tel. 02/49 45 74 24, www.bjork.it

Delicatessen. Zur kulinarischen Weltreise, in diesem Viertel, gehören auch die Schlutzkrapfen aus Südtirol. Viale Tunisia 14, 20124 Mailand, Tel. 02/29 52 95 55, www.ristorantedelicatessen.com

Skandinavische Delikatessen bei Björk

Adulis. Eritreische Küche: Zigni, mit der scharfen Würze Berbere, Lamm auf dem weichen Fladen Injera aus Sauerteig und Teffmehl. Via Melzo 24, 20129 Mailand, Tel 02/29 51 58 16, www.adulis-restaurant.com

Joia. Vegetarische Küche, so gut, dass sie sich seit Jahren einen Michelin-Stern verdient. Via Panfilo Castaldi 18, 20124 Mailand, Tel. 02/29 52 21 24, www.joia.it

ÜBERNACHTEN
Hotel Buenos Aires. Das freundliche Hotel liegt ideal an der Shoppingmeile, nahe beim Bahnhof und der U-Bahn-Station. Corso Buenos Aires 26, 20124 Mailand, Tel. 02/29 40 01 69, www.hotelbuenosaires-milan.com

EINKAUFEN
Amimops. Abseits des Mainstreams kreiert Barbara Corazza ausgefallenen Modeschmuck aus Kunstharz. Via Alessandro Tadino 3/Ecke Via Panfilo Castaldi, 20124 Mailand, Tel. 02/29 41 91 83, www.amimops.com

De Padova. Großer Showroom mit den Möbeln und Lampen einer der Firmen, die den Standort Mailand zur Kapitale des Designs gemacht haben. Corso Venezia 14, 20121 Mailand, www.depadova.it

Tiroler Spezialitäten bei Delicatessen

PORTA NUOVA UND PORTA VENEZIA

35 Casa Museo Boschi Di Stefano
Zu Hause bei Kunstsammlern

In der Privatwohnung in einem Apartmentblock in einer stillen Straße, nur wenige Schritte von der Shoppingmeile Corso Buenos Aires entfernt, tut sich eine sagenhafte Kunstsammlung auf, die einem öffentlichen Museum jede Ehre machen würde. Was das Ehepaar Boschi Di Stefano hier zusammengetragen hat, ist beeindruckend: ein nahezu enzyklopädischer Überblick über das italienische Kunstschaffen von der ersten Hälfte des 20. Jahrhunderts bis in die Sechzigerjahre.

In einer ganz normalen Seitenstraße des Corso Buenos Aires geht es in ein nicht ganz so normales dreistöckiges Wohnhaus. Gebaut zwischen 1929 und 1931 geht es auf den Entwurf des Mailänder Ingenieurs und Architekten Piero Portaluppi zurück, der in den Dreißigerjahren bekannt wird durch Gebäude wie die Villa Necchi Campiglio (s. S. 210) oder das Planetario Hoepli in den Giardini Pubblici (s. S. 195). Im Auftrag des Ehepaares Boschi Di Stefano entwirft Portaluppi ein Gesamtkunstwerk modernen städtischen Wohnens, dazu gehören die Fußboden- und Wandmusterung, die Treppengestaltung mit Geländer, Handlauf und Aufzug, die Rahmung der Wohnungstüren und die Bäder.

Wohnen in einem Gesamtkunstwerk

Antonio Boschi (1896–1988) arbeitete als erfolgreicher Patentingenieur in der Reifenindustrie Pirelli, seine Gattin Marieda Di Stefano (1901–1968) war in kunstsinnigen bürgerlichen Kreisen aufgewachsen

Mitte: An den Wänden entdeckt man Künstler des '900 wie Carrà, Boccioni oder Casorati.
Unten: Die Hausherrin sammelte Keramikarbeiten von Lucio Fontana.

Casa Museo Boschi Di Stefano

und entwickelte sich zu einer gestandenen Keramikkünstlerin, im selben Gebäude eröffnete sie sogar mit dem Keramikkünstler Luigi Amigoni eine Schule. Man hatte Künstler als Freunde, man machte selbst Kunst, man lebte mit und in der Kunst. So sind sogar die Möbel des Speisezimmers in ihrer modern geschliffenen Form das Werk eines Künstlers, des Malers Mario Sironi, die dieser 1936 für die Triennale-Ausstellung im Kunstpalast (s. S. 146) entworfen hatte. Die Stiftung, die das Casa Museo betreut, hat im Laufe der Jahre die zur Kunst passende Originaleinrichtung um weitere Möbel und Lampen erweitert: ein stilechtes Gesamtkunstwerk. Zu ihrem Lebensende umfasst die Sammlung über 2000 Werke, die das Ehepaar der Stadt vermacht. Viele Bilder werden dem 2010 eingeweihten Museo del Novecento übergeben, während hier etwa dreihundert Werke die Wände der Privatwohnung buchstäblich tapezieren. Und seit 2003 darf man diese »Kunstwohnung« besichtigen.

Die Moderne Italiens

Eine problematische Moderne, schließlich immer auch zeitgleich zum Faschismus. Eine wichtige Werkgruppe bilden die Arbeiten der maßgeblichen Künstler der sogenannten »Novecento«-Gruppe, von ihrer Förderin Margherita Sarfatti, Kunstkritikerin und eine enge Freundin Benito Mussolinis, damals als »Revolutionäre der Restauration« bezeichnet. Hier sind alle vertreten, Achille Funi, Piero Marussig, Ubaldo Oppi, Arturo Tosi und vor allem Mario Sironi. Ihm ist ein ganzer Raum gewidmet. Er hat alle Stilarten berührt, vom Futurismus bis zur Metaphysik. Nach dem Krieg öffnet sich die Sammlung der Abstraktion und neuer Raumerfahrung, vor allem mit den Arbeiten des großen Lucio Fontana. Von ihm sind auch Keramikarbeiten zu sehen, im engen Nebeneinander mit den Werken der Hausherrin.

Infos und Adressen

SEHENSWÜRDIGKEITEN
Casa Museo Boschi Di Stefano. Das Apartment voller Kunst gehört zu den Mailänder Case Museo, Kunstsammlungen in privaten Wohnhäusern (www.casemuseomilano.it). Di–So 10–18 Uhr, Via Giorgio Jan 15, 20129 Mailand, www.fondazioneboschidistefano.it, Eintritt frei

ESSEN UND TRINKEN
Antica Osteria Cavallini. Aus einer großen Trattoria aus den Dreißigerjahren ist ein schönes neues Restaurant geworden, mit feiner italienischer Fisch- und Fleischküche. Via Mauro Macchi 2, 20124 Mailand, Tel. 02/6 69 31 74, www.anticaosteriacavallini.it

Drogheria Plinio. Im angesagten Look eines schlichten Kaufladens kann man in diesem Bistro Bioprodukte kaufen. Kleine und große Gerichte zu günstigem Preis. Via Cecilio Secondo Plinio 6, 20129 Mailand, Tel. 39/39 38 79 65 08 (mobil), www.drogheriaplinio.it

Vintage-Stil in der Drogheria Plinio

PORTA NUOVA UND PORTA VENEZIA

36 Giardini Pubblici I. Montanelli
Die ältesten öffentlichen Gärten der Stadt

Auf über 17 Hektar erstreckt sich der Stadtpark an der Porta Venezia, zwischen dem Corso Venezia und der Via Manin, neben dem Parco Sempione die zweite grüne Lunge der Innenstadt. Unter den Habsburgern wurde er 1786 als erster für alle Bürger zugänglicher Stadtpark angelegt, im Gegensatz zu den bis dahin nur privaten Villen- oder Klostergärten. Auch das Planetarium »Ulrico Hoepli« sowie das naturwissenschaftliche Museum haben hier ihren Platz gefunden.

Der Sitz des naturhistorischen Museums gilt als erster Museumsbau Italiens.

Als die Stadt sich gen Nordosten ausdehnte, verleibte sie sich Hektar um Hektar die Klostergärten ein, auch für den neuen Stadtpark. Die Anlage eines öffentlichen Parks nach französischem Vorbild entsprach dem Zeitgeist mit seinen Sichtachsen, Architekturen, Zierbrunnen, symmetrischen Beeten sowie den Wegen für die Kutschenausfahrt. Ein Jahrhundert später kamen Elemente des englischen Landschaftsparks hinzu, ein großer Teich, Waldgruppen und Felsen. Die Bepflanzung ist ausgesprochen vielfältig, das Klima erlaubt Kontinentales, Mediterranes, Exotisches. Der Park ist sehr beliebt – mit seinen vielen Kinderspielplätzen, Jogging- und Fitnessparcours, Tai-Chi-Dates und Kletterfelsen.

Wer war Indro Montanelli?

Seit 2002 ist der Park nach dem Journalisten Indro Montanelli (1909–2001) benannt, eine schillernde Figur, die zu Lebzeiten in der politischen Debatte

Giardini Pubblici I. Montanelli

Italiens polarisierte. Viele Jahre als Korrespondent unterwegs, auch im nationalsozialistischen Deutschland und in der Sowjetunion, war er eine unabhängige Feder des *Il Corriere della Sera*, der wichtigsten italienischen Tageszeitung, sowie Gründer einer eigenen Zeitung, *Il Giornale*, die von Berlusconi finanziert wurde und aus der Montanelli ausstieg, als dieser in die Politik ging. Am 2. Juni 1977 wurde er von den linksextremen Terroristen Brigate Rosse im Park an der Ecke Via Manin/Piazza Cavour ins Bein geschossen. Hier zeigt ihn nun eine Bronzestatue beim Schreiben.

Museo Civico di Storia Naturale

In diese Naturoase passen die naturwissenschaftlichen Museen. In einem Parkpalais wurde 1844 das erste naturwissenschaftliche Museum Italiens eröffnet. 1907 wurde der imposante Bau eingeweiht. Mit diesem neugotischen Museumsbau hatte man sich an den damals modernen naturwissenschaftlichen Museen in London und Wien orientiert. Auf 23 Säle verteilen sich die Schätze, Mineralien, Fossilien, Skelettabdrücke von Dinosauriern und Dutzende große Schaukästen, in denen das natürliche Habitat von Tieren, Pflanzen, Leben im Meer nachgebildet ist. Fantastische Inszenierungen und eine der Stärken des Museums, übrigens das meistbesuchte Mailands.

Das Planetarium »Ulrico Hoepli«

Der aus der Schweiz eingewanderte Verleger Ulrico Hoepli (1847–1935), der 1870 die nach ihm benannte berühmte Buchhandlung in Mailand eröffnete und sich mit der Veröffentlichung von wissenschaftlichen Schriften einen Namen gemacht hatte, schenkte der Stadt 1930 das Planetarium in einem achteckigen Bau (von Pietro Portaluppi) neben dem naturwissenschaftlichen Museum.

Infos und Adressen

SEHENSWÜRDIGKEITEN
Museo Civico di Storia Naturale. Außerdem Ausstellungen zu Themen wie Ökosystem, Klimawandel, Körperwelten; faszinierende Film- und Fotoreportagen, dazu ein vielfältiges Programm für Kinder. Di–So 9–17.30 Uhr, Corso Venezia 55, 20121 Mailand

Planetario »Ulrico Hoepli«. Regelmäßige geführte Himmelsbeobachtungen (jeden Sa, So 15 und 16.30 Uhr) und Vorträge. Corso Venezia 57, 20121 Mailand, Tel. 02 88 46 33 40

ESSEN UND TRINKEN
Bar Bianco. In diesem netten Café im Park bekommt man Eis, Panini und vieles mehr. Via Palestro 10, 20121 Mailand

Chiosco di Pippo. Man sitzt unter Bäumen und lässt sich eine eisgekühlte Scheibe Wassermelone schmecken, genau das Richtige an einem Sommertag. Via Manin 9, 20121 Mailand

ÜBERNACHTEN
Hotel Manin. Ein großes Komforthotel mit Garten, Terrasse und tollem Blick auf den Stadtpark. Via Manin 7, 20121 Mailand, Tel. 02/6 59 65 11, www.hotelmanin.it

Ur-Skelette im Museo di Storia naturale

PORTA NUOVA UND PORTA VENEZIA

37 Villa Reale und PAC
Klassische Moderne und zeitgenössische Kunst

Stadteinwärts schließt sich an die Giardini Pubblici ein weiterer Park an. Er gehört zu der großen klassizistischen Villa, unter Napoleon die königliche Residenz, in der heute eine reiche Sammlung von Werken der klassischen Moderne zu bewundern ist. Und daneben, an der Stelle der ehemaligen Pferdeställe, öffnet sich der Padiglione d'Arte Contemporanea, der städtische Raum für die neue, die zeitgenössische Kunst.

Angesichts der Villa Reale, der königlichen Villa, wird besonders deutlich, dass die nordöstliche Ausdehnung Mailands im 18. Jahrhundert dem Adel vorbehalten und dass Mailand auch einmal eine königliche Residenzstadt war. Und wie reich manche Adelsfamilie gewesen sein muss. Denn diese Villa entstand ursprünglich als adliges Wohnpalais und war derart prachtvoll, dass Napoleon sie während seiner Zeit als Regent des Königreiches Italien zur *Villa Reale*, zur königlichen Villa, auserkor. Die klassizistische Prachtentfaltung hatte ihren entscheidenden Anstoß unter den Habsburgern bekommen, vor allem während der Regentschaft von Erzherzog Ferdinand, der seiner Mutter Maria Theresia im Jahr 1771 nachfolgte. Mit dem Hofarchitekten Giuseppe Piermarini (1734–1808) baute man Mailand zur Residenzstadt aus: Der alte Fürstenpalast neben dem Dom wurde zum Hof, 1777 kam die schlossartige Villa Reale in Monza als pompöser Landsitz hinzu, ein Jahr später wurde das Teatro Alla Scala eingeweiht. Der Adel zog mit: Graf Ludovico Luigi Carlo Maria di Barbiano e Belgiojoso (1728–1801), seines Zeichens Botschafter, Militär-

Mitte: Die klassizistische Adelsvilla war die Residenz Napoleons.
Unten: Ihre Sälen zeigen seit 1920 die städtische Sammlung zum 19. und 20. Jh.

Villa Reale und PAC

attaché und Minister im Dienste der Habsburger Kaiserkrone, beauftragte 1790 den Wiener Architekten Leopold Pollack, Schüler von Piermarini, mit dem Bau dieser Villa, mit einem eleganten Atriumhof zur Straßenseite und zur Parkseite mit einer von Blendsäulen rhythmisch skandierten Fassade und Statuen auf dem Dach. Zur *Villa Reale*, machte sie Napoleon, der 1797 nach dem siegreichen oberitalienischen Feldzug gegen die Österreicher die Cisalpinische Republik und 1805 das Königreich Italien ausrief (bis 1814). Napoleon ließ sich im Mailänder Dom die langobardische Königskrone aufsetzen. Und in die Villa des Grafen Belgiojoso zog der Vizekönig ein, Napoleons Stiefsohn Eugène de Beauharnais. Mit der Rückkehr der Österreicher wurde die Villa Teil des Habsburger Hofes, 1858 verstarb hier Feldmarschall Joseph Radetzky, berühmt berüchtigt als der letzte Scharfmacher des Reichs gegen die Unabhängigkeitsbestrebungen.

GAM – Galleria d'Arte Moderna

Nachdem die Villa 1920 in den Besitz der Stadt gekommen war, stellte man hier in den eleganten Sälen Gemälde italienischer und lombardischer Künstler der zweiten Hälfte des 18. Jahrhunderts und des 19. Jahrhunderts aus. Zwei Privatsammlungen haben den Bestand enorm bereichert, 1956 die Sammlung des Tabakhändlers Carlo Grassi und 1975 die Sammlung von Giuseppe Vismara, der Werke von Matisse, Filippo de Pisis und Morandi einbrachte. Das Spektrum reicht von Künstlern wie Andrea Appiani, dem Hofmaler Napoleons, über Klassiker des 19. Jahrhunderts wie Francesco Hayez, Giuseppe de Nittis und Giovanni Segantini, Vertreter der Mailänder Künstlerbewegung Scapigliatura Mitte des 19. Jahrhunderts, bis hin zu modernen Klassikern wie Paul Cezanne, van Gogh, Amedeo Modigliani oder Picasso.

AUTORENTIPP!

HANGAR BICOCCA

Wer in Mailand weiteren Spuren zeitgenössischer Kunst folgen möchte, dem sei der Ausflug zum Hangar Bicocca ans Herz gelegt. Dazu muss man eine kleine Reise auf sich nehmen: mit der U-Bahn-Linie 1 entweder von der Metrostation Palestro oder Porta Venezia bis zur Station Sestro Marelli, dann weiter mit den Buslinien 51 (Richtung H.Maggiore) oder 87 (Richtung Stazione Centrale) bis direkt vor die Hallen. Die Reifenfirma Pirelli rüstete 2004 alte aufgelassene Industriehallen um zu diesem Ort für zeitgenössische Kunst, Performance und Musik. In einer Dauerausstellung ist eine Werkgruppe des deutschen Künstlers Anselm Kiefer zu sehen. Ansonsten hat sich Hangar Bicocca mit seinem interessanten Programm längst großes Ansehen in der Kunstszene verdient. Man kann hier auch in einem reizvollen Restaurant essen.

Hangar Bicocca. Do–So 11–23 Uhr, Via Privata Chiese 2, 20126 Mailand, www.hangarbicocca.org

PAC – Padiglione d'Arte Contemporanea

Dort, wo die Pferdeställe gestanden hatten, von den Bomben des Zweiten Weltkriegs zerstört, hat Architekt Ignazio Gardella 1954 einen nach wie vor hochmodernen Ausstellungsraum entworfen, der sich mit seinen klaren anpassungsfähigen Formen der zeitgenössischen Kunst öffnet. Gardella baute den Pavillon auch wieder auf, als dieser 1993 bei einem Bombenanschlag der Mafia weitgehend zerstört wurde. Ein Anschlag, der fünf Menschen das Leben kostete und zu einer Reihe von Attentaten der Mafia zählte, die damals Italien erschütterten. Überbleibsel einer epochalen Streetart-Ausstellung von 2007 ist an der Frontfassade das eindrucksvolle *Murales* von Blu, Italiens berühmtestem Writer, das die Stadt in einer Kokain-Orgie darstellt. Neben diesem Ausstellungsort für zeitgenössische Kunst setzt man, wie oft im Mailänder Kunstbetrieb, auf private Initiativen, wie den Hangar Bicocca (s. Autorentipp) und das 2015 eröffnete Kunsthaus der Modemarke Prada (Largo Isarco).

Oben: Bei der Villa Reale befinden sich die Ausstellungsräume des PAC.
Unten: *I sette savi* (1981) von Fausto Melotti, sieben stille Weisen aus Carrara-Marmor.

Villa Reale und PAC

Infos und Adressen

SEHENSWÜRDIGKEITEN

GAM – Galleria d'Arte Moderna. Die städtischen Kunstsammlungen vom 18. bis zur ersten Hälfte des 20. Jh. in der Villa Reale, außerdem interessante Ausstellungen. Di–So 9–13, 14–17.30 Uhr, Via Palestro 16, 20121 Mailand, www.gam-milano.com

PAC – Padiglione d'Arte Contemporanea. Ausstellungshalle für zeitgenössische internationale Kunst. Mo 14.30–19.30 Uhr, Di, Mi, Fr, Sa, So 9.30–19.30 Uhr, Do 9.30–22.30 Uhr, Via Palestro 14, 20121 Mailand, www.pacmilano.it

Parco della Villa Reale. Als Erwachsener darf man nur in Begleitung von Kindern in diesen romantischen Garten. Die Parkwächter sind aber meist mit anderem beschäftigt. Im Sommer 9–19 Uhr, im Winter 9–16 Uhr, Via Palestro 18, 20121 Mailand.

La Terrazza eignet sich zum Chillen.

Galerie Giò Marconi und Studio Giorgio Marconi. Giorgio Marconi war in den Siebzigerjahren der herausragende Galerist, sein Sohn Giò führt die Galerie weiter mit neuen internationalen Künstlern, beide wirken Tür an Tür. Via Tadino 15–17, 20124 Mailand, www.giomarconi.com, www.studiomarconi.info

AUSGEHEN

Swiss Corner. Im Haus der Schweizer Vertretung südwestlich der Giardini Pubblici findet sich dieses elegante Bistro, ideal zum Frühstück wie für den späten Cocktail. Via Palestro 2, 20121 Mailand, www.swisscornermilano.com

La Terrazza. Im selben Swiss-Haus befindet sich im vierten Stock diese schicke Aperitif- und Cocktailbar. Via Palestro 2, 20121 Mailand, www.laterrazzadiviapalestro.com

EINKAUFEN

Lisa Corti. Auf ihren Reisen nach Indien und Afrika hat sich die Stoffdesignerin zu wunderschönen Mustern inspirieren lassen. Via Lecco 2, 20124 Mailand, www.lisacorti.com

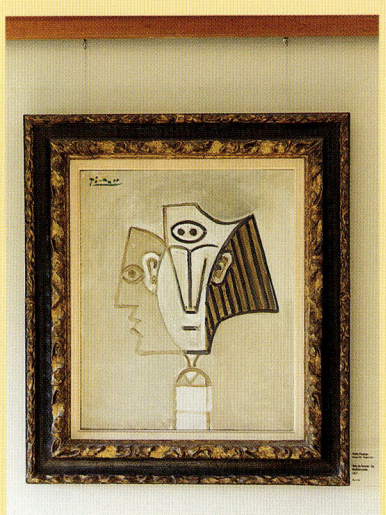

Picassos *Tete de femme – la Mediteranee* in der GAM.

PORTA VENEZIA – PORTA ROMANA

38 Das »Viertel der Stille«	**204**
39 Die Villa Necchi Campiglio	**210**
40 Um die Università Ca' Granda	**212**
41 Um die Porta Romana	**216**

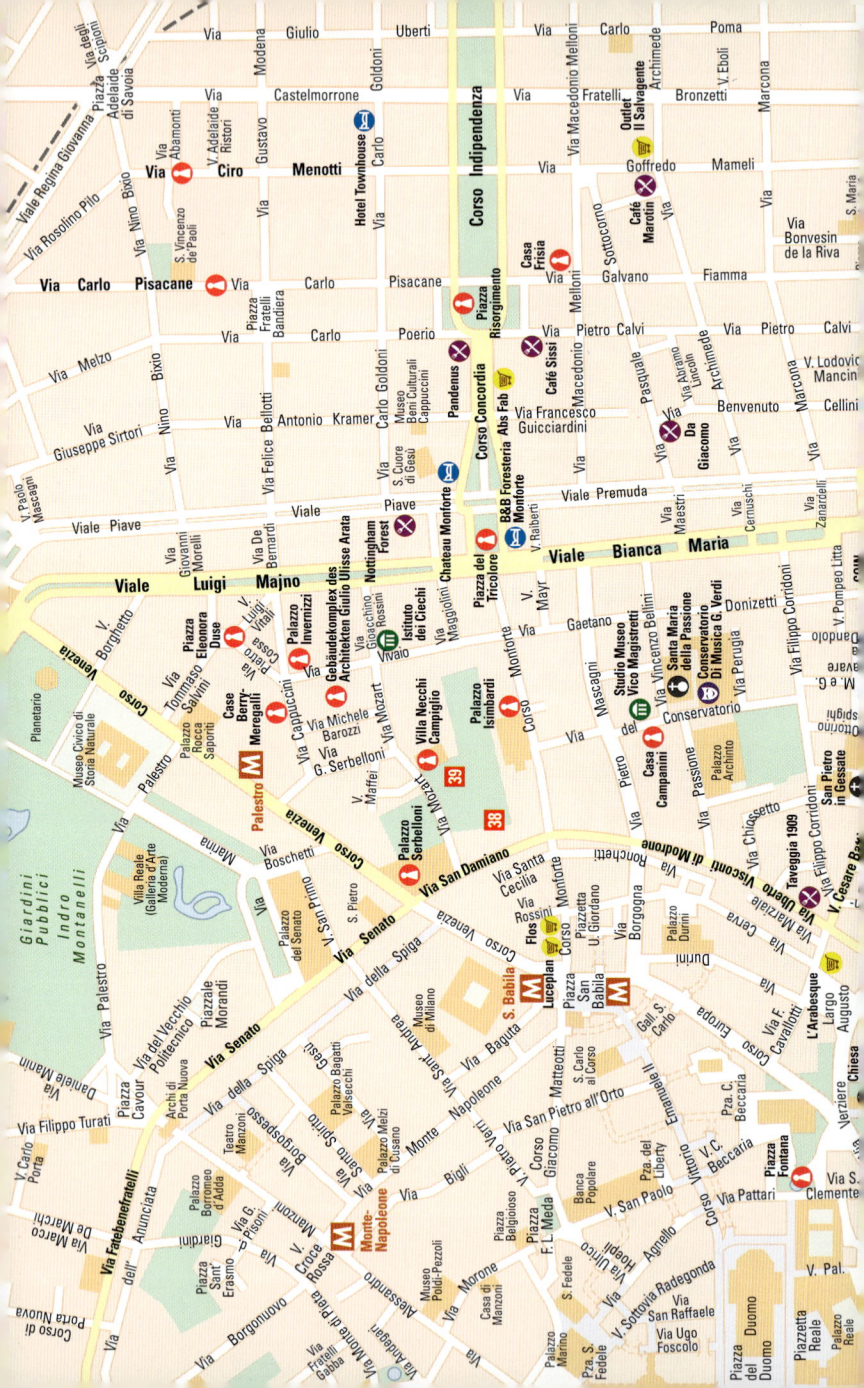

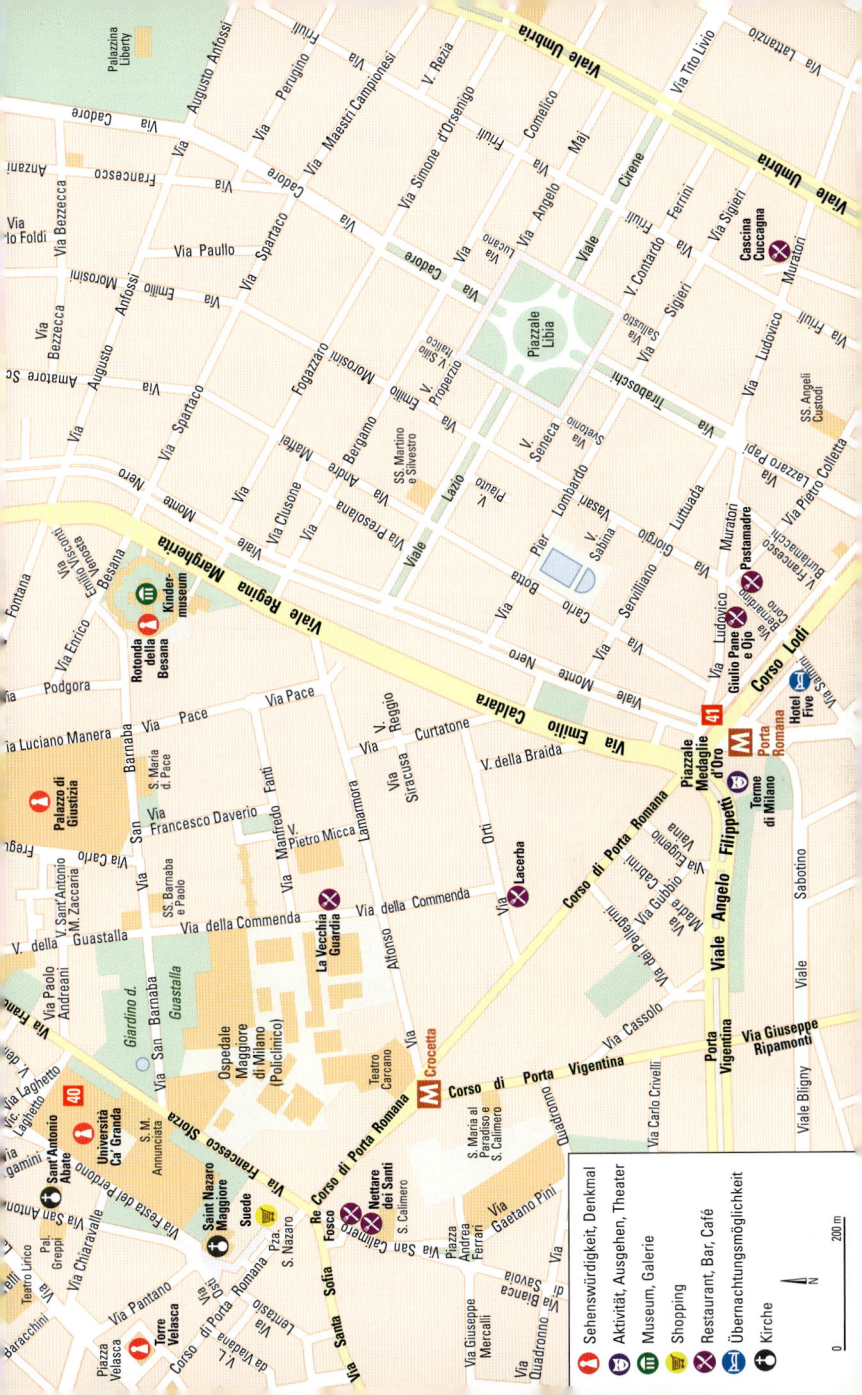

PORTA VENEZIA – PORTA ROMANA

38 Das »Viertel der Stille«
Ein einzigartiges Wohngebiet im Zentrum

Eine der schönsten Ecken ist dieses großbürgerliche Viertel, das sich östlich der Piazza San Babila und des Corso Venezia (s. S. 186) erstreckt: Originelle Stadthäuser aus den ersten Jahrzehnten des 20. Jahrhunderts stehen an überraschend ruhigen Straßen nur wenige Schritte vom pulsierenden Zentrum entfernt. Weiter über die Ringstraßen hinaus stößt man auf einfachere Bebauung, aber immer noch voll urbaner Würde und sorgfältiger Details, eine beliebte Wohngegend mit vielen Bäumen, ein paar netten Hotels und Cafés.

In der zweiten Hälfte des 19. Jahrhunderts hatten die bürgerlichen Schichten beim Aufbau der neuen Nation und der Industrialisierung Mailands an Selbstbewusstsein dazugewonnen. Man tobte sich an eklektischen Stilen wie bizarrer Neogotik aus. Vor allem aber leitete das die Entstehung des Liberty-Stils um die Jahrhundertwende beziehungsweise zu Beginn des 20. Jahrhunderts ein: als deutliches Zeichen, sich mit Fassadendekor wie stilisierten Pflanzen, Figuren, Tieren und Gesichtern – mal elegisch, mal fratzenhaft –, mit Majolika und grafischen Mustern von den klassizistischen Formen der Aristokratie abzugrenzen. Diese Dekorlust machten auch neue Materialien wie Zementguss und Gusseisen möglich. Einigen herausragenden Beispielen für diese »Blüten« des Liberty hier im östlichen Zentrum begegnet man beim Bummel über den Corso Venezia (s. S. 186) bzw. hinter dem Hotel Diana. Und auch in anderen Vierteln der »Bürgerstadt« Mailand trifft man immer mal auf Liberty-Bauten.

S. 200/201: Eine grüne Oase mitten in der Stadt – die Piazza Risorgimento
Mitte: Hier im Viertel gibt es auch nette kleine Hotels.
Unten: Selbst die Treppenhäuser sind hübsch dekoriert.

Das »Viertel der Stille«

Corso Monforte

Von der zentralen Piazza San Babila geht es auf den Corso Monforte, der mit den Stores von Luceplan (Nr. 7) und Flos (Nr. 9) beginnt, berühmte Marken des Lichtdesigns. Der Corso führt gen Osten, über den ersten Ring, die mittelalterliche Cerchia dei Navigli (hier die Via San Damiano), und weiter bis zum zweiten, dem spanischen Ring, den Bastioni, hier die Porta Monforte oder auch Piazza del Tricolore genannt.

Im imposanten Palazzo Isimbardi am Corso hat die Provinzverwaltung ihren Sitz: 600 Jahre Architekturgeschichte, mit der Barockfassade und dem Renaissance-Hof aus den Anfängen (15. Jh.), mit einer Wandmalerei des großen Venezianers Tiepolo (18. Jh.) im Ratssaal und an der Via Vivaio im rationalen Novecento-Stil des 20. Jahrhunderts, davor die Skulptur *Uomo della Luce*, der Mann des Lichtes oder der Vernunft (2008).

Via del Conservatorio

Die Straßenecke zur Via del Conservatorio schmückt der üppig verzierte Zementbalkon eines Stadthauses von 1911 – halb Neorokoko – des bedeutenden Liberty-Architekten Alfredo Campanini. Ein paar Schritte und man steht vor der frühbarocken Kirche Santa Maria della Passione (15./17. Jh) mit ihrer ebenmäßigen Fassade und dem erhabenen Innern. Nach dem Dom ist sie die größte Kirche der Stadt und eine Pinakothek lombardischer Malerei. Ein Höhepunkt sind die Fresken von Bergognone (1514) im Kapitelsaal rechts am Altarraum vorbei, die Apostel, Heilige und Kanoniker darstellen. Und die beiden Barockorgeln sorgen für hochkarätige Konzerte.

Einen Konzertsaal mit 1800 Plätzen hat das Mailänder Konservatorium gleich nebenan im ehema-

AUTORENTIPP!

PASTICCERIA SISSI

Mailand ist im Breakfast-Fieber. Foodblogger und Restaurantführer stellen Listen auf, wo man am besten frühstücken kann. Dabei geht es vor allem um zwei wichtige Fragen: Wo bekommt man die beste Brioche, auch Cornetto oder Croissant genannt, das Frühstückshörnchen aus Blätterteig, und wer macht den besten Cappuccino. Sissis Cappuccino wird als gut bewertet, doch so trinkt man ihn auch anderswo. Aber das Cornetto ist konkurrenzlos: So knusprig und dennoch weich bekommt man es nur hier, die Variante mit Eiercremefüllung gilt als die beste in der Stadt. Am Sonntagmorgen stehen die Leute Schlange bis auf den Bürgersteig, im Sommer sitzt man im kleinen begrünten Innenhof. Am Tisch kostet alles doppelt so viel wie an der Theke.

Pasticceria Sissi. Mo Nachmittag und Di geschl., Piazza Risorgimento 6, 20129 Mailand

AUTORENTIPP!

ABSOLUTELY FABULOUS

Abs Fab. Absolutely Fabulous. So nennen die beiden Modemacherinnen Christine Marcante und Giorgia Fasolino ihre an die 50er-, 60er-, 70er-Jahre angelehnte Mode: Blusen, Twinsets, Kleider, Hosen, Röcke in Ocker, Petrol, Fuchsia, Türkis und in vielen anderen Farbnuancen. Oder mit ausgefallenen Mustern. Das passt zu den Schnitten von reizvollem Understatement, vermeintlich brav, aber mit dem gewissen Etwas. Nach Farben geordnet, hängen die Sachen in dem großen Loft in einem Hinterhof, und das sieht schon sehr gut aus. Kaum kommt ein neues Stück von den Schneidertischen, wird das den Kunden über Newsletter und Facebook mitgeteilt.

Abs Fab. Sa, So geschl., Corso Concordia 12, 20129 Mailand, www.absfab.it

PORTA VENEZIA – PORTA ROMANA

ligen Augustinerkonvent, benannt natürlich nach Giuseppe Verdi. Weiter auf der Via Conservatorio würde man bald auf den Corso di Porta Vittoria stoßen, stattdessen geht es hier links vorbei an der Kirche Santa Maria della Passione in die Via Vincenzo Bellini: Der Palazzo mit der Hausnummer 11 gilt als herausragendes Beispiel des Liberty-Stils. Die Casa Campanini, das Wohnhaus, das der Architekt Campanini 1904 für sich selbst entworfen hatte, beginnt am Eingangsportal mit eisernen Blumen, gerahmt von zwei Göttinnen aus Zement.

Via Mozart

Die Via Mozart parallel zum Corso Monforte und ihre abgeschiedenen Seitenstraßen sind kurz, aber fein. Das Haus, das die Via Mozart berühmt gemacht hat, ist die Villa Necchi Campiglio (s. S. 210) in ihrem Park (Nr. 14), doch damit nicht genug: Gegenüber türmen sich die eklektischen Gebäudekomplexe des Architekten Giulio Ulisse Arata auf, die dieser für die Familien Berri-Meregalli zwischen 1912 und 1914 entworfen hatte (Via Mozart 21, in der Seitenstraße Via Barozzi 7 und in der Parallelstraße Via Cappuccini 8). Ein Formmix aus historischen und modernen Stilelementen, asymmetrisch und verrückt im wahrsten Sinne des Wortes, mit Klinkern, Zement, Gusseisen und Majolika. Man sollte versuchen, einen Blick in die Eingangsflure und Treppenhäuser zu werfen, die Portiere sind das Interesse gewohnt. Am Ende der Via Mozart befindet sich das Blindeninstitut.

An die nahe Parallelstraße Via Cappuccini grenzt der Park des klassizistischen Palazzo Invernizzi, vielleicht hat man Glück und erhascht durch die Gitterstäbe einen Blick auf die rosa Flamingos, die hier, mitten im Zentrum, ungestört leben. Ein paar Schritte weiter und die elegante intime Piazza

Das »Viertel der Stille«

Spaziergang durch das Viertel

A Palazzo Isimbardi – Der Palazzo umfasst alle Stile von der Renaissance bis ins 20. Jahrhundert.

B Studio Museo Vico Magistretti – Hier arbeitete einer der großen Designer des Made in Italy.

C Santa Maria della Passione – Mailands zweitgrößte Kirche voller Malerei lombardischer Meister

D Conservatorio Giuseppe Verdi – In der Bibliothek finden sich handschriftliche Noten von Mozart, Rossini, Puccini u.a.

E Casa Campanini – Der Liberty-Architekt baute sich selbst das schönste Haus.

F Villa Necchi Campiglio – Schöner Wohnen in den Dreißigerjahren, mit Park, Pool und Tennisplatz

G Palazzo Serbelloni – Im Rücken des prachtvollen klassizistischen Adelspalais am Corso Venezia erstreckt sich das »Viertel der Stille«.

H Case Berry-Meregalli – Entfesselter Stilmix aus der Endphase des Liberty

I Palazzo Invernizzi – Im Park des klassizistischen Palazzo leben rosafarbene Flamingos.

J Chateau Monforte – stilvolles Hotel

K Fab Abs – Designmode im Hinterhof

L Café Sissi – Für das Gebäck kommen die Leute auch aus anderen Stadtteilen.

M Casa Frisia – Ein Wohnhaus mit reichem Fassadendekor von 1904

N Da Giacomo – Gediegene Speiseadresse mit Club-Bistro und Pasticceria im Retro-Look

O Salvagente – Mailands erste und beste Adresse für Outlet-Ware internationaler Marken

P Café Marotin – In diesem reizenden Café bei leckeren Kleinigkeiten und Kuchen entspannen.

Q Via Pisacane und Via Ciro Menotti – Eine ganze Reihe Apartmenthäuser vom Beginn des 20. Jahrhunderts mit Liberty-Elementen

Eleonora Duse ist erreicht, von hier sieht man schon das Grün der Giardini Pubblici (s. S. 194), stadtauswärts Richtung Osten laden der Viale Luigi Majno und der anschließende Viale Bianca Maria – der Ring Cerchia dei Bastioni – mit parkartigen Mittelstreifen und abwechslungsreicher Bebauung zum Spaziergang in die weiteren Wohnviertel ein.

Piazza Risorgimento

Von der Piazza del Tricolore spaziert man über den Corso Concordia auf die grüne Piazza Risorgimento und weiter auf den Corso Indipendenza zu. Es gibt ein paar schöne Übernachtungsmöglichkeiten und eine Hinterhofentdeckung ist das Schneideratelier Abs Fab. An der Piazza lädt das für seine *Cornetti* stadtbekannte Café Sissi ein, oder man trifft sich zum Mittagssnack oder Aperitif bei Pandenus, einer neuen beliebten Caffetteria-Kette (an der Ecke zum Corso Concordia). In den Querstraßen, vor allem in der Via Pisacane, in der Via Modena und in der Via Ciro Menotti (Nr. 1 und 4), zeigen Wohnkomplexe den einfachen, aber nicht minder schönen Liberty-Stil.

Oben: Stattliche Wohnblöcke säumen die grüne Allee Viale Luigi Majno.
Unten: Auf der Piazza Risorgimento wacht Franz von Assisi.

Das »Viertel der Stille«

Infos und Adressen

SEHENSWÜRDIGKEITEN

Conservatorio Giuseppe Verdi. Den Konzertsaal bespielt der renommierte Musikverein Società del Quartetto di Milano. Via Conservatorio 12, 20122 Mailand, www.quartettomilano.it

Fondazione Studio Museo Vico Magistretti. Enkelin Margaret führt durch das Atelier des berühmten Designers (gestorben 2006). Di 10–18 Uhr, Do 14–20 Uhr, Sa 14–18 Uhr, Via Conservatorio 20/Eingang Via Vincenzo Bellini 1, 20122 Mailand, Tel. 02/76 00 29 64, www.vicomagistretti.it

ESSEN UND TRINKEN

Café Marotin. Nettes Nachbarschaftscafé mit französischem Flair. So geschl., Via Archimede 59, 20129 Mailand

Da Giacomo. Bei VIPs beliebte Speiseadresse. Via B. Cellini, Ecke Via Sottocorno 6, 20129 Mailand, Tel. 02/76 02 33 13, www.giacomomilano.com

ÜBERNACHTEN

B&B Foresteria Monforte. Drei geschmackvolle Zimmer in einem Apartmenthaus von 1920.

Mariangela del Favero bewirtet im Marotin.

Das charmante Hotel Chateau Monfort passt ins Viertel.

Piazza Tricolore 2, 20129 Mailand, Tel. 0039/3 35/6 09 04 47 (mobil), www.foresteriamonforte.it

Chateau Monfort. Charmant-luxuriöses Palais-Hotel, in dem man sich zum Nachmittagstee trifft. Corso Concordia 1, 20129 Mailand, Tel. 02/77 67 61, www.hotelchateaumonfort.com

Townhouse 33. In den Townhouse-Hotels ist es, als wohnte man in Mailand, hier in einer eleganten Anlage mit Innengarten. Via Carlo Goldoni 33, 20129 Mailand, Tel. 02/91 43 76 35, www.townhouse.it/th33/it

AUSGEHEN

Nottingham Forest. Eine stadt- wenn nicht weltbekannte Cocktailbar. Viale Piave 1, 20129 Mailand

EINKAUFEN

Outlet Il Salvagente. Der Rettungsring für Fashion-victims, seit 1978 der beste Outletladen für edle Markenware mit 20 bis 80 % Rabatt, versteckt in einer Wohnstraße in einem Hinterhof. Via Fratelli Bronzetti 16, 20129 Mailand, www.salvagentemilano.it

PORTA VENEZIA – PORTA ROMANA

39 Die Villa Necchi Campiglio
Schöner Wohnen in den Dreißigerjahren

Diese einzigartige Villa ist längst kein Geheimtipp mehr, und dennoch strahlt sie eine stille Abgeschiedenheit und eine unprätentiöse Exklusivität aus, die dem Besucher immer wieder das Gefühl vermitteln, gerade einen sehr besonderen Ort entdeckt zu haben. Angesichts des großzügigen Parks mit Skulpturen, Pool und Tennisplatz sowie einem Café kann man kaum glauben, dass man sich mitten in der Mailänder Innenstadt befindet.

Es ist den letzten Besitzerinnen zu verdanken, den kinderlosen Schwestern Nedda Necchi und Gigina Necchi Campiglio, dass dieses Industriellendomizil 2008 zu einem Casa Museo wurde: Sie vermachten die Villa dem FAI, dem Fondo Ambiente Italiano, einem privaten, 1975 in Mailand gegründeten Denkmalschutzverein. Seit 2008 ist sie für Besucher geöffnet.

Architekt Piero Portaluppi

Ein Großteil des Reichtums der Eheleute Angelo Campiglio und Gigina Necchi war dem Erfolg der Nähmaschine Necchi zu verdanken, übrigens heute noch die wichtigste Nähmaschinenmarke in Italien. 1932 beauftragten sie den Architekten Piero Portaluppi (1888–1976) mit dem Bau ihres Domizils, hier im östlichen Teil der Innenstadt, dem alten Borgo di Porta Orientale, einem der besten Wohnviertel der Stadt, in dem sich ehemalige Klostergärten, Adelsvillen und neue Bürgerhäuser mischten. Portaluppi war stadtbekannt,

Mitte: Die Villa Necchi Campiglio ist ein Gesamtkunstwerk.
Unten: Selbst Stilmöbel aus anderen Zeiten fügen sich ins Wohnkonzept ein.

Die Villa Necchi Campiglio

seinen Bauten begegnet man an vielen Orten, etwa dem Aquarium im Parco Sempione (1930) oder der gewaltigen Wohnanlage am Corso Venezia 62–64 (1930). Auch Bauten im Auftrag des faschistischen Regimes gehen auf sein Konto, wie der Palazzo dell'Arengario am Domplatz und die Casa del Fascio an der Piazza San Sepolcro.

Ganz anders diese Villa von 1935: Hier spürt man die Freiheit und Modernität des Baumeisters, Elemente neuer Sachlichkeit und des Art déco mischen sich zu einer einzigartigen zeitgenössischen Eleganz. Man merkt, wie er ausprobieren darf, Messingrahmungen, Fußböden aus Nussholzparkett, Wandverkleidungen aus gewalztem Leder. Er entwirft Verandamöbel, Treppengeländer, Schiebetüren, Schrankwände, Aufzüge und schicke Badezimmer in schwarzem Marmor, genauso wie die Küche, Anrichten und generöse Zimmer für die Dienstboten. Das Schwimmbad ist der erste beheizte Privatpool der Stadt, und mit Gästen aus den spanischen und bulgarischen Königshäusern wird die Villa zum Treffpunkt der High Society.

Nach dem Krieg

Die gedämpfte Stimmung nach dem Krieg verlangt nach rückwärtsgewandter Behaglichkeit, das Mailänder Bürgertum richtet sich mit Antiquitäten aus dem 19. Jahrhundert ein, so auch hier, es kommen Stofftapeten und Boiserien hinzu. Das mag dem Puristen weh tun, dennoch, als eindrucksvolles Stilbeispiel großbürgerlichen Lebens des letzten Jahrhunderts bewahrt die Villa ihre ganze Wirkung. Nicht umsonst wurde sie 2010 zum idealen Set für den Film *Io sono l'amore* von Luca Guadagnino und mit Tilda Swinton, über eine Industriellenfamilie und die Brüchigkeit ihrer Fassade. Der FAI nutzt sie zudem für interessante Kulturevents.

Infos und Adressen

SEHENSWÜRDIGKEITEN

Casa Necchi Campiglio. Zwei Kunstsammlungen beherbergt die Villa: antike Möbel und Gemälde von Canaletto und Rosalba Carriera des Textilindustriellen Alighiero de' Micheli sowie Werke von Meistern der ersten Hälfte des italienischen Novecento wie Carlo Carrà und Skulpturen von Adolf Wildt der Galeristin Claudia Gian Ferrari. Ein Bookshop sowie ein hübsches Café runden den Besuch ab. Mi–So 10–18 Uhr, Via Mozart 14, 20122 Mailand, www.casemuseomilano.it

Istituto dei Ciechi di Milano. In dem großen Gebäude von 1892, dem Mailänder Blindeninstitut gleich neben der Villa Necchi Campiglio, finden interessante Initiativen statt, die einem die Sinneswahrnehmung von Menschen, die nicht sehen können, nahe bringen, durch Veranstaltungen in totaler Dunkelheit, wie Aperitif, Essen oder Theater. Italienischkenntnisse sind Voraussetzung. Via Vivaio 7, 20122 Mailand, www.dialogonelbuio.org

Das hübsche Café im Garten der Villa

PORTA VENEZIA – PORTA ROMANA

40 Um die Università Ca' Granda
Zwischen Porta Vittoria und Porta Romana

Aus dem Innenstadtkern um die Piazza del Duomo kommend, erstreckt sich das »Tortenstück« zum Südosten hin zwischen den ehemaligen Stadttoren, der heutigen Porta Vittoria und der alten Porta Romana. Hier befinden sich die Universität Ca' Granda in den grandiosen Bauten eines ehemaligen Spitals, alte Kirchen, Zeugnisse der jüngeren Geschichte, der riesige Justizpalast und das Kindermuseum in einer klassizistischen Rotunde.

Südlich des Corso Vittorio Emanuele wirkt sich noch die Laden-Dichte aus. Hier haben die Bebauungspläne der Vergangenheit wenig Vergangenes übrig gelassen, nur den Erzbischöflichen Palast (14.–18. Jh.) und den Brunnen von 1782 von Giuseppe Piermarini an der Piazza Fontana. Im Gedächtnis bleibt die Piazza durch das rechtsextreme Bombenattentat vom 12.12.1969, bei dem 17 Menschen ums Leben kamen. An der Piazza Beccaria erhebt sich der Palazzo del Capitano di

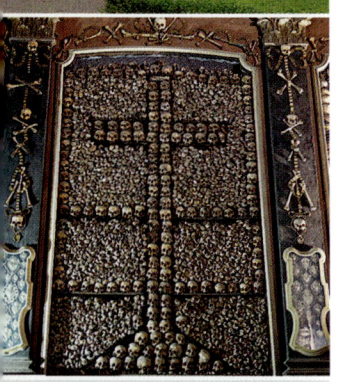

Mitte: Fast 300 m lang ist die Fassade (15. Jh.) des alten Spitals, heute Hauptsitz der Universität.
Unten: Weil der Friedhof zu klein wurde, hat man die Gebeine platzsparend gestapelt.

MAL EHRLICH

KLEINGELD PARAT

Die mit P gekennzeichneten supermodernen Automaten an den Bürgersteigen, an denen man sich den Parkschein besorgt, lassen sich mit Kredit- und Bancomatkarten bedienen. Das funktioniert aber oft nicht, da bedarf es des guten alten Bargelds, nur, Scheine nehmen die Automaten nicht, halten Sie also ein Säckchen Münzen bereit.

Um die Università Ca' Granda

Giustizia (16. Jh.), einst spanischer und Habsburger Prozess- und Hinrichtungsort und heute Sitz der Verkehrspolizei. Cesare Beccaria (1738–1794), dem hier ein Denkmal gewidmet ist, kämpfte als Strafrechtsreformer gegen die Todesstrafe. Ein paar Schritte weiter im Largo Corsia dei Servi hat der Bau einer Parkgarage den Rest der römischen Thermen von *Mediolanum* ans Licht geholt.

Chiesa San Bernardino alle Ossa

Zwei Kirchen stehen an der Piazza Santo Stefano, die mit Studenten und Fahrrädern die Uni ankündigt: San Bernardino alle Ossa, einst eine mittelalterliche Friedhofskirche. Daher rühren in der Cappella dell' Ossario auf der rechten Seite der Kirche die wohl geordneten Knochenstapel an den Wänden, ein unheimliches Bild, und darüber in der Kuppel der Himmel, der sich sogartig öffnet, ein Fresko von Sebastiano Ricci (1695). Die Kirche selbst zeigt sich heute im Barock. Die zweite Kirche ist die ursprünglich frühchristliche Basilica Santo Stefano Maggiore (5. Jh.), heute im eleganten Stil des 17. Jahrhunderts und Sitz des historischen Archivs der Mailänder Diözese.

Ca' Granda

Auf sage und schreibe 282 Metern erstreckt sich längs der Via Festa del Perdono das einstige Ospedale Maggiore, Ca' Granda genannt, ein großes Haus mit langer Baugeschichte: Der rechte Teil ist aus dem 15. Jahrhundert, als Francesco Sforza das Zentralspital in Auftrag gab. Der mittlere Baukörper mit Terrakotta-Verzierungen stammt aus dem 17. und der linke, klassizistische, aus dem 18. Jahrhundert. Das barocke Hauptportal, von den Schutzpatronen der Stadt, Ambrosius und Carlo Borromeo, flankiert, führt in den eindrucksvoll weitläufigen Innenhof mit einem doppelläufigen

AUTORENTIPP!

L'ARABESQUE UND LA RÊVERIE

Die Verkäuferinnen sehen aus bzw. sind gekleidet, als wären sie Freundinnen von Leslie Caron oder Audrey Hepburn. Hier triumphiert das hochwertige Schneiderhandwerk, man stellt es sich als Atelier vor, in dem diese wunderschönen Kreationen vorbeidefilieren, eben von Audrey Hepburn oder Lauren Bacall getragen. Weiß und Schwarz dominieren diesen Stil von Chichi Meroni, die sich ihre Inspiration von den Zwanziger- bis Sechzigerjahren holt, von Givenchy, Balmain, Dior, Cardin – alles von erlesenem Geschmack. Dazu passen die Schuhe, der Schmuck, die Taschen und Parfums. Auch der männliche Begleiter kann sich hier passend einkleiden.

L'Arabesque. Largo Augusto 10, Tel. 02/76 01 48 25, 20122 Mailand, www.larabesque.net. Nur ein paar Schritte weiter, am Corso di Porta Vittoria 5, befindet sich das Atelier, in dem auch individuell geschneidert wird. Tel. 02/77 33 13 64

PORTA VENEZIA – PORTA ROMANA

Portikus. Nach dem Krieg baute Piero Portaluppi das stark beschädigte Krankenhaus zur humanistischen Universität um, die vielen weiteren Innenhöfe laden zum Spazieren ein.

Via San Barnaba

Im Rücken von Ca' Granda führt die Via San Barnaba am hübschen Giardino di Guastalla vorbei, die andere Straßenseite flankieren die Kirche Santi Paolo e Barnaba und die Mauer des Konvents Santa Maria della Pace, heute Sitz der Kultur- und Sozialvereinigung Società Umanitaria mit Kirche (nicht zugänglich) und Kreuzgängen (mit angesagtem Café). Gegenüber erhebt sich der mächtige Justizpalast aus den Dreißigerjahren (1932–1940). Noch ein paar Schritte weiter und man kommt zur Rotonda della Besana, der ehemaligen spätbarocken Krankenhauskirche (heute das Kindermuseum) in einem kreisförmigen Bogengang mit lauschigem Garten und Café.

Am Corso di Porta Vittoria

An der Frontseite des wuchtigen Justizpalastes aus faschistischer Zeit verläuft der Corso di Porta Vittoria, eine der Achsen, die aus dem Innenstadtkern herausführen zu den Stadtringen. An der Ecke zur Via Francesco Sforza steht der schöne Palazzo Sormani aus dem 16. Jh, heute Sitz der Stadtbibliothek. Gegenüber lädt das Traditionscafé Taveggia zur Pause ein. Die gewaltige Frontfassade des Justizpalastes beherrschen die Porträts der beiden von der Mafia ermordeten Staatsanwälte Giovanni Falcone und Paolo Borsellino. Der Corso endet an der Piazza Cinque Giornate mit dem monumentalen Obelisken (1894), der den kurzen, aber für das Stadtbewusstsein wichtigen Sieg über die Österreicher im März 1848 feiert – seither Porta Vittoria genannt, das Siegestor.

Oben: Blick vom Dachrestaurant des Kaufhauses Coin auf die Piazza Cinque Giornate.
Mitte: Der Bogengang kreist um die Rotonda della Besana.
Unten: In dem hübschen Bau der Rotonda befindet sich heute das Kindermuseum.

Um die Università Ca' Granda

Infos und Adressen

SEHENSWÜRDIGKEITEN

Sant'Antonio Abate. An der Via Sant'Antonio parallel zur Ca' Granda stößt man auf die Kirche Sant'Antonio Abate, eine mittelalterliche Konventskirche und heute reich mit Stuckaturen und Malereien des 17. Jhs. geschmückt.

San Pietro in Gessate. In der an einem mit Bäumen bestandenen Plätzchen gegenüber dem Justizpalast gelegenen Backsteinkirche lohnen die Fresken in der Cappella Grifi (15. Jh.) zum Leben des Ambrosius einen Abstecher. Piazza San Pietro in Gessate 2, 20122 Mailand

ESSEN UND TRINKEN

La Vecchia Guardia. Hinter Ca' Granda im heutigen Krankenhausviertel bietet die freundliche Trattoria schmackhafte Küche, ein Insidertipp. Mo geschl., Via della Commenda 21, 20122 Mailand, Tel. 02/5 51 02 79

Nettare dei Santi. In diesem gemütlichen Bistro in dem ruhigen Seitensträßchen am Corso di Porta Romana werden erstklassige Weine aus dem Anbaugebiet bei Pavia ausgeschenkt.
Via San Calimero 7, 20122 Mailand,
Tel. 02/58 32 74 30

Feinste Vintage-Mode im L'Arabesque

Re Fosco. Gleich nebenan: nette Bar mit leckerem Essen oder Trinken, im Sommer auf der beschaulichen Gasse. Via San Calimero 7, 20122 Mailand, Tel. 02/36 63 30 79

Taveggia 1909. Schönes Traditionscafé mit feiner Patisserie. Via Umberto Visconti di Modrone 2, 20122 Mailand, www.taveggia.it

EINKAUFEN

COIN. Kaufhaus mit Mode und Home-Design, Eataly-Food-Abteilung und dem Dachrestaurant Globe, ein Aperitif- und Brunchtreff mit grandiosem Ausblick. Piazza Cinque Giornate 1/A, 20122 Mailand

An der Via Monte Nero: Hier verlief im 16. Jh. die spanische Stadtmauer.

PORTA VENEZIA – PORTA ROMANA

41 Um die Porta Romana
An der antiken Straße nach Rom

Südlich von Ca' Granda schließt sich das nächste »Tortenstück« an, das Viertel um den Corso di Porta Romana, die Straßenachse, die aus der Römerstadt *Mediolanum* einst hinausführte Richtung Rom. Die antiken Laubengänge gibt es natürlich nicht mehr, dafür viele Läden und um die Porta Romana mit den Resten der spanischen Stadtmauer haben sich nette Lokale angesiedelt, darunter sogar ein idyllischer Bauernhof.

An der Piazza Missori mit eher grauen Bauten aus den Dreißiger- und Fünfzigerjahren beginnen zwei Straßenachsen: Der Corso d'Italia mit interessanter Bebauung der Jahrhundertwende (19./20. Jh.) führt an das nicht mehr existierende Stadttor Porta Lodovica heran. Und der Corso di Porta Romana, die antike Straße nach Rom, die damals von Portikusbögen gesäumt war, unter denen Läden, Werkstätten und Wirtshäuser die Reisenden empfingen. Heute fällt als Erstes das Hochhaus Torre Velasca auf, das hinter den Dächern hervorragt: ein Emblem der Moderne der Fünfzigerjahre, vom renommierten Architekturbüro BBPR 1956–1958 als Büro- und Wohngebäude errichtet, von den einen als kühne Betonkonstruktion gefeiert, von den anderen als Haus mit den Hosenträgern verspottet, aber aus der Stadtlandschaft nicht mehr wegzudenken.

Ein paar Schritte weiter und man stößt auf die große Kirche San Nazaro Maggiore, eine der vier Kirchen (wie auch Sant'Ambrogio und San Lorenzo Maggiore), die von Bischof Ambrosius gegründet worden waren. Die Kirche beginnt mit der Renais-

Mitte: Um die Porta Romana wohnen viele junge Leute, die frisch einkaufen.
Unten: Eine hübsche Ecke mit Lokalen und Graffiti

Um die Porta Romana

sancekapelle, die sich Gian Giacomo Trivulzio, Marschall im Dienste der Franzosen, um 1512 als Familiengrab bauen ließ. Das zentrale Kirchenschiff hat die Ausmaße der frühchristlichen Gründung, die Apsiserweiterung kam im 12./13. Jahrhundert hinzu, das Innere ist ein Schichtwerk aller Zeiten, mit einer Rückrestaurierung ins Mittelalter. Was bleibt, ist ein beeindruckendes Ganzes von sakraler Dichte.

Writer in der Via San Calimero

An der Straßenkreuzung der Via Francesco Sforza mit der Via Santa Sofia ist der Ring erreicht, an dem sich im Mittelalter die Stadtmauer entlangzog, die Cerchia dei Navigli. Ca' Granda und die Studenten sind nicht weit, so auch das heutige Krankenhaus. Eine beschauliche Ecke ist die kurze Seitenstraße Via San Calimero, verkehrsberuhigt, mit Straßencafés, der Basilica San Calimero (5.–17. Jh.) und einem interessanten Apartmenthaus von 1924. Die Mauer an der Straße (dahinter ein Ordenshaus) ist heute eine der Streetart-Flächen der Mailänder Writerszene.

Die Spanische Stadtbefestigung

Das Stadttor Porta Romana auf der Piazza delle Medaglie d'Oro war Teil des spanischen Bastionsrings, der sich elf Kilometer lang um die Stadt legte, im 16. Jahrhundert damit die längste Stadtmauer Europas. Im 19. und Anfang des 20. Jahrhunderts weitgehend abgetragen, lassen sich eindrucksvolle Mauerstücke noch längs der Ringstraßen Viale Filippetti und Viale Beatrice d'Este ausmachen. Nördlich der Porta am Viale Monte Nero sind aus Mauerresten zwei kleine Grünanlagen geworden. Über die Porta hinaus schließen sich Wohnstraßen mit netten Lokalen an, und mittendrin der Bauernhof Cascina Cuccagna, in der Neubelebung von Bäuerlichem vor den Mietskasernen ein Sinnbild der Stadt.

Infos und Adressen

SEHENSWÜRDIGKEITEN
Cascina Cuccagna. Der Bauernhof ist ein idyllischer Nachbarschaftstreff mit Hofladen, Café und dem Biorestaurant Un Posto a Milano.
Via Cuccagna 2 / Ecke Via Muratori, 20135 Mailand, Tel. 02/5 45 77 85, www.unpostoamilano.it

ESSEN UND TRINKEN
Giulio Pane e Ojo. Taverne mit römischer Küche. Via Muratori 10, 20135 Mailand, Tel. 02/5 45 61 89, www.giuliopaneojo.com

Pastamadre. Morgens gibt es Brioche, abends sizilianische Küche. Via Bernardino Corio 8, 20135 Mailand, Tel. 02/55 19 00 20

ÜBERNACHTEN
Hotel Five. Cityhotel mit gutem Preis-Leistungs-Verhältnis. Corso Lodi 4, 20135 Mailand, Tel. 02/58 31 33 31, www.hotelfive.it

AUSGEHEN
Lacerba. Food & Drink bis spät abends, erstklassige Cocktails. Via Orti 4, 20122 Mailand

EINKAUFEN
Suede. Ausgefallene Marken, ein Tipp von stilbewussten Mailänderinnen. Corso di Porta Romana 23, 20122 Mailand, www.suede.it

AKTIVITÄTEN
Terme di Milano. Spa an der spanischen Stadtmauer. Piazza Medaglie d'Oro 2, 20135 Mailand, www.termemilano.com

VOM ABENDMAHL ZU DEN NAVIGLI

42 Das berühme Abendmahl 222

43 Das Museum »Leonardo da Vinci« 228

44 Um San Lorenzo Maggiore 232

45 Um die Porta Ticinese 238

46 Die Navigli 244

47 »Design District Tortona« 250

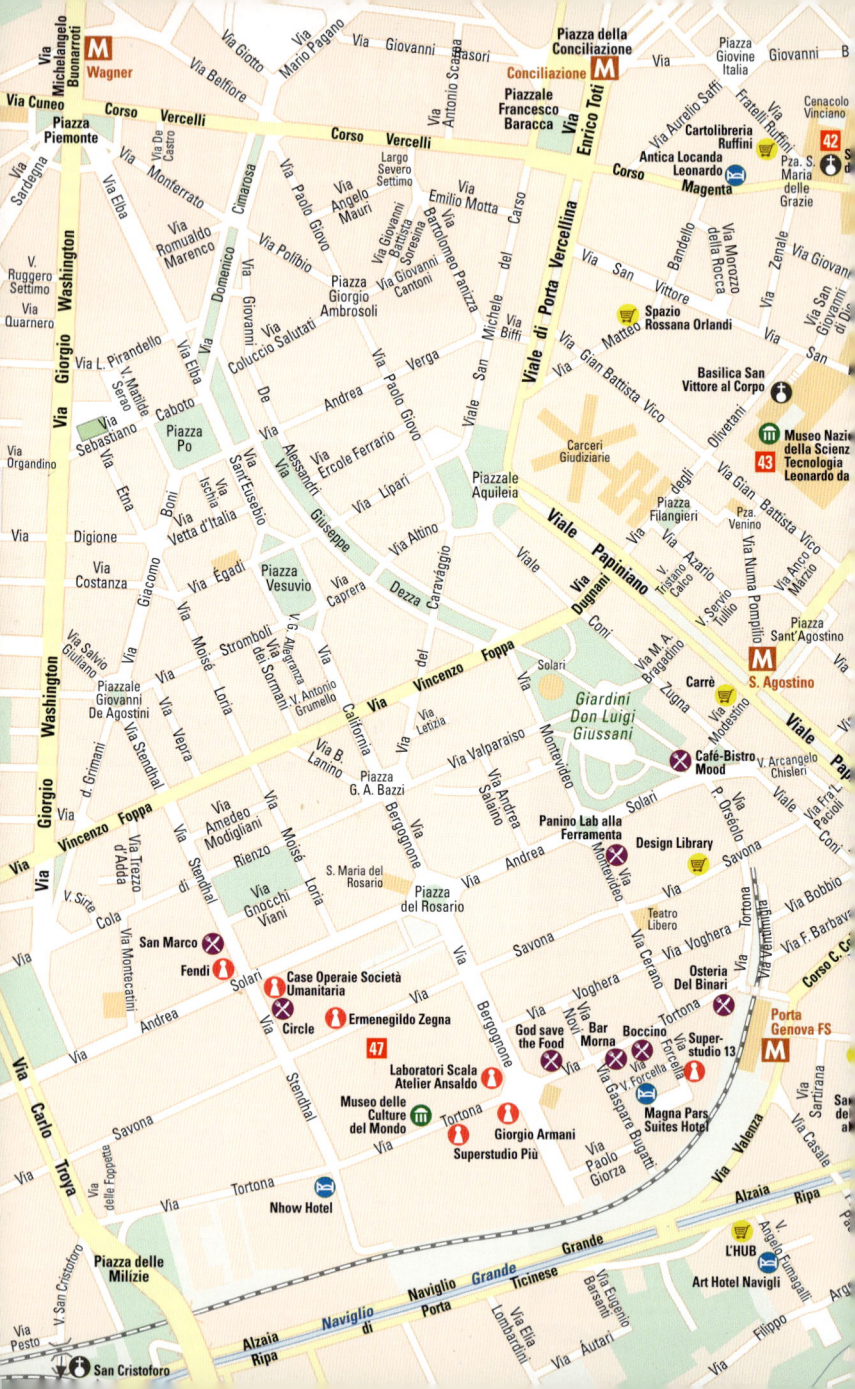

VOM ABENDMAHL ZU DEN NAVIGLI

42 Das berühmte Abendmahl
Im Refektorium an der Basilika Santa Maria delle Grazie

Die Abendmahlszene, die Leonardo da Vinci an die Wand des Speisesaals des Konvents malte, ist nicht nur die weltweit berühmteste Darstellung dieser letzten Tafel von Jesus inmitten seiner Jünger. Nach seiner Italienreise äußerte sich Goethe voller Bewunderung über den intensiven Ausdruck der Figuren. Das Wandgemälde ist auch deshalb so berühmt, weil es fast einem Wunder gleicht, dass es trotz seines extrem fragilen Zustands in unserer Zeit angekommen ist.

Der Corso Magenta ist eine der wichtigsten Straßen Mailands. In römischer Zeit verlief hier der *Decumanus*, die Hauptachse von *Mediolanum*. Hier lagen der kaiserliche Palast und das Amphitheater, wie es das Museo Archeologico am Corso Magenta zeigt (s. S. 124). Im 15. Jahrhundert entstand hier auch das Kloster San Maurizio Maggiore für die Töchter des Adels und Ende des 19. Jahrhunderts siedelte sich das aufstrebende Bürgertum an. Eine der besten Adressen ist der Corso mit den umliegenden feinen Wohnstraßen auch heute noch. Man merkt das sonntags, wenn die Golden Retriever und Möpse ausgeführt werden, der Parco Sempione ist nicht weit, und viele der umliegenden Straßen mit ihren stattlichen Wohnblöcken sind von Bäumen gesäumt, wie zum Beispiel die dichte Platanenallee Via Vincenzo Monti ganz in der Nähe. Auch befinden sich hier erstklassige Gymnasien, und der Sonntagsmesse wohnt man natürlich in der Kirche Santa Maria delle Grazie bei, die seit 1980 zum Weltkulturerbe zählt.

S. 218/219: An der Basilika San Lorenzo Maggiore trifft sich die Mailänder Jugend.
S. 222: Der Apsisbau macht die Renaissancekirche Santa Maria delle Grazie einzigartig.

Das berühmte Abendmahl

Die schönste Renaissancekirche

Im Wechselspiel von hellem Marmor, rötlichen Ziegeln und Terrakotta, von Längs- und Rundfenstern, die viel Licht hereinlassen, von Gewölben, Bögen, Säulen, Rotunden und der Kuppel liegt die Harmonie der Proportionen, für die die Baukunst der Renaissance berühmt ist. Man erkennt beide Bauphasen der Basilika: Die typisch lombardische Giebelfassade aus Backstein und die drei Kirchenschiffe, die jeweils von elegant geschwungenen, fein dekorierten Kreuzgewölben überspannt sind, gehören der ersten Phase an. Graf Gasparo Vimercati, mächtiger Heerführer unter Francesco Sforza, hatte dem Dominikanerorden ein Baugelände mit einer Marienkapelle, darin ein heute noch verehrtes Gnadenbild (1. Hälfte 15. Jh.), geschenkt. Um 1460 begann Guiniforte Solari, damals ein hochbeschäftigter Baumeister, der am Dom am Spital Ca' Granda und an der Kartause von Pavia mitgearbeitet hatte, mit dem Bau des neuen Konvents. Die Marienkapelle baute er in die neue große Kirche ein, am Ende des linken Seitenschiffs.

Grabkirche der Sforza-Familie

Ludovico Il Moro, als Vormund des jungen Neffen Gian Galeazzo Nachfolger von Francesco und von 1480 bis 1499 der mächtige Signore über das norditalienische Herzogtum der Sforza, wollte die Kirche als Familienmausoleum nutzen (was später die Certosa di Pavia wurde), dafür sollte sie noch schöner werden: Ab 1492 wurde der neue Apsisbereich errichtet. Il Moro hatte das kulturelle Fieber der Renaissancefürsten gepackt, er wollte sein wie die Medici in Florenz, die Gonzaga in Mantova oder die Montefeltro in Urbino.

Ob der Baumeister nun Donato Bramante war, der große Architekt aus Urbino, ist nicht geklärt, gewiss

AUTORENTIPP!

CARTOLIBRERIA RUFFINI

Ein paar Schritte von der Piazza Santa Maria delle Grazie entfernt geht es hinein in diesen wunderbaren alten Papierladen. Ein freundlicher weißhaariger Herr zeigt voller Stolz die schönen Papiere, ihre Muster, ihre Strukturen. Papiere zum Einpacken von Geschenken und zum Schreiben und Malen. Im Hinterraum sieht man alte Druckmaschinen, mit denen (immer noch) Heftchen, Karten, Kalender und Alben mit Mailand-Ansichten, vor allem aber mit Ansichten des *Abendmahls* von Leonardo da Vinci bedruckt werden. Ideale Souvenirs. Hier decken sich auch die 1700 Schüler vom katholischen Elitekolleg San Carlo, mit Grundschule und Gymnasium, mit Schreibzeug ein und bestellen ihre Schulbücher. Gleich gegenüber von Santa Maria delle Grazie erzieht diese Schule seit 1869 die Kinder der Mailänder Upper Class.

Cartolibreria Ruffini. Via Fratelli Ruffini 1, 20123 Mailand

VOM ABENDMAHL ZU DEN NAVIGLI

AUTORENTIPP!

SPAZIO ROSSANA ORLANDI
Man muss schellen und warten, bis das Tor aufgeht und einen in den verwunschenen Hinterhof hineinlässt. Hier tut sich in einer ehemaligen Krawattenfabrik das Universum der Rossana Orlandi auf, Wunderkammer und Topadresse für ein ausgefallenes Sortiment an Designobjekten und Möbeln, aus Holland (etwa Maarten Baas), Lateinamerika, Kroatien und natürlich Italien. Designer, die die unterschiedlichsten Materialien mixen, recyceln und Anregungen geben für Stile abseits des Mainstreams. Und wieder typisch für Mailand: Hinter einem geschlossenen unscheinbaren Tor in einer Wohngegend in der Innenstadt verbirgt sich eine Welt aus Stilsicherheit und Liebe zu schönen Dingen, hier in einer besonders originellen und mutigen Version und mit einer starken Persönlichkeit dahinter.

Spazio Rossana Orlandi. Via Matteo Bandello 14–16, 20123 Mailand, www.rossanaorlandi.com

ist aber, dass seine klare mathematische Schönheit hier umgesetzt wurde – im Stil von Bramante. Die Proportionen des grandiosen Apsisbereichs sieht man besonders gut von der Via Caradosso aus. Der kleine Kreuzgang daneben bezaubert mit seinen grazilen Säulen und Bögen, seinen im Frühjahr blühenden Magnolien und dem Brunnen mit vier Bronzefröschen. Im Kircheninnern sind die Seitenkapellen mit Malerei geschmückt, viele Werke der norditalienischen Künstler des 15. und 16. Jahrhunderts finden sich hier, ein Beispiel ist die 4. Kapelle im rechten Seitenschiff, die Gaudenzio Ferrari (1477–1546), ein Schüler von Leonardo da Vinci, mit Szenen aus dem Christusleben eindrucksvoll ausmalte.

Leonardo da Vinci kommt nach Mailand

In einem Brief von 1482 hatte er Ludovico Sforza seine Dienste angeboten, als Ingenieur, Maler und Musiker. Nach über zehn Jahren Lehr- und Meisterjahren in Florenz (um 1470–1481/82) war Leonardo auf der Suche nach einem Fürsten, dessen Hof ihm freies Schaffen zusichern konnte, sehr zu Ludovicos Freude. Der Meister aus der Toskana war schon zu seinen Lebzeiten (1452–1519) in aller Munde, als Wissenschaftler auf allen damals bekannten Gebieten, als Ingenieur von Wehranlagen, Kanalsystemen, Brücken, selbst als »Art Director« für höfische Festlichkeiten. Einen Einblick in sein Schaffen bekommt man in Italiens größtem und natürlich nach ihm benannten Technikmuseum hier in Mailand (s. S. 228). Im universellen Menschheitsgedächtnis ist er verewigt als Schöpfer des berühmtesten Frauenbildnisses aller Zeiten, der lächelnden *Mona Lisa*, sowie der berühmtesten Abendmahldarstellung aller Zeiten, hier im Refektorium neben der Basilica Santa Maria delle Grazie. Im Jahr 1495 beauftragte Il Moro

den »Maestro Leonardo Fiorentino, in Milano« mit der Ausmalung des klösterlichen Speisesaals.

Das Neue an diesem Fresko

Die künstlerische Darstellung des letzten Abendmahls in den Refektorien der Klöster war damals ein Königsthema. Wie neu Leonardos *Cenacolo* war, das begriffen die Zeitgenossen sofort. Auf radikale Weise wendete er die perspektivischen Koordinaten an, die die Renaissance hervorgebracht hatte: Im Gemälde (9,04 Meter lang, 4,22 Meter hoch), das die Nordwand des Refektoriums einnimmt, setzt sich der Raum fort, als säßen Jesus und seine Jünger in der Verlängerung des Speisesaals der Dominikaner. Und den Judas setzte er zwischen die anderen, nicht wie sonst isoliert und damit schon als Verräter identifiziert. Schließlich erzählt die Szene den Moment, in dem Jesus seinen Tafelgenossen verkündet, dass einer unter ihnen ihn verraten werde. Das macht dann auch die Bestürzung der Jünger glaubhaft, die hier in Gestik und Mimik in dynamisch kommunizierenden Dreiergruppen so authentisch wie nie zuvor dargestellt sind, denn Leonardo als wissenschaftlich orientiertem Menschen ging es um die Wahrhaftigkeit. Er soll auf der Straße nach realen Gesichtern gesucht haben, als Vorlagen für seine Skizzen und Charakterstudien. Daher dauerte die Fertigstellung zum Verdruss der Dominikaner und des Fürsten drei Jahre.

Oben: Das Spiel aus Gestik und Mimik übt ungebrochene Faszination aus.
Unten: Die elegante Apsis bezaubert auch im Innern.

Oben: Der Kreuzgang des Konvents mit Magnolien und Brunnen.
Unten: Jedes Detail trägt zum Gesamtkunstwerk bei.

Die Rettung des Freskos

Diese lange Zeit, die da Vinci für die Fertigstellung benötigte, ist auch ein Grund für die Empfindlichkeit des Wandgemäldes. Bei seiner bedächtigen feinsinnigen Malerei konnte Leonardo nicht die schnell trocknende Freskotechnik mit Ölfarben auf dem frischen Wandverputz anwenden, vielmehr musste er a secco malen, mit Temperafarben auf Gipsgrundierung. Der Verfall setzte bald ein durch die faulige Wandfeuchtigkeit, unsachgemäße Restaurierungen, die ätzende Luft, als der Speisesaal als Stall diente, und die Bomben des Zweiten Weltkriegs, unter denen die Wand des Abendmahls wundersamerweise stehen blieb. Sehr früh schon sah man die Notwendigkeit, Kopien anzufertigen, eine berühmte ist die, die Erzbischof Federico Borromeo 1618 beim Maler Vespino für seine Pinacoteca Ambrosiana in Auftrag gab. Die letzte Restaurierung, nach modernsten Techniken, zwanzig Jahre dauernd, bis 1999 – Rekord für ein Gemälde –, hat das Kunstwerk aus den Schichten der Jahrhunderte hervorgeholt und vermittelt eine Ahnung von der feinen Charakterisierung der Figuren und den Farben des Gemäldes.

Das berühmte Abendmahl

Infos und Adressen

SEHENSWÜRDIGKEITEN

Basilica Santa Maria delle Grazie. Sie liegt im Westen der Innenstadt an der gleichnamigen Piazza zwischen dem Corso Magenta und der Via Caradosso, 20123 Mailand. Mo–Sa 7–12, 15–19.30 Uhr, So 7.30–12.30, 15.30–21.00 Uhr, www.grazieop.it

Cenacolo Vinciano. Der Eingang zum *Abendmahl* befindet sich links neben der Kirche. Besuch im Voraus anmelden, entweder unter Tel. 02/92 80 03 60 oder online unter www.cenacolovinciano.net.
Viele Infos zum *Cenacolo* und zum Kirchenkomplex, beide seit 1980 auf der Liste des UNESCO-Weltkulturerbes, auf www.das-letzte-abendmahl.de. Di–So 8.15–19 Uhr, Piazza Santa Maria delle Grazie, 20123 Mailand

Sacrestia Monumentale del Bramante. Die alte Sakristei am Kreuzgang gehört in die Bramante-Phase um 1499. Man beachte die perspektivischen Bilder auf den Wandschränken und das in Kreuzbögen aufgefächerte Deckengewölbe. Hier, wie auch in der Biblioteca Ambrosiana (s. S. 112), werden noch bis Ende 2015 die originalen Skizzenblätter aus dem Codex Atlanticus von Leonardo da Vinci gezeigt. Di–So 8.30–19 Uhr, Mo 9.30–13, 14–18 Uhr, Eingang Via Caradosso 1, 20123 Mailand

Der Garten der Antica Locanda Leonardo

ESSEN UND TRINKEN

Bar Magenta. Diese Bar ist ein schönes großes, heute eher touristisches Kaffeehaus, mit Tischen, an denen Generationen Zeitung gelesen und Karten gespielt haben und an denen man heute auf sein Tablet schaut. Ecke Corso Magenta/Via Giosué Carducci 13, 20123 Mailand

ÜBERNACHTEN

Antica Locanda Leonardo. Alteingesessenes Hotel mit gutbürgerlichem Charme und hübschem Hofgärtchen. Corso Magenta 78, 20123 Mailand, Tel. 02/48 01 41 97, www.anticalocandaleonardo.com

Die stadtbekannte Bar Magenta

VOM ABENDMAHL ZU DEN NAVIGLI

43 Das Museum »Leonardo da Vinci«
Errungenschaften aus Wissenschaft und Technik

In einem ehemaligen Kloster ist Italiens wichtigstes naturwissenschaftlich-technisches Museum untergebracht, das Museo Nazionale di Scienza e della Tecnologia »Leonardo da Vinci«. Hier gibt es das erste italienische Auto von 1903 zu sehen, ein echtes U-Boot und den Labortisch von Nobelpreisträger Giulio Natta, an dem er das Verfahren zur Herstellung von Plastik entwickelte. Und, als besonderer Tribut, die Modelle der Erfindungen Leonardos.

Mitte: Modelle der Erfindungen von Leonardo da Vinci im Wissenschaftsmuseum
Unten: Die Eisen- und Straßenbahnen sind ein Höhepunkt des Museumsbesuchs.

Dass die Beobachtung der Natur zur Lösung technischer Probleme führt, hat kaum einer anschaulicher demonstriert als Leonardo da Vinci. Seine Experimente und Erfindungen, begleitet von Tausenden von Skizzenblättern, gehen auf die unablässige Erforschung der Natur und ihrer Gesetzmäßigkeiten zurück: unstillbare, leidenschaftliche Neugier eines »wilden Denkers«, wie ihn Maria Teresa Fiorio, die Kuratorin der großen Leonardo-Ausstellung von 2015, nennt. Dafür liebt ihn unsere Epoche, und Mailand erst recht. Denn auch wenn Leonardo in der Toskana geboren wurde, fand er in Mailand das Terrain für sein freies Schaffen, von 1481 bis 1499 während der Regentschaft von Ludovico II Moro und dann zwischen 1506 und 1513, als der französische König seine Gouverneure in Mailand installierte. Der König selbst lud ihn für die letzten drei Lebensjahre nach Frankreich ein, wo er auch begraben ist. Doch zuvor hatte er in Mailand seine Erfindungen und seine Erkenntnisse in wichtigen Projektkonvoluten gesammelt.

Das Museum »Leonardo da Vinci«

Gründung des Museums

In der zweiten Hälfte des 19. Jahrhunderts fanden überall in Europa die großen Schauen der technischen Errungenschaften statt, in Mailand 1881, und 1906, ebenfalls in Mailand, eine Weltausstellung. Der nächste Schritt war die Eröffnung eines Technikmuseums, um 1930 geplant, aber erst nach dem Krieg verwirklicht – in einer von Kriegsbomben beschädigten großen Kaserne im ehemaligen Olivetanerkloster San Vittore (16./17. Jh.), heute noch erkennbar an den Kreuzgängen und Freskenresten.

Fast alle Wissensbereiche

Natürlich möchte das Museum einen Überblick bieten über all das, was der Mensch bis heute erschaffen hat. Das erste Exponat auf der Eingangsebene M0 ist die *Centrale termoelettrica Regina Margherita*, das nach der italienischen Königin benannte Wechselstrom-Wärmekraftwerk, das ab 1895 bis zu 1800 mechanische Webstühle für Seidenstoffe antrieb.

Auf drei Ebenen verteilen sich die Themenbereiche, teils sehr interessant aufgebaut. Auf der oberen Ebene M1 finden sich zum Beispiel Rechenmaschinen, Computer, Zeitmesser und Exponate zur Telekommunikation, aber auch Musikinstrumente und Goldschmiedekunst. In der unteren Ebene M-1 wird die Gewinnung von Materialien und ihre Verarbeitung, von Stahl bis Plastik und Papier, gezeigt, die Gewinnung von Energie und vieles mehr. Auch aus dem Bio-, Nano-, Gen- und Neurobereich wird Neues vorgestellt.

»Galleria di Leonardo«

Unter den zahlreichen Modellen von da Vincis Erfindungen, die im langen Korridor der Ebene M1

AUTORENTIPP!

WAISEN IM PALAZZO DELLE STELLINE

Am Corso Magenta gegenüber der Basilica Santa Maria delle Grazie geht es in einen Komplex, den die Borromeo-Familie im 17. Jahrhundert als Waisenhaus errichten ließ. Heute befinden sich hier ein Hotel (www.hotelpalazzostelline.it), ein Kongresszentrum, Ausstellungsräume für moderne Kunst, ein Restaurant und ein Café. Vor allem aber lohnt sich das Museo Martinitt e Stelline, das die Geschichte der Waisenjungen- und -mädchen in Mailand erzählt. In Datenbanken kann man alte Dokumente, vor allem ausgewählte Lebensgeschichten aufrufen. Es gab Waisen, die sehr berühmt wurden, wie der Buchsetzer und spätere Verleger Angelo Rizzoli oder Leonardo del Vecchio, der heute der größten Brillenfirma der Welt vorsteht.

Museo Martinitt e Stelline. Di–Sa 10.30–18.30 Uhr, Corso Magenta 57, 20123 Mailand

aufgereiht sind, fallen neben Flug- und Kriegsapparaten die vielen Vorrichtungen auf, die sich mit der Kanalisierung von Wasser bzw. seiner hydraulischen Hubkraft befassen, dazu Baggersysteme und von Wasserschaufeln angetriebene Schiffe. Diese kamen auch im Bau des Mailänder Kanalsystems zur Anwendung. Reproduktionen seiner Skizzenblätter zeigen das Studium von Akustik, Optik, von Astronomie, Botanik und Anatomie. Nichts sollte ihm fremd bleiben. Hier verkörpert ein einzelner all das, was die Menschheit bis damals an Wissen errungen hatte, und eine Ahnung davon, was noch kommen würde.

Lokomotiven und ein U-Boot

In zwei weiteren Hallen auf dem Museumsgelände sind zahlreiche Exponate zur Entwicklung des Transportwesens zu Land, zu Wasser und in der Luft ausgestellt – Autos, Motorräder, Flugzeuge, zu denen ein Hubschrauber von 1877 gehört, Schiffsmodelle und vor allem die eindrucksvolle Sammlung von Dampf- und den ersten Elektrolokomotiven. Alte Straßenbahnen, die auf Modelle von 1928 zurückgehen, fahren heute noch im Mailänder Stadtverkehr.

Oben: Das U-Boot Enrico Toti (1967) vom Typ SSK, ein Submarine Submarine Killer.
Mitte: Für Leonardo war die Naturbeobachtung die Grundlage der Forschung.
Unten: Kühner Entwurf zur Zukunft aus der Vergangenheit.

Das U-Boot aus dem Jahr 1967, nach dem dekorierten Gefallenen Enrico Toti benannt, war das erste der italienischen Marine nach dem Krieg und befindet sich seit 2005 im Museum.

Das Museum »Leonardo da Vinci«

Infos und Adressen

SEHENSWÜRDIGKEITEN

Basilica San Vittore al Corpo. Zur ehemaligen Klosteranlage, heute das Wissenschaftsmuseum, gehört diese elegante Barockkirche mit reichem Stuckdekor und schönem Chorgestühl, am Museumsvorplatz. Hinter der Kirche schließen sich die Mauern des nach San Vittore benannten städtischen Gefängnisses an.
Via San Vittore 21, 20123 Mailand

Museo d'Arte e Scienza Gottfried Matthaes. Dieses interessante Privatmuseum nahe beim Castello Sforzesco befasst sich mit afrikanischer und buddhistischer Kunst und mit Erfindungen von Leonardo sowie seinem Traktat zur Malerei. Via Quintino Sella 4, 20121 Mailand, Mo–Fr 10–18 Uhr, www.museoartescienza.com

Museo Nazionale della Scienza e della Tecnologia »Leonardo da Vinci«. Von der Kirche Santa Maria delle Grazie sind es nur ein paar Schritte durch die elegante Via Zenale bis zum Museum. In der Museumsbar kann man etwas essen, im kleinen Garten picknicken, im Shop werden trickreiche Spiele und Erfinderkästen angeboten. Hinzu kommen ein Kinderprogramm, Workshops und Events. Sommer: Di–Fr 10–18 Uhr, Sa, So 10–19 Uhr, Winter: Di–Fr 9.30–17 Uhr,

Musikinstrumente im Wissenschaftsmuseum

Sa, So 9.30–18.30 Uhr, Via San Vittore 21, 20123 Mailand, für den Besuch des U-Boots Extrakarte und Anmeldung erforderlich unter Tel. 02/48 55 53 30, www.museoscienza.org

Wer noch mehr über Leonardo da Vinci erfahren möchte, kann die **AusstellungLeonardo3 – Il Mondo di Leonardo da Vinci** in der Galleria Vittorio Emanuele (s. S. 48) besuchen.

ESSEN UND TRINKEN

Simon's. Zwischen der Basilika Sant'Ambrogio und dem Wissenschaftsmuseum befindet sich dieses Lokal mit schmackhafter Küche, auch Pizza. Via San Vittore 6, Tel. 02/72 01 60 28, 20123 Mailand, www.ristorantesimons.com

Im Innern überrascht San Vittore mit einem Tonnengewölbe aus vergoldeten Kassetten.

VOM ABENDMAHL ZU DEN NAVIGLI

44 Um San Lorenzo Maggiore
Shopping und römische Säulen

Am südwestlichen Ende des Domplatzes beginnt eine beliebte innerstädtische Route, die lebhafte Shoppingmeile Via Torino, mit erstaunlichen Kirchen wie Santa Maria presso San Satiro und mit abseitigen Plätzen wie der barocken Piazza Sant'Alessandro. Schließlich ist die große Basilika San Lorenzo Maggiore erreicht, mit den römischen Säulen und dem mittelalterlichen Stadttor Porta Ticinese, wo sich abends die jungen Leute treffen.

Die Straßenbahn rattert über die Schienen, rechts und links tummeln sich die Shoppingbummler vor den Schaufenstern der Via Torino, zur Rechten öffnet sich die Via Spadari mit ein paar der feinsten Delikatessgeschäfte Mailands. An der Via Torino haben sich einige eher ausgefallene Globalplayer angesiedelt, etwa Kiehl's since 1851, die amerikanische Kosmetikkette im Apotheken-Look. Oder Muji mit den japanisch-minimalistischen Haus- und Büroutensilien und die lustige bunte Bits-and-Pieces-Welt der dänischen Kette Tiger. Die Italiener setzen natürlich auf Kulinarisches, so findet man hier die köstlichen Schokoladenkreationen von Cioccolati Italiani oder Panini mit Leckereien wie Bresaola, San-Daniele-Schinken, Taleggio-Käse oder Gorgonzola, die die Kette Panino Giusto jeden Tag frisch zubereitet. Dazwischen, im ersten Abschnitt der Straße, erhebt sich die Renaissancekirche Santa Maria presso San Satiro des großen Architekten Donato Bramante. Ihre frühchristliche Vorgängerkirche war San Satiro, dem Bruder des heiligen Ambrosius gewidmet, aus ihrer Zeit stammt der Kirchturm. Da der ele-

Mitte: Um die Via Torino mischen sich alte Bausubstanz und lebendiges Stadtleben.
Unten: Junge Leute, hippe Läden und Kunstinitiativen mitten im Zentrum.

Um San Lorenzo Maggiore

gante Innenraum unter einem monumentalen Tonnengewölbe mehr Weitenwirkung benötigte, täuschte Bramante in genialer perspektivischer Verkürzung einen ausgewölbten Altarraum aus Stuckdekor vor. Man muss nah herangehen, um den optischen Trick zu erkennen. In der Kapelle San Satiro beeindruckt eine Skulpturengruppe, die Beweinung Christi, aus Terrakotta (15. Jh.).

Piazza Sant'Alessandro

Man kommt an weiteren Kirchen, wie dem manieristischen Tempel San Sebastiano (Nr. 28), einer Votivkirche anlässlich der schlimmen Pest von 1576, oder ein paar Schritte weiter der Barockkirche San Giorgio al Palazzo, vorbei. Doch vorher, auf der Höhe von San Sebastiano, sollte man links in die Seitengassen abbiegen zur nahen Piazza Sant'Alessandro, eher eine verbreiterte Straße, an der ein intaktes Barockensemble überlebt hat, mit dem Adelspalais Trivulzio (1713) und der Kirche Sant'Alessandro. Viele fühlen sich hier ein wenig an Rom erinnert. Mit alten Steinplatten neu gepflastert, von Autos befreit, ist sie eine ruhige schöne Oase. Auf den Granitstufen der Kirche sitzen die Studenten der philosophischen Fakultät, die ihren Sitz im Palazzo links der Kirche hat, in den ehemaligen, 1609 gegründeten Scuole Arcimboldine. Intakter Barock ist auch das Innere der Kirche, mit seinem Dekor, seinen kostbaren Gemälden und den Beichtstühlen aus Steinmosaik.

Die Piazza Sant'Alessandro trifft auf die moderne Piazza G. Missori, auf der eine mittelalterliche Mauerruine auffällt, der Apsisrest der 1949 abgerissenen frühchristlich-romanischen Basilica San Giovanni in Conca: Unter dem Pflaster steigt man hinab in das noch intakte eindrucksvolle Säulengewölbe der Krypta. Hier standen ursprünglich die beiden wunderbaren Grabmäler von Bernabò Vis-

AUTORENTIPP!

02 ZERODUE

In der an Ausgehmöglichkeiten ziemlich reichen Gegend empfiehlt sich zum Beispiel dieses Restaurant. Das Ambiente strahlt zeitgenössisches Flair aus mit seiner Mischung aus weißen Wänden mit moderner Kunst, unverputzt rustikalen Ziegelmauern, hellem Trattoriagestühl und einem ebenfalls modernen Speisen- und entsprechendem Budgetmix: Auf der Karte finden sich Hamburger aus feinem Hack mit roten Tropea-Zwiebeln und Ingwer oder frische Salate aus Saisongemüse, neben dem knusprig panierten Mailänder Schnitzel oder mediterraner Pasta aus Hartweizenmehl und mit Meeresfrüchten. Das Lokal gefällt den Mailändern, auch als Treffpunkt zum Sonntagsbrunch mit kalten und warmen Gerichten, viel frischem Obst und Säften, deshalb sollte man unbedingt reservieren.

02 Zerodue. Corso di Porta Ticinese 6, 20123 Mailand, Tel. 02/89 42 02 41

AUTORENTIPP!

ENRICO RIZZI IM ATTIMI DI GUSTO

Die schöne Form des Made in Italy gilt nicht nur für Design und Mode, sondern auch für das Kulinarische: Enrico Rizzis Spielwiese ist das Dessert, die kleine süße Sünde, glückliche Geschmacksmomente. Das reicht vom mit Orangenkandis angereicherten Kastenkuchen bis zu bunten Macarons, von raffiniert gewürzten Schokoladenkreationen bis zu Eiscreme, im Sommer aus Früchten von Pfirsich bis Melone, im Winter mit Nüssen, Mandeln, Schokolade oder echtem Lakritz. Frisches Sorbet und Fruchteisgetränke, die *Granite*, erfrischen im Sommer. Und jeden Sonntag gibt es süßes Frühstücksgebäck und ofenfrische Brioches mit hauseigenen Marmeladen. Diese kann man hier auch kaufen, so auch erlesene Fruchtliköre und vieles mehr – alles natürlich wunderbar stylish dargeboten und verpackt.

Attimi di Gusto. Via Cesare Correnti 5, 20123 Mailand, www.attimidigusto.it

VOM ABENDMAHL ZU DEN NAVIGLI

conti und seiner Gattin Beatrice d'Este (14. Jh.), heute Prunkstücke im Museo d'Arte Antica im Castello (s. S. 136).

Ateliermuseum Francesco Messina

Zurück auf der Shoppingmeile Via Torino verführen kleine Seitenstraßen immer wieder zu Abstechern. Kurz vor der Kreuzung Carrobbio sieht man in der Seitengasse Via San Sisto eine restaurierte kleine Kirche, das ehemalige Atelier von Francesco Messina (1900–1995), einem der großen, auch international bekannten Bildhauer des 20. Jahrhunderts, Professor für Bildhauerei und Direktor an der Akademie Brera. Die Atelierkirche ist heute sein Museum und Ausstellungsraum für junge Künstler. Eine Gasse weiter trifft man sich zu Konzerten und Aperitif in Italiens berühmtestem Hostel, dem Ostello Bello.

An der Kreuzung Carrobio geht es weiter gen Süden auf dem lebhaften Corso di Porta Ticinese. Er ist nach den beiden Stadttoren benannt, denen man beim Bummel begegnet, dem ersten noch aus der Zeit der mittelalterlichen Befestigung, der Cerchia dei Navigli, dem zweiten am Ende des Corso an der Ringstraße, der Cerchia dei Bastoni, im 19. Jahrhundert, wie auch die Porta Garibaldi oder Porta Venezia, als Triumphtor klassizistisch neu gestaltet.

Die mittelalterliche Porta erhebt sich direkt im Anschluss an die große Basilika San Lorenzo Maggiore, hier verlief also die Stadtumfriedung des 12. Jahrhunderts, die damit das frühchristliche Gotteshaus, in römischer Zeit noch vor den Stadtmauern erbaut, ins Stadtgefüge mit einbezog. Schaut man von außen auf das alte Stadttor, entdeckt man über dem mittigen Torbogen ein helles Relief, auf dem der Stadtheilige Sant'Ambrogio kniend der Muttergottes ein Modell der Stadt zum Schutz entgegenhält (14. Jh.). Um die Porta brummt das Leben, zahlreiche Cafés füllen sich am Abend zum Aperitif.

San Lorenzo Maggiore

Doch bevor man an der Porta angelangt ist, zieht die mächtige Säulenphalanx längs der Straße alle Aufmerksamkeit auf sich: 16 römische, über acht Meter hohe Säulen mit korinthischen Kapitellen, die im 4. Jh. hier als Vorhof der Laurentius-Basilika aufgestellt worden waren und wohl aus einem römischen Tempel stammten. Denn bis hierher hatte sich das römische *Mediolanum* ausgebreitet, so wird man nur ein paar Schritte weiter südlich auf die Reste des römischen Amphitheaters stoßen. Vor allem im Sommer treffen sich viele junge Leute an den Sockeln der Colonne Romane zum abendlichen Chillen.

Diese dem heiligen Märtyrer Laurentius geweihte Basilika ist ein wichtiges Beispiel für die ersten, rein christlichen Kirchbauten in Europa, nicht mehr eine antike Hallenbasilika, sondern nun ein

Oben: San Lorenzo Maggiore beeindruckt mit der wuchtigen Form einer antiken Basilika.
Unten: Von der Wucht der 16 römischen Säulen lassen sich die jungen Leute nicht einschüchtern.

Oben: Im Innern zeigt sich der ehemals frühchristliche Tempel im imposanten Barockstil.
Unten: Das Fresko (um 1200) zeigt Kaiser Konstantins christlich bekehrte Mutter Helena (4. Jh.).

Zentralbau mit Kuppel, vergleichbar der Basilika San Vitale in Ravenna. Diese architektonische Grundstruktur hat die Basilika bis heute beibehalten, auch wenn sie im 16. und 19. Jahrhundert neu gestaltet wurde. Ihre Gründung um das Ende des 4., Anfang des 5. Jahrhundert im imperialen Viertel der noch römischen Stadt geht nicht, wie Sant'Ambrogio oder San Simpliciano, auf Bischof Ambrogio zurück. Vielmehr wird sie wohl als kaiserlicher Christentempel errichtet worden sein. Aus den frühchristlichen Anfängen stammen auch die achteckigen Außenkapellen, wohl Mausoleen, sowie der nordöstliche Kirchturm. Besonders nah an die Entstehungszeit führt die Cappella di Sant'Aquilino, im Innern auf der rechten Seite, mit ihren Mosaikresten aus dem 4. Jh., einem römischen Sarkophag (3. Jh.) und mit darunterliegenden Fundamenten aus römischem Baumaterial.

Durch die zauberhafte Parkanlage im Rücken der Kirche, nach dem Krieg hier anstelle eines volkstümlichen Viertels angelegt, spaziert man mit Blick auf ihr grandioses Kapellenensemble weiter zum Diözesanmuseum und zur Basilika Sant'Eustorgio (s. S. 240).

Um San Lorenzo Maggiore

Infos und Adressen

SEHENSWÜRDIGKEITEN

Basilica San Lorenzo Maggiore. Die große frühchristliche Basilika zwischen 16 römischen Säulen und dem mittelalterlichen Stadttor Porta Ticinese. Mo–Sa 7.30–18.45, So 9–19 Uhr, Corso di Porta Ticinese 38, 20123 Mailand

Cripta di San Giovanni in Conca. Unter dem Straßenpflaster eine intakte romanische Krypta. Di–Sa 9.30–17.30, Piazza Missori 1, 20123 Mailand

Santa Maria presso San Satiro. Renaissancekirche von Donato Bramante mit Trompe l'œil-Altarraum. Di–Sa 9.30–17.30 Uhr, So 14–17.30 Uhr, Via Speronari 3, 20123 Mailand

Studio-Museo Francesco Messina. Das Ateliermuseum des berühmten Bildhauers in einer Kirche. Di–Fr 10–14, Sa 14–18 Uhr, Via San Sisto 4, 20123 Mailand

ESSEN UND TRINKEN

Foresta Woodbar. Man trifft sich an der Piazza Vetra, zum Beispiel in diesem sehr schönen Lokal: Caffetteria, Restaurant, Loungebar. Via Celestino IV 6, 20123 Mailand, Tel. 02/91 76 42 17, www.forestawoodbar.com

Das gemütliche Hotel Ostello Bello ...

ÜBERNACHTEN

Ostello Bello. Nicht nur Backpacker treffen sich in diesem beliebten Hostel mit freundlichem Ambiente zu Kulturevents, leckerem Essen und Aperitif. Via Medici 4, 20123 Mailand, Tel. 02/36 58 27 20, www.ostellobello.com

Petit Palais. In einem restaurierten Altbau stilvoll-luxuriöse Behaglichkeit, große Suiten, lauschiger Innenhof. Via Molino delle Armi 1, 20123 Mailand, Tel. 02/58 48 91, www.petitpalais.it

AUSGEHEN

La Hora Feliz. Unweit der Piazza Vetra hinter der Basilika befindet sich diese beliebte Aperitif- und Cocktailbar, ein Klassiker unter den Ausgehlokalen. Via San Vito 6, 20123 Mailand

... und dessen Terrasse

VOM ABENDMAHL ZU DEN NAVIGLI

45 Um die Porta Ticinese
Sant'Eustorgio und das Diözesanmuseum

Porta Ticinese, das sind zwei Stadttore, die der Corso di Porta Ticinese verbindet: die mittelalterliche Porta Ticinese und, nur ein paar hundert Meter weiter, das Stadttor der spanischen Stadtbefestigung (16. Jh.) auf der Piazza XXV Maggio, im 19. Jahrhundert klassizistisch neu gestaltet. Am Corso stößt man zwischen Geschäften und Cafés auf die alte Basilica Sant'Eustorgio mit der Cappella Portinari, der schönsten Renaissancekapelle Mailands, sowie auf das Diözesanmuseum mit alter und neuer sakraler Kunst.

Beim Blick auf den Stadtplan beziehungsweise auf die Ringstraße, die sogenannte »Cerchia dei Bastioni«, die den Innenstadtkern einfasst, erkennt man, dass der Corso di Porta Ticinese die zentrale Straßenachse des südwestlichen »Tortenstücks« bildet. Das wird östlich vom Corso Italia mit dem Stadttor Porta Ludovica begrenzt und westlich vom Corso Genova mit dem Stadttor Porta Genova.

In diesem Gebiet lassen sich römische Überreste ausmachen wie die deutlich sichtbaren Ruinen des Amphitheaters in einer eingezäunten Grünanlage westlich des Corso di Porta Ticine unweit der mittelalterlichen Porta Ticinese. Im Mittelalter wuchs die Stadt hier immer dichter heran an die frühen Basiliken Sant'Ambrogio (s. S. 126), San Lorenzo Maggiore (s. S. 235), San Eustorgio und Santa Maria dei Miracoli presso San Celso (östlich am Corso Italia). Die nahen Wasserläufe der Navigli trieben hier die Kornmühlen an, einen Überrest eines Kanals entdeckt man jenseits des Amphitheaters,

Mitte: Reste des antiken *Mediolanum* wie die der Arena überraschen im heutigen Siedlungsgefüge.
Unten: In der Basilika Sant'Eustorgio lohnt das interessante Diözesanmuseum.

Um die Porta Ticinese

heute in der zu einem hübschen Grünstreifen angelegten Via Conca dei Navigli. Parallel zum Corso erstreckt sich der schöne Parco delle Basiliche (heute nach Papst Johannes Paul II. benannt), der die beiden Basiliken San Lorenzo Maggiore und Sant'Eustorgio verbindet. Ihre Frontfassaden zeigen auf den Corso.

Das Museo Diocesano

Der Corso di Porta Ticinese führt als Fortsetzung der Einkaufsstraße Via Torino vorbei an den römischen Säulen, an San Lorenzo Maggiore und durch die mittelalterliche Porta Ticinese hindurch zur Basilika Sant'Eustorgio. Doch bevor diese erreicht ist, geht es zur Linken am Parco delle Basiliche in das Diözesanmuseum. Im ehemaligen Dominikanerkonvent von Sant'Eustorgio, von Kriegsbomben zum Teil zerstört, wurde das Museum im Jahr 2001 vom damaligen Mailänder Erzbischof Carlo Maria Martini eröffnet. Endlich konnte Italiens größte Diözese ihre reichen Kunstschätze zeigen. An diesen Kunstschätzen aus Mailänder Kirchen und Klöstern hatte sich schon Napoleon für den Aufbau der staatlichen Museen wie der Pinacoteca von Brera bedient, während die Bestände der Pinacoteca Ambrosiana auf die Sammlung von Federico Borromeo aus dem 16. Jahrhundert zurückgehen und das Dommuseum sich auf die Schätze des Doms konzentriert. 700 Werke, teils herausragende Skulpturen, Zeichnungen, Gemälde und liturgisches Gerät, vom 14. Jahrhundert bis in unsere Zeit, sind nun in den Korridoren, im Kapitelsaal und in ehemaligen Zellen zu sehen. Aber das Museum ist mehr: Interessante Ausstellungen führen vor, wie sich moderne und zeitgenössische Kunst mit Spiritualität und Religion auseinandersetzt, und geistige Musik und Diskussionsrunden machen aus ihm ein wichtiges städtisches Kulturzentrum.

AUTORENTIPP!

BIOESSERI

Nicht nur Mailand, Italien überhaupt ist im Biofieber. Biomärkte und Biorestaurants sind gefragt wie nie und tatsächlich gehört Italien zu den führenden Ländern in Europa mit biologischem Anbau in der Landwirtschaft. Eine der ersten und besten Supermarktketten mit einem reichhaltigen Angebot an Bioprodukten nennt sich NaturaSi. Längst gibt es zahlreiche Filialen in den italienischen Städten. Zu dieser Mailänder Filiale gehört ein besonders schönes und entspannendes Speiselokal mit guter, wenn nicht gar raffinierter Bioküche. Auch Veganer und Allergiker kommen hier auf ihre Kosten. Man kann schon früh morgens frühstücken, den ganzen Tag snacken, zu Mittag essen und zu Abend tafeln, oder man trifft sich zum Aperitif.

Bioesseri. Tgl. 7.30–00.30 Uhr,
Via Edmondo De Amicis 45,
Tel. 02/36 69 92 15, 20123 Mailand,
www.naturasi.it

AUTORENTIPP!

DREIKÖNIGSZUG

Auch wenn den Mailändern die Gebeine der Heiligen Drei Könige vor mehr als 900 Jahren gestohlen wurden, haben sie die *Re Magi* nicht vergessen: Jedes Jahr zum Dreikönigstag am 6. Januar startet eine Prozession am Dom, vorneweg die Heiligen Drei Könige in historischen Kostümen. Hier kommt die volkstümliche Seele der Mailänder zum Vorschein, die unter cooler Eleganz und Effizienz schlummert. Viele Kinder ziehen mit: über die Via Torino und den Corso di Porta Ticinese, an der Basilika San Lorenzo vorbei, wo sich König Herodes und seine Soldaten dem Zug anschließen, bis hin zur Basilica Sant'Eustorgio mit dem Dreikönigssarkophag. Vor einer Krippe mit der heiligen Familie legen die Könige ihre Geschenke ab. Geschenke gibt es am Dreikönigstag auch für die italienischen Kinder: Eine Art gute Hexe, die Befana, hängt sie ihnen in einem Strumpf an die Haustür.

VOM ABENDMAHL ZU DEN NAVIGLI

Die Basilika Sant'Eustorgio

Im Anschluss an das Diözesanmuseum öffnet sich am Corso die einladende Piazza, die auf die mittelalterliche Kirche mit ihrer typisch lombardischen Giebelfront aus Backstein zuführt. Eine Rückrestaurierung im 19. Jahrhundert hatte die romanische Grundstruktur aus dem 12./13. Jahrhundert von späteren Stilschichten befreit. Original aus dem 13. Jahrhundert ist auch der Kirchturm. Mit ihrem dreischiffigen Innern und kostbar ausgestatteten Seitenkapellen, und vor allem als Sitz der Dominikaner, die vom Papst 1228 mit dem Kampf um Rechtgläubigkeit, sprich mit der Inquisition, beauftragt worden waren, gehörte die Basilika zu den mächtigen Kirchen Mailands. In den Seitenkapellen ließen sich bedeutende Familien begraben, so hängt in der ersten Kapelle der Familie Bivio das wunderbar elegante Marientriptychon des lombardischen Renaissancemeisters Borgognone; in der vierten Kapelle steht das fein gearbeitete Grabmal eines Visconti (1327). Die Visconti gaben auch den marmornen Hauptaltar in Auftrag (14./15. Jh.).

Die Heiligen Drei Könige

Tatsächlich ist die Kirche eine viel ältere, frühchristliche Gründung. Links unter dem Chor befinden sich Reste der Fundamente und eines frühchristlichen Friedhofs. Ein Bischof namens Eustorgio brachte im 4. Jahrhundert die Gebeine der Heiligen Drei Könige nach Mailand – so die Legende –, ein Geschenk von Kaiser Konstantin, (4. Jh.), der im Jahr 313 mit der Mailänder Vereinbarung den Christen Religionsfreiheit zugesichert hatte. Hier handelte es sich um besonders kostbare Reliquien, immerhin die der ersten Herrscherfiguren, die Jesus verehrt hatten. Für sie wurde im 4. Jahrhundert die dann nach Sant'Eustorgio benannte Kirche errichtet, im rechten Querschiff steht der spätrömische Sarkophag, in den die Gebeine gebettet wurden. Als kostbare Kriegsbeute ließ Kaiser Friedrich Barbarossa die Knochen nach seiner Eroberung Mailands 1162 nach Köln schaffen, ein Geschenk, das in seiner Bedeutung für die Kölner unschätzbar ist: Der damit einsetzende Kult gab den Anstoß für den Bau des Doms und den wirtschaftlichen Aufstieg der Stadt. Erst 1903 handelten die Mailänder und die Kölner Kurie die Rückgabe von vier Knochen aus, die heute wieder in der Kapelle der Re Magi in der Basilica Sant'Eustorgio gehütet werden.

Die Renaissancekapelle Portinari

Der kunsthistorische Höhepunkt ist diese Kapelle, die außen an den Apsisbereich fast wie eine eigenständige kleine Kirche angebaut wurde, sie gehört zum Museo di Sant'Eustorgio, für das man eine Eintrittskarte löst. Der Florentiner Bankier Pigello Portinari, der die Medici-Bank in Mailand vertrat, gab den Bau 1462 – in der Blütezeit der Renaissance – bei einem lombardischen Baumeister in Auftrag, der sich den toskanischen Renaissancestil angeeignet hatte. Man wähnt sich bei-

Oben: Der marmorne Aufsatz (14. Jh.) auf dem Hauptaltar erzählt die Passionsgeschichte.
Unten: Im Kreuzgewölbe, in Kapellen und an Pfeilern finden sich Fresken aus dem 13. bis zum 16. Jh.

Oben: Die Prudentia, die Klugheit, in der Kapelle Portinari
Unten: Ein schönes Farbenspiel schmückt die Kuppel über dem Sarkophag.

nahe in Florenz. Portinari wollte hier begraben werden und seiner Verehrung des Heiligen Pietro da Verona Ausdruck verleihen, dessen Gebeine in Sant'Eustorgio liegen. Der lombardische Renaissancemaler Vincenzo Foppa malte an Kuppel und Wänden anschauliche Szenen aus dem Leben dieses Heiligen – 1252 als Chefinquisitor vor den Toren Mailands erstochen. Eine Szene zeigt, wie er als Rechtgläubiger eine falsche Madonna mit Teufelshörnchen entlarvt. Für die Gebeine des Heiligen hatte schon Azzone Visconti 1339 beim Steinmetzkünstler Giovanni di Balduccio aus Pisa einen Sarkophag herstellen lassen, mit fein und lebendig in Marmor gemeißelten Szenen. Heute steht dieser kostbare Sarkophag in der Kapelle Portinari.

Ein paar Schritte weiter auf diesem Bummel zwischen altehrwürdigen Kirchen und szenigen Läden und Lokalen, und man ist an der Ringstraße und der Piazza XXIV Maggio angelangt. Hier stand einst das spanische Stadttor Porta Ticinese (16. Jh.), heute zeigt es sich napoleonisch inspiriert als klassizistischer Triumphbogen (1814). Dahinter beginnen die Navigli (s. S. 244).

Um die Porta Ticinese

Infos und Adressen

SEHENSWÜRDIGKEITEN

Basilica di Sant'Eustorgio und Cappella Portinari (Zugang durchs Pfarrmuseum).
Tgl. 10–18 Uhr, Piazza Sant'Eustorgio 3,
20122 Mailand

Le Case d'Arte. Hier am Corso befindet sich eine der renommiertesten Mailänder Galerien für zeitgenössische internationale Kunst. Corso di Porta Ticinese 87, 20123 Mailand,
www.lecasedarte.com

Museo Diocesano. Sakrale Kunst und interessante Ausstellungen. Mo 14–18 Uhr, Di–So 10–18 Uhr, Corso di Porta Ticinese 85, 20123 Mailand,
www.museodiocesano.it

Parco Archeologico dell'Anfiteatro Romano. In die Grünanlage mit dem römischen Amphitheater gelangt man über das dazugehörige Museum.
Di–Fr 9.30–16.30 Uhr, Sa 9–14 Uhr,
Via De Amicis 17, 20123 Mailand

Santa Maria dei Miracoli presso San Celso. Auch der Corso Italia östlich des Parco delle Basiliche lohnt einen Spaziergang, interessante Gebäude aus dem 20. Jh. wechseln sich mit alten Kirchen wie dieser Doppelkirche (12./16. Jh.) mit schönen Gemälden und Chorgestühl ab.
Corso Italia 37, 20122 Mailand

ESSEN & TRINKEN

Ristorante Sant'Eustorgio. Im Sommer sitzt man auf der hübschen Piazza nahe der Basilika bei gepflegter Küche. Piazza Sant'Eustorgio 6, 20122 Mailand, Tel. 02/58 10 13 96,
www.sant-eustorgio.it

Vineria76salumeria. Lockeres kleines Restaurant zum Wohlfühlen mit schmackhafter Pasta, Schinkenplatten, köstlichen Desserts. Corso di Porta Ticinese 76, 20123 Mailand, Tel. 02/84 23 11 85,
www.vineria76salumeria.it

ÜBERNACHTEN

Idea. Zweckmäßiges Hotel, bei dem vor allem die Lage an diesem idyllischen Plätzchen besticht. Via Conca del Naviglio 20, 20123 Mailand, Tel. 02/36 60 48 00, www.ideahotel.it

Überall stößt man auf »offizielle« Writerkunst, wie hier vor Sant'Eustorgio

VOM ABENDMAHL ZU DEN NAVIGLI

46 Die Navigli
Bummel entlang der Kanalufer

Rechtzeitig zur Weltausstellung EXPO zeigt sich das alte Hafenbecken, die Darsena, an dem die Kanäle Mailands zusammenfließen, frisch herausgeputzt. Spazierwege, Grünflächen und neue Marktstände verbinden die Darsena mit der ebenfalls neu gestalteten Piazza XXIV Maggio. Jenseits der Piazza beginnen die Kanalufer, an denen sich Bars und Lokale aneinanderreihen, im Sommer das schönste Ausgehviertel, und sonntags trifft man sich hier auf dem Antiquitätenmarkt.

Der Name des Platzes erinnert an das Datum des italienischen Eintritts in den Ersten Weltkrieg am 24. Mai 1915. Hier steht das ursprünglich aus der spanischen Befestigung (16. Jh.) stammende und dann Anfang des 19. Jahrhunderts klassizistisch gestaltete Stadttor Porta Ticinese mit zwei Zollhäusern. Einst wurden hier die Waren verzollt, die über den Landweg von Pavia aus in die Stadt gelangten, aber auch alles, was über den Wasserweg kam. Denn hier lag – und liegt – das Hafenbecken, die Darsena, bis vor Kurzem noch trüb und vernachlässigt und nun hübsch aufgefrischt mit sauberem Wasser, mit Promenaden, neuen Ständen für den alten Markt und Grünflächen bis auf die Piazza. In einem der Zollhäuser ist die Musik- und Kulturkneipe Le Trottoir untergekommen. Das Viertel um die Porta Ticinese und vor allem längs der Navigli, der Kanäle, hat fast ein wenig alternatives Flair, manche nennen es gar das »Kreuzberg von Mailand«. Früher befanden sich hier die Werkstätten von Handwerkern, bis dann Künstler nachrückten. Heute säumen vor allem den Naviglio Grande unterschiedlichste Speiselokale für jeden Geschmack.

Noch bis in die dreißiger Jahre des 20. Jhs. durchzogen Kanäle die Stadt.

Die Navigli

Die Wasserstadt Mailand

Zwar liegt die Stadt seit jeher inmitten einer an Flüssen und großen Seen reichen Region, sie selbst wird aber nur von kleinen Wasserläufen erreicht, die im Stadtgebiet weitgehend unterirdisch fließen und bei den herbstlichen Regenfällen regelmäßig aus den Gullys sprudeln und ganze Straßen überfluten. Dagegen verlaufen weit von Mailand entfernt die oberitalienischen Flüsse wie der Adda aus dem Comer See, der bei Cremona den Po erreicht, oder der Ticino aus dem Lago Maggiore, der südlich von Pavia in den Po fließt. Ein Wasserreichtum, den man seit jeher für die Stadt nutzte. So begann man im Mittelalter mit dem Bau von Kanälen, die die Innenstadt mit den lombardischen Flüssen verbanden. Und es entstand bis in die Neuzeit ein Netz aus Wasserstraßen mit Verladebecken und Schleusen für den Ausgleich der Pegelunterschiede, das aus Mailand eine regelrechte Wasserstadt machte.

Von Mailand an die Adria

Im 12. Jahrhundert verstärkte man mit einem Wassergraben rund um die Stadt die mittelalterliche Stadtmauer. Diesen bald schiffbaren Kanalring, den Cerchia dei Navigli, verband man mit dem Naviglio Grande, der um 1280 fertig war und der nach fünfzig Kilometern den Ticino erreicht, die Wasserstraße nach Norden: Holz, Wein, Stoffe, Reis und Getreide wurden verladen, und aus den Steinbrüchen der Alpen transportierte man die Marmorblöcke für den Dombau in die Stadt. Auch die Lehmerde aus der Poebene kam per Schiff und wurde in den städtischen Ziegelbrennereien zu Baumaterial geformt. Im 14. Jahrhundert kam der Naviglio Pavese dazu, genauer: im Jahr 1359, als unter der Regentschaft der Visconti-Fürsten die Stadt Pavia dem Mailänder Herzogtum zugeschlagen wurde. Diese direkte Wasserstraße nach Pavia

AUTORENTIPP!

NÄHATELIER L'HUB

Ein Beispiel für die Handwerks- bzw. Kunsthandwerkstradition des Viertels: Die Fenster dieser vor ein paar Jahren gegründeten Nähwerkstatt zeigen direkt auf den Kanal, in den Regalen sieht man die wunderbaren Stoffe, die die Gründerin Barbara Zucchi Frua aus der Familie des berühmten italienischen Stoffherstellers Zucchi hier zusammenträgt. In Kursen, die zwei Stunden oder mehrere Wochen dauern können, lernt man unter Anweisung von Schneiderprofis zuschneiden, Stoff färben oder neu bedrucken und aus alten Stoffresten Neues nähen. So werden aus Geschirrtüchern neue Blusen, aus Decken schicke Röcke, der Fantasie sind keine Grenzen gesetzt. Für Besucher ist das eine Möglichkeit Mailänder kennenzulernen und beim Fashion Hype dieser Stadt mitzumachen.

L'HUB. Ripa di Porta Ticinese 69, 20143 Mailand, www.l-hub.it

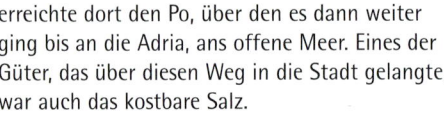

VOM ABENDMAHL ZU DEN NAVIGLI

AUTORENTIPP!

EL BARBAPEDANA
So nannte man einst den Bänkelsänger, der auf Märkten seine Moritaten im Mailänder Dialekt zum besten gab. Wer seinem Lokal diesen Namen gibt, der möchte den Gästen die echte volkstümliche Mailänder Küche auf den Tisch bringen. Bei Angelo Ambivero kostet man ein besonders sämiges gelbes Safranrisotto oder eine zart geschmorte Beinscheibe vom Kalb, das *Ossobuco*, Trippa, das schmackhaft gewürzte Kuttelgericht oder als Vorspeise das in Essig marinierte Knorpelfleisch, *Nervetti* genannt. Und all diese Köstlichkeiten zu akzeptablem Preis in dieser gemütlichen kleinen Trattoria. Die Via Vigevano oder der Corso Colombo zwischen dem Metrobahnhof Porta Genova und den Kanälen gehören noch zum Ausgehviertel Navigli, entsprechend nette Lokale finden sich auch hier.

El Barbapedana. Corso Colombo 7, Tel. 02/8 32 17 32, 20144 Mailand, www.elbarbapedana.it

erreichte dort den Po, über den es dann weiter ging bis an die Adria, ans offene Meer. Eines der Güter, das über diesen Weg in die Stadt gelangte, war auch das kostbare Salz.

Leonardo da Vinci als Wasseringenieur

Weitere schiffbare Kanäle kamen im 15. Jahrhundert unter den Sforza-Fürsten hinzu, vor allem der Naviglio Martesana, der im Nordosten die Stadt mit dem Adda verbindet und damit mit dem Comer See und dem Po bei Cremona. In jener Zeit kam das Ingenieursgenie Leonardo da Vinci ins Spiel. Er hatte sich ja in seinem Schreiben an Ludovico il Moro vorgestellt, »er könne Wasser von einem Ort zum anderen lenken«. Man kann im Museo Nazionale della Scienza e della Tecnologia, das Leonardo da Vinci gewidmet ist, viele seiner Erfindungen zur Verbesserung des Kanalsystems bestaunen: Hebevorrichtungen für Schiffe, Schleusenbecken, Bagger, Brücken, die sich öffnen, und vieles mehr.

Heute sind die einstigen Wasserstraßen in der Innenstadt längst unterm Asphalt verschwunden: Mit der Eisenbahn als Transportalternative und vor allem der urbanen Modernisierung mit breiten Straßen und Plätzen begann man in der zweiten Hälfte des 19. Jahrhunderts mit der Deckelung des Kanalnetzes. Der Kanalring Cerchia dei Navigli wurde zum Straßenring um den inneren Stadtkern. Weitere Kanalbecken verschwanden in den Dreißigerjahren des 20. Jahrhunderts unter Parkplätzen – wie etwa in der Via San Marco in Brera. Geblieben sind nur die großen stadtauswärts fließenden Kanäle, wie der Naviglio Grande, der Naviglio Pavese und der nördliche Naviglio Martesana, Letzterer von Radwegen flankiert, die Radelstrecke der Mailänder Familien.

Das Ausgehviertel Navigli

Jenseits der Piazza XXIV Maggio fällt der Blick auf das erste Restaurantschiff am Naviglio Pavese. Hier im Il Barcone Café könnte man mit dem Aperitif starten. Kneipen für junge Leute wie das Pub La Fontanella (Alzaia Naviglio Pavese 6) oder das chillige Lokal Spazio Movida mit Lounge, Hamburger-Karte und Musik auf der anderen Uferseite (Alzaia Ascanio Sforza 41) wechseln sich ab mit einigen guten Speiseadressen wie etwa dem szenig-eleganten Fischrestaurant Ticinello (Alzaia Ascanio Sforza 53) oder dem renommierten Feinschmeckerlokal Sadler des Sternechefs Claudio Sadler (Alzaia Ascanio Sforza 77).

Als Bummelmeile ist der benachbarte Naviglio Grande allerdings um einiges attraktiver. Zur Einstimmung geht man in die beliebte Aperitifbar Manhattan (Ripa di Porta Ticinese 13). Am Naviglio Grande findet man auch noch ein paar typische Innenhöfe mit alten Werkstätten, Kunsthandwerkerläden und den *ringhiere*, den an den Etagen längs entlang verlaufenden, üppig bepflanzten Balkonen, heute beliebte Wohnungen. Man schaue in den

Oben: Im Sommer kann man auf kleinen Schiffen Ausflüge auf den Kanälen unternehmen.
Unten: An lauen Abenden wird es richtig voll.

Oben: Zauberhafte Deko in einem Innenhof an der Alzaia Naviglio Grande Nr. 4.
Unten: Bei der *casa ringhiera* verlaufen die Balkone durchgehend an der Fassade entlang.

Künstlerhof Cortile degli Artisti (Alzaia Grande 4) oder ins Hofatelier von Gigi Pedroli (Alzaia Grande 66). Der Name des gemütlichen Lokals El Brellin verweist auf die Waschsteine, die die Kanalufer einst säumten und auf denen die Frauen ihre Wäsche schrubbten. Malerisch ist die kleine Gasse mit dem alten Waschhaus, Vicolo del Lavandaio genannt. Zwischen Pizzerien und Bierkneipen mit ihren Tischen am Ufer stößt man auf die originelle Gourmetadresse Al Pont de Ferr (Ripa di Porta Ticinese 55). Besonders nette Lokale befinden sich am hinteren Teil des Kanals, etwa die gemütliche Osteria Le Vigne (Ripa di Porta Ticinese 61) oder die mediterran-apulische Trattoria Acquasala (Ripa di Porta Ticinese 71), auf der gegenüberliegenden Kanalseite locken die Trattoria KM1 (Alzaia Naviglio Grande 62) oder das Bierlokal Birreria Milanese (Alzaia Naviglio Grande 70). Ein Mal im Jahr werden die Navigli gesäubert, es landet leider immer eine Menge Abfall im Wasser. Dazu wird im Winter der Wasserstand fast bis auf den Grund gesenkt, und Fische und Enten müssen derweil »umziehen«. Zur jüngsten Restaurierung des Hafenbeckens Darsena gehört zudem die Freilegung eines kurzen Stücks eines weiteren Kanals, des Canale del Ticinello.

Die Navigli

Infos und Adressen

SEHENSWÜRDIGKEITEN

Fondazione Arnaldo Pomodoro. Schauen mit Werken des Mailänder Bildhauers und anderer Künstler. Via Vigevano 9, 20144 Mailand, www.fondazionearnaldopomodoro.it

San Cristoforo. Stadtauswärts und sehr idyllisch liegt die mittelalterliche Doppelkirche aus Backstein mit Fresken aus dem 15./16. Jh. Alzaia Naviglio Grande/Ecke Via San Cristoforo 3, 20144 Mailand

Santa Maria delle Grazie. Eine Pfarrkirche am Naviglio Grande mit neugotischem Innenraum. Alzaia Naviglio Grande 34, 20144 Mailand

ÜBERNACHTEN

Art Hotel Navigli. Moderner City-Komfort in einer ruhigen Seitenstraße des Naviglio Grande. Via Angelo Fumagalli 4, 20143 Mailand, Tel. 02/8 94 38, www.arthotelnavigli.com

Maison Borella. Elegantes und charmantes Hotel direkt am Kanal. Alzaia Navgili Grande 8, 20144 Mailand, Tel. 02/58 10 91 14, www.hotelmaisonborella.com

AUSGEHEN

Manhattan. Ein Klassiker am Naviglio Grande: der lässige Treff zum Aperitif und zum Cocktail. Ripa di Porta Ticinese 13, 20144 Mailand

Nidaba Theatre. Jeden Abend Livemusik: Blues, Soul, Funk, Country, quer durch alle Stile und für alle Altersgruppen. Via Emilio Gola 12, 20143 Mailand, www.nidaba.it

EINKAUFEN

Jeden letzten Sonntag im Monat säumen die Stände eines **Antiquitätenmarktes** die Uferstraßen des Naviglio Grande, jeden Samstag findet ein beliebter Trödelmarkt am Kanal auf Höhe der Via Paoli/Via Barsani statt.

INFORMATION

Schiffsausflüge auf den Kanälen. Von Ostern bis Sept. am Wochenende. Info in der Touristenauskunft an der Piazza Castello 1, 20121 Mailand, www.naviglilombardi.it, www.navigareinlombardia.it

ANFAHRT

Mit der Linie 2 bis zur Stazione Porta Genova, Stadt- und Metrobahnhof nahe dem Navigli-Viertel.

Die Ufer der Navigli beleben Trödel- und Antiquitätenmärkte.

VOM ABENDMAHL ZU DEN NAVIGLI

47 »Design District Tortona«
Design und Mode in ehemaligen Fabriken

Dieses westliche Stadtviertel liegt näher an der Innenstadt, als man denkt. Und es hat eine spannende Geschichte: In die Hallen ehemaliger Fabriken, in denen einst Turbinen, Triebwerke, Liköre, Lampen und Fahrräder produziert wurden, zog Anfang der Achtzigerjahre die Mode- und Designbranche ein. Fotografen, Modeschöpfer und Designer haben hier ihre Studios, Showrooms und Headquarters eröffnet, dazu kommen originelle Lokale und Hotels.

Vom Stadtbahnhof Porta Genova erreicht man in wenigen Schritten gen Süden den Naviglio Grande (s. S. 247), in die entgegengesetzte Richtung gelangt man ins Viertel Tortona: Man geht im Rücken des Bahnhofs auf einer steilen Fußgängerbrücke aus Eisen über die Bahngleise und landet auf der Via Tortona. Wie nah dieses einstige Industrieviertel an der Innenstadt liegt, verdeutlicht auch der Spaziergang vom Technikmuseum (s. S. 228) oder von der Basilika Sant'Ambrogio (s. S. 126) aus, dabei überquert man die Straßen Viale Papiniano und Viale Coni Zugna und betritt die hübsche Parkanlage Giardini Don Giussani (vormals Parco Solari). Zwischen diesem Park und dem Bahnhof Porta Genova erstreckt sich das Viertel, durchzogen von den Straßen Via Solari, Via Savona, Via Bergognone und eben Via Tortona.

Superstudio und Co.

In der Via Forcella, einer kleinen Seitenstraße der Via Tortona, gründeten 1983 der ehemalige

Mit dem Superstudio in Via Tortona begann der Wandel des ehemaligen Industrieviertels.

»Design District Tortona«

In der »Zona Tortona«

Ⓐ Osteria Del Binari – in der Via Tortona 1–3. Alteingesessene Trattoria mit Garten und Flair.
Ⓑ Bar Morna – in der Via Tortona 21. Sympathische Nachbarschaftskneipe.
Ⓒ Superstudio 13 – in der Via Forcella 7–13: Dreizehn Fotostudios, das erste »Servicezentrum« für den Fashionbetrieb im Tortona-Viertel.
Ⓓ God save the Food – in der Via Tortona 34. Das Lokal der Kreativen: Espresso, Brunch, Lunch in einem Loft.
Ⓔ Das Headquarter von Giorgio Armani – in der Via Bergognone 38.
Ⓕ Die Bühnenwerkstätten des Theaters La Scala – in der Via Bergognone 34.
Ⓖ Superstudio Più – in Via der Tortona 27. Das Zentrum für Events aller Art, Tanz, Musik, Kunst und Theater, mit einem Café im Hof.
Ⓗ Museo delle Culture del Mondo – in der Via Tortona 54, das neue Museum der Weltkulturen.
Ⓘ Ermenegildo Zegna – in der Via Savona 56. Auch dieses Luxuslabel hat seine Showrooms hier.
Ⓙ Design Library – in der Via Savona 11. Auf Design spezialisierte Buchhandlung
Ⓚ Das Hauptquartier der Modemarke Fendi – in den grandiosen Räumen eines ehemaligen Turbinenwerks, Via Solari 35.
Ⓛ Case Operaie Società Umanitaria – an der Via Stendhal/Via Solari. Soziale Wohnanlagen von 1906 für die Arbeiter des einstigen Industrieviertels.
Ⓜ San Marco – in der Via Stendhal 41. Die bodenständige Trattoria steht für das andere Gesicht dieses Viertels.
Ⓝ Das Casual-Label Diesel – hat hier sein Hauptquartier, Via Stendhal 34.

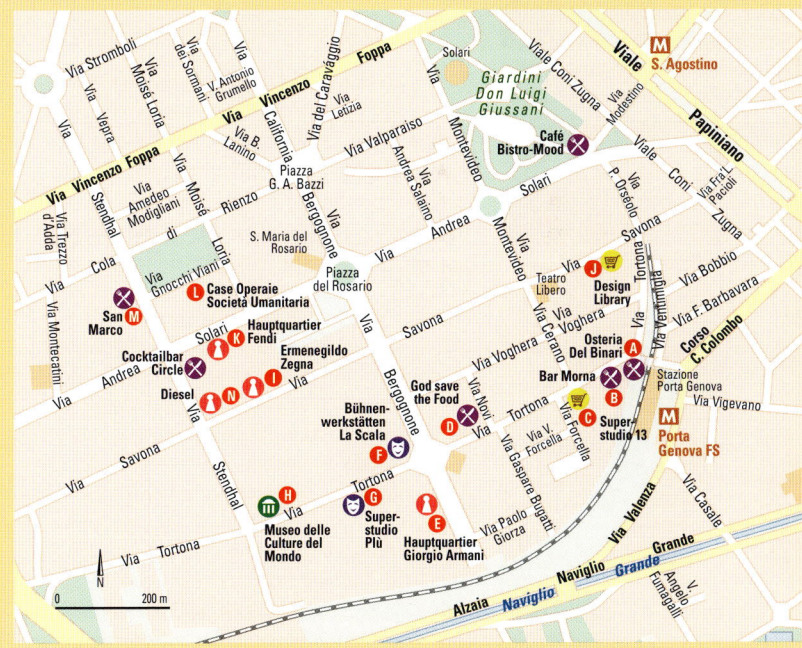

VOM ABENDMAHL ZU DEN NAVIGLI

Vogue-Direktor Flavio Lucchini, seine Frau, die Journalistin Gisella Borioli, sowie der Modefotograf Fabrizio Ferri in aufgelassenen Werksräumen das Superstudio mit Fotostudios und Showrooms: Es bot hochwertige Dienstleistungen für den Fashionbetrieb in Mailand an, das in jenen Jahren zur internationalen Modestadt aufstieg. Die großen Modefotografen kamen, die Models, die Werbeleute, Platz war genug in diesem Viertel mit seinen leeren Fabrik- und Werkstatthallen.

Der Modekönig Giorgio Armani ließ im Jahr 2000 das Werksgelände, in dem einst Nestlé seinen Sitz hatte, vom japanischen Stararchitekten Tadao Andò in sein Headquarter umwandeln, sogar mit einem Theater für seine Schauen. Viele berühmte Modemarken wie Diesel, Tod's, Fendi und Ermenegildo Zegna haben ebenfalls ihre Büros und Showrooms hierher verlegt.

Die Entwicklung geht weiter: Gegenüber des Superstudios haben die Besitzer einer ehemaligen Parfümfabrik ihr Werksgelände in das superbe Suitenhotel Magna Pars umgewandelt.

Fuori Salone der Designwoche im April

Unter diesem Stichwort entwickelte sich ebenfalls in den Achtzigerjahren das Off-Programm zur weltberühmten Mailänder Möbel- und Designmesse Salone Internazionale del Mobile. Für die kruden Locations der Design-Avantgarde wurde man wieder in diesem nüchternen Viertel der Arbeit fündig, in Werkstätten, Lofts und Garagen. Jedes Jahr im April wird es hier sehr spannend und lebendig, verrückt und poetisch. Das Jahr über trifft man die Art Directors, Designer, Werbeleute und Hipster in Lokalen wie God save the Food oder beim Stöbern in der Design Library.

AUTORENTIPP!

RISTORANTE AL FRESCO

Hier mitten im Tortona-Viertel an der Via Savona findet sich in einem ehemaligen Werkstattgebäude eine dieser trendigen Adressen, an denen sich die Geister scheiden: für die einen ein weiteres Lokal, das mehr Schein als Sein verspricht, das die Mailänder Szenegänger und Fashion People entzückt, egal, was Service und Qualität bieten. Die anderen lieben es für seine charmante Country-Einrichtung, für die leichte Küche mit viel frischem Gemüse – der japanische Chef, hat im Mailänder Spitzenrestaurant Il Luogo di Aimo e Nadia gelernt –, vor allem aber für seine wunderschöne Gartenidylle, in die die Besitzer den ehemaligen Werkstatthof verwandelt haben. An lauen Sommertagen, wenn man hier *al fresco*, im frischen Grün sitzt, kann man kaum glauben, dass man sich mitten in Mailand befindet.

Al Fresco. Via Savona 50, 20144 Mailand, Tel. 02/49 53 36 30, www.alfrescomilano.it

»Design District Tortona«

Infos und Adressen

SEHENSWÜRDIGKEITEN

Laboratori Scala Atelier Ansaldo. In der ehemaligen Lokomotivfabrik Ansaldo sind heute die Bühnenwerkstätten und die Kostümsammlung der Scala untergebracht. Für einen Besuch vorher anmelden. Via Bergognone 34, 20144 Mailand, Tel. 02/43 35 35 21, www.teatroallascala.org

Museo delle Culture del Mondo. Auf dem Ansaldo-Gelände öffnet 2015 dieses von Stararchitekt David Chipperfield (Berliner Museumsinsel) gestaltete Museum der Weltkulturen. Via Tortona 54, 20144 Mailand (Öffnungszeiten s. www.turismo.milano.it)

ESSEN UND TRINKEN

Boccino. Schönes Restaurant mit gepflegter Küche neben einer alteingesessenen Bocciabahn. Via Tortona 21, Tel. 02/89 41 55 62, 20144 Mailand, www.ristoranteboccino.it

Panino Lab alla Ferramenta. Vegetarische Brötchen und frische Salate für die Kreativen. Via Montevideo 8, Tel. 02/4 81 61 21, 20144 Mailand, www.paninolab.it

ÜBERNACHTEN

Magna Pars Suites Hotel. Charme und Luxus in den Suiten, der Bar und dem Restaurant in einer ehemaligen Parfümfabrik. Via Forcella 6, Tel. 02/8 33 83 71, 20144 Mailand, www.magnapars-suitesmilano.it

Nhow Hotel. Wo einst Turbomaschinen für General Electrics hergestellt wurden, schläft man nun in diesem lässigen und supermodernen Hotel. Via Tortona 35, 20144 Mailand, Tel. 02/4 89 88 61, www.nh-hotels.it/hotel/nhow-milano

EINKAUFEN

Carrè. Ein Store voll origineller Ideen für Geschenke, Haushalt und Einrichtung. Viale Papiniano 38, 20123 Mailand, www.carremilano.it

Salvatore + Marie. Ausgefallene Designideen, Lampen, Ohrringe und Klamotten jenseits der Bahngleise. Via Vigevano 33, 20144 Mailand

Immer noch treffen sich Alteingesessene zum Boccia.

AUSFLÜGE

48 Die EXPO 2015	**256**
49 Die Abteien südlich von Mailand	**258**
50 Die Gartenstadt Varese	**262**

Vorangehende Doppelseite: Ein Ausflug zur Villa Panza di Biumo unweit von Mailand lohnt sich. **S. 256:** Die EXPO-Bauten beeindrucken durch Extravaganz.

AUSFLÜGE

48 Die EXPO 2015
»Feeding the Planet, Energy for Life«

»Den Planeten ernähren, Energie für das Leben« lautet das Thema der Weltausstellung, die vom 1. Mai bis zum 30. Oktober 2015 in Mailand stattfindet. 145 Länder von allen Kontinenten beschäftigen sich mit dem Thema einer gesunden und für alle Menschen ausreichenden Ernährung, die zugleich die Ressourcen unseres Planeten auch den nachfolgenden Generationen sichert.

Mailand war schon einmal der Ort einer großen Weltausstellung. 1906 stand sie unter dem Motto Verkehr. Im Park hinter dem Castello Sforzesco wurden die neuesten Lokomotiven aus Italien, England und Deutschland vorgestellt. Zeitgleich zur EXPO fand auch die Einweihung des Simplontunnels statt, der durch die Alpen hindurch Italien mit Nordeuropa verband, ein Meilenstein in der Verkehrsgeschichte. Das damalige EXPO-Gelände hieß von da an Parco Sempione (Simplon-Park). Galt es einst, auf den Weltausstellungen den technologischen Fortschritt triumphal vorzuführen, sind die EXPOs der letzten Jahre eher ein Ideenforum als eine Leistungsschau. Was von der EXPO 2015 bleiben wird, ist das »Milan Protocol«: die globale Verpflichtung gegen die Vergeudung von Lebensmitteln (heute jährlich 1,3 Milliarden Tonnen), für eine gesunde Ernährung.

Auf 110 Hektar bei der Messe Rho-Pero

Zum Thema Nachhaltigkeit gehört auch die recycelbare Architektur der Pavillons, unvermörtelte

Die EXPO 2015

Leichtbauten aus Holz, Metall, Kunststoffen und Planen, zum Teil wunderschön und mit viel Grün. Die Pavillons, in denen ausgewählte Länder intelligente und neue wie alte Wege für den Anbau von Rohstoffen wie Kaffee, Kakao, Hülsenfrüchte, Früchte, Reis und Getreide zeigen, werden Cluster genannt. Über 145 Länder zeigen ihre Ernährungsideen. Showcooking-Events führen die globale Bandbreite der Zubereitung von Nahrung vor, am Wasser, in der Wüste und in den Bergen.

Das Thema passt zu Italien

Man denke nur an die gesunde *dieta mediterranea* aus Getreide, Olivenöl, Gemüse, Früchten und Fisch und an die Gründung der Slow-Food-Bewegung in Italien, die sich seit 1986 für lokale Produkte, gute Qualität und faire Produktionsbedingungen einsetzt. In Italiens Landwirtschaft hat der Bioanbau einen überdurchschnittlichen Anteil, zugleich ist die Lebensmittelindustrie ein Hauptpfeiler der italienischen Wirtschaft. Es gibt sogar ein bäuerliches Mailand: In der südlichen Peripherie haben sich fast 3000 Hektar fruchtbares Ackerland – der Parco Agricolo Sud – erhalten, mit Dutzenden von Bauernhöfen, den *Cascine*.

Ausstellungen und neue Museen

Viele Ausstellungen begleiten die EXPO. Allen voran eine sensationelle Schau mit aus aller Welt zusammengetragenen Werken von Leonardo da Vinci im Palazzo Reale. Im Designmuseum Triennale dreht sich alles um das Essen in der Kunst: »Arts & Foods«. Neue Museen öffnen ihre Pforten, etwa die Hallen der Kunststiftung des Modelabels Prada (Largo Isarco 17, www.fondazioneprada.org) sowie das Modemuseum »Armani Silos« in Giorgio Armanis Hauptquartier in der »Zona Tortona« (Via Bergognone).

Infos und Adressen

INFORMATION
EXPO Gate. Infozentrum vor dem Castello Sforzesco. Hier gibt es Eintrittskarten und Veranstaltungskalender. Piazza Luca Beltrami, 20121 Mailand, www.expo2015.org

EXPO-Gelände. Am nordwestlichen Stadtrand beim Messegelände Fieramilano Rho. Zu erreichen mit der Metrolinie 1 (Fahrkarte 2,50 €), hält am Südwesteingang (Rho Fieramilano, accesso sud ovest). Die regionalen und nationalen Züge halten an der Messe bzw. dem EXPO-Gelände nahe dem Nordwesteingang (accesso nord ovest).

ESSEN
Die EXPO scheint die Eröffnung guter neuer Lokale überall in der Stadt angeregt zu haben. Hinzu kommen die landestypischen Restaurants in den Länderpavillons, auch im deutschen. Die *cucina italiana* vertritt auf der EXPO die Eataly-Kette (s. S. 178).

ÜBERNACHTEN
The Hub Hotel. Nahe am EXPO-Gelände, modern, gepflegt, mit Spa und Panoramablick. Via Privata Polonia 10, 20157 Mailand, Tel. 02/78 62 70 00, www.thehubhotel.com

Food ist das große Thema.

AUSFLÜGE

49 Die Abteien südlich von Mailand
Mirasole, Viboldone und Chiaravalle

Trotz des landfressenden modernen Wachstums der Stadt in alle Himmelsrichtungen, der Gewerbeansiedlungen, Schnellstraßen und Bahnlinien hat sich die südliche Peripherie noch etwas von ihrem ländlichen Charakter bewahren können. Hier stößt man auf eine Reihe der für die Lombardei typischen Gutshöfe, *Cascine* genannt. Und auf alte Abteien, denn einst lag die Urbarmachung des Landes oft in den arbeitsamen Händen von Mönchsorden. Eine Fahrt zu den drei Abteien ist ein schöner Ausflug.

Die wasserreiche lombardische Ebene gehört zu den ertragreichsten Agrarflächen Europas, selbst Risottoreis wird hier angebaut. Das südliche Gemeindegebiet Mailands nennt sich seit 1990 Parco Agricolo Sud, der südliche Agrarpark. *Cascina* ist der Name für den lombardischen Landbetrieb, der sich im Mittelalter zu entwickeln begann: Landbesitz war oft Großgrundbesitz. Verwalter koordinierten die Arbeit der Landarbeiter und Bauernfamilien. Große Hofflächen wurden durchgehend umbaut und in den Gebäuden wurde gewohnt, gearbeitet und waren die Tiere untergebracht. Oft lebten hier über 100 Menschen. Diese Lebensweise lässt sich an den noch verbliebenen Bauernhöfen ablesen.

Mitte: Die Abtei Mirasole im Süden Mailands hat sich ihren bäuerlichen Charakter bewahrt.
Unten: Renaissancefresken (15. Jh.) zu Mariae Himmelfahrt in der Abteikirche von Mirasole

Ein solcher Agrarbetrieb war und ist auch die Abtei von Mirasole zehn Kilometer außerhalb Mailands. Man könnte am Naviglio Pavese entlang hinausfahren. Auf halber Strecke erreicht man über einen Abstecher die Cascina Gaggioli, ein Musterbeispiel des stadtnahen Bauernhofs. Hier wird Schulkin-

Die Abteien südlich von Mailand

dern gezeigt, wo die Eier und die Milch herkommen, und im Sommer werden Grillfeste mit hofeigenem Fleisch organisiert.

Weiter südlich der Tangenziale Ovest hält man sich östlich, dann hat man die Abtei erreicht. Die bäuerlichen Gebäude umfassen wie eine Befestigung – der Zutritt führt durch einen Turm – das weite Innenhofkarree. Durch die Sakristei der einfachen Kirche gelangt man in den abgeschiedenen, von Säulen gesäumten Kreuzgang des Mönchstraktes. An einer Säule befindet sich das Steinrelief einer Sonne mit menschlichem Antlitz, von einer Mondsichel eingefasst: Emblem des Kreislaufs der Landwirtschaft, und heute im Wappen der Provinz Mailand. Die Anlage stammt aus dem 14. und 15. Jahrhundert, ihre Gründung durch den Mailänder Humiliatenorden geht auf das 13. Jahrhundert zurück. Unter Napoleon gehörte die Abtei als Versorgungshof zum Krankenhaus Ca' Granda, dem Poliklinikum gehört sie heute noch. 2013 sind nach mehr als 200 Jahren die Mönche zurückgekehrt, 14 Regularkanoniker der Prämonstratenser, und damit auch ein spirituelles Leben.

Abbazia di Viboldone

Auf der Weiterfahrt zur Abtei Viboldone geht es gen Osten durch flaches Ackerland und Pappelplantagen, Schilder zeigen in Feldwege hinein zu den *Cascine*. Viboldone war im 12. Jahrhundert die größte und wichtigste Gründung der Humiliaten, der nach einfachem Leben strebenden Ordensgemeinschaft aus Mailand. Vom Hauptkloster steht heute noch die Abteikirche von 1348, ein besonders schönes Beispiel lombardischer Backsteingotik. Im dreischiffigen Inneren mit trutzigem Kreuzgewölbe finden sich noch Reste feiner Freskenmalerei. Seit 1940 lebt hier eine Gemeinschaft von Benediktinerinnen in Klausur. Nebenan verfällt die rie-

AUTORENTIPP!

LOCANDA DI CHIARAVALLE

Zu einem Ausflug aufs Land gehört die Einkehr in ein nettes ländliches Lokal. Dieses ist noch ziemlich neu, aber hübsch altmodisch auf »Landleben« gestylt. Vom Besucherparkplatz bei Chiaravalle liegt es nur ein paar Schritte ins Dorf hinter der Abteianlage. Steinkacheln pflastern die verschiedenen Galerieräume, im Winter lodert das Kaminfeuer. Das Brot ist selbst gebacken, und die Weine kommen aus biologischem Anbau. Die jungen Betreiber beziehen das frische Gemüse von den umliegenden Bauernhöfen, eine echte Empfehlung ist das Fleisch vom Holzgrill. Im Sommer sitzt man auch draußen. Durch die Stadtnähe ist es auch eine tolle Adresse, um entspannt und günstig Mittag zu essen. Ein kleines Hotel ist in Planung, damit würde die Landpartie perfekt.

Locanda di Chiaravalle. Mo, So Abend geschl., Via San Bernardo 36, 20139 Mailand, Tel. 02/5 39 18 51, http://locandachiaravalle.it

sige *Cascina*, ein melancholischer Abgesang auf alte Zeiten.

Abbazia di Chiaravalle

Diese Zisterzienserabtei, nur fünf Kilometer von der Stadt entfernt, ist die eindrucksvollste Anlage. 1135 von Bernhard de Clairvaux selbst gegründet, führte der Grundsatz des Ordens, sich selbst mit eigener Arbeit zu unterhalten, zur Urbarmachung des sumpfigen Brachlands. Wahrzeichen der Abtei ist der␣neuneckige Turm auf der Vierung der großen Backsteinbasilika von 1340. Er fällt auf, wie er sich nach oben verjüngt mit seinem harmonischen Zusammenspiel aus eleganten 2-, 3- und 4-bogigen Fenstern. Im stattlichen Inneren beeindrucken das barocke Chorgestühl, das in kunstvollen Schnitzarbeiten Szenen aus dem Leben des Ordensgründers veranschaulicht, sowie die Wandbemalungen in der Vierungskuppel. Vom Kreuzgang mit seinen hübschen Säulen geht es in den Kapitelsaal und ins Refektorium. Zur Anlage gehören ein Kräutergärten und eine alte Mühle. Nachdem die Abtei im 17. und 18. Jahrhundert an Bedeutung verloren hatte, leben seit 1950 wieder Zisterzienser hier, die einiges von dem herstellen, was man im Klosterladen kaufen kann. Man kommt zu Konzerten, zu den sonntäglichen Klosterführungen, zu spirituellem Rückzug und zum Eis im Gartencafé.

Oben: Ins Chorgestühl (17. Jh.) sind Szenen aus dem Leben Bernhards von Clairvaux geschnitzt.
Unten: In der Lünette in der Backsteinfront von Viboldone findet sich eine schöne gotische Maria.

Die Abteien südlich von Mailand

Infos und Adressen

SEHENSWÜRDIGKEITEN

Abbazia di Chiaravalle. Di–Sa 9–12, 15–17 Uhr, So 16 Uhr geführter Besuch der Abtei, Via Sant'Arialdo 102, 20139 Mailand, www.monasterochiaravalle.it

Abbazia di Mirasole. Tgl. 7–20.20 Uhr, Kreuzgang Sa, So ab 16.30 Uhr mit Führung, Strada Consortile Mirasole, 20090 Opera (Mailand), www.mirasolepremostratensi.it/abbazia-di-mirasole

Abbazia di Viboldone. Kirche tgl. 5.25–12.30, 14.30–18.30 Uhr, Via dell'Abbazia 7, 20098 San Giuliano Milanese (Mailand), www.viboldone.it

Zur »Strada delle Abbazie« gehören weitere Abteien bzw. ihre Überreste vor den Toren Mailands, wie die Abbazia di Morimondo, ebenfalls eine Zisterziensergründung, die Abtei San Lorenzo in Monluè und Santa Maria in Calvenzano.

Das Bier der Klosterbrauerei Cascinazza

Der Abteiladen von Chiaravalle

ESSEN UND TRINKEN

Al Laghett. »Am See« heißt das im Mailänder Dialekt, und tatsächlich breitet sich ein lauschiger Teich an dem Ausflugslokal aus, das nur ein paar hundert Meter von der Abtei Chiaravalle entfernt liegt. Seit 1890 bewirtet dieselbe Wirtsfamilie, nun in 5. Generation. In der herrlich altmodischen Trattoria schmeckt die lombardische Küche, im Sommer im zauberhaften Garten. Via S.Arialdo 126, 20139 Mailand, Tel. 02/5 69 17 17, www.allaghett.it

EINKAUFEN

Cascine mit Hofläden:

Cascina Gaggioli. Via Selvanesco 25, 20141 Mailand, www.cascinagaggioli.it

Cascina Santa Brera. 20098 San Giuliano Milanese, www.cascinasantabrera.it.

KLOSTERLÄDEN

Mirasole und Chiaravalle verkaufen in ihren Klosterläden Produkte aus Kräutern und Honig, vor allem aber das frisch gebraute köstliche Bier aus der Brauerei Cascinazza, das eine benediktinische Mönchsgemeinschaft im Südwesten von Mailand seit 2004 erfolgreich braut. www.birracascinazza.it

AUSFLÜGE

50 Die Gartenstadt Varese
Die Villa Panza di Biumo und der Sacro Monte

Seen und Berge und die gute Luft im Vergleich zur stickigen Großstadt Mailand zogen seit jeher wohlhabende Familien in die Umgebung von Varese. Davon zeugen schöne Villen, eine davon ist heute ein besonders reizvolles Museum für Gegenwartskunst. Für die spirituelle Erbauung sorgt der »Heilige Berg«, ein derart schöner Prozessionsweg, dass er seit 2003 zum Weltkulturerbe der UNESCO gehört.

Der Prozessionsweg Sacro Monte ist ein zauberhafter Spaziergang.

Città Giardino, die Gartenstadt, diesen Beinamen hat sich Varese, heute eine betriebsame Stadt mit 82 000 Einwohnern, schon vor langer Zeit verdient – als lieblicher Ort der *delizia*, des Wohlfühlens, wie man heute sagen würde. Als Sommerfrische der exklusiven Kreise mit eleganten Villen, die in verwunschenen Parks liegen. In der Nähe von Mailand, die Entfernung beträgt nur knapp 50 Kilometer, und zugleich an der Route, die Richtung Norden in die Schweiz und nach Frankreich führte, gelegen, brachte der Handel der Stadt seit jeher Wohlstand. Gute Luft und reizvolle Belvedere-Lagen boten die üppige Vegetation, die nahen kleinen und größeren Seen, die sanft bewegten Anhöhen und die Berggruppe Campo dei Fiori im Norden über der Stadt. Der Bergzug steht mit seinen Grotten, Wasserfällen und dichten wilden Wäldern heute unter Naturschutz. Auf seiner ersten Anhöhe zieht sich der im 17. Jahrhundert entstandene Prozessionsweg Sacro Monte hinauf. Die ersten Villen der *delizia* entstanden gegen Ende des 17. Jahrhunderts und im Laufe des 18. Jahrhunderts stieg deren Zahl sprunghaft an. Die großen und mächtigen Familien aus Mailand und der Lombar-

dei bauten hier ihre zauberhaften Landsitze für die Sommerfrische, mit Parks zum Lustwandeln, Gästetrakten und Ballsälen.

Diese Villenkultur breitete sich im gesamten Gebiet nördlich von Mailand aus. Das krönende Beispiel ist die grandiose Villa Reale, die Königliche Villa, die sich Maria Theresia von Österreich 1777–1780 im nahen Monza errichten ließ. Ein paar Jahre zuvor hatte sich der lombardische Statthalter der Habsburger, Francesco III. aus dem Haus der Este, just Varese als Standort für seine Villa ausgesucht. Sein ebenfalls grandioser Palazzo Estense (Bauzeit 1766–1771) wurde zum Mittelpunkt des gesellschaftlichen Lebens.

Industrielle Boomtown und Liberty

Als dann Mitte des 19. Jahrhunderts die Industrialisierung einsetzte, ist es wieder die Lage der Stadt, die die Region um Varese zu einem der ersten Industriegebiete Italiens machte. Vor allem Textilindustrie siedelte sich hier an, da in der Lombardei auch Seidenraupen gezüchtet wurden. Die Stadt expandierte und auch das neue Bürgertum hielt Einzug. In den etwas höher gelegenen Wohnlagen entstanden nun Dutzende Villen im Liberty-Stil, dem italienischen Jugendstil. Varese, die Seen und der Hausberg Campo dei Fiori wurden

Oben: Die Villa Panza di Biumo ist ein schönes Beispiel für die Villenkultur vor den Toren Mailands.
Mitte: *The Slope* des belgischen Land Art Künstlers Bob Verschueren im Park der Villa
Unten: Auf dem Prozessionsweg Sacro Monte erfrischt man sich aus diesem Löwenmaul.

AUTORENTIPP!

BUMMEL DURCH DAS ZENTRUM VON VARESE

Von Mailand erreicht man Varese mit der Suburbana im 30-Minutentakt. Geht man 200 Meter geradeaus, ist das erste Ziel, die Basilika San Vittore erreicht, eine stattliche Renaissancekirche (16. Jh.) mit klassizistischer Front (18. Jh.), barockem Kirchturm (17. Jh.) und reichem Bilderschmuck. An der Südseite der Basilika steht das Battistero, die mittelalterliche Taufkirche. Vom Kirchvorplatz führt ein Durchgang durch die gegenüber liegende Häuserfront auf den Corso Matteotti, den Boulevard mit den besten Geschäften. Er verbindet die Piazza del Podestà mit der Piazza Carducci und im Süden der Piazza Monte Grappa. Von hier sind es nur ein paar Schritte bis zum Palazzo Estense, der riesigen Residenz des Herzogs Francesco III., heute Sitz der Stadtverwaltung. Durch den Park, eine Mischung aus französischer Geometrie und englischer Landschaftsromantik, spaziert man hinauf zur Villa Mirabello (18. Jh.), heute das Museum zur Frühgeschichte der Gegend.

AUSFLÜGE

zu einem beliebten Ausflugs- und Feriengebiet. Mit dem Zug kam man aus Mailand hierher, Drahtseilbahnen, die auf die Höhen führen, wurden gebaut, Hotels entstanden.

Mussolinis Provinzhauptstadt

Nach dem Ersten Weltkrieg bekam Varese den Verwaltungsstatus einer Provinz, 1926 von Benito Mussolini eigenhändig bestätigt. Das zog neue Monumentalbauten nach sich. Die Stadt dankte es dem Diktator, indem sie ihn zum Ehrenbürger machte (das ist er heute noch): Immer wieder gelangen Auseinandersetzungen im Rathaus in die Schlagzeilen, zwischen der Fraktion, die diese Ehrung abschaffen möchte, und der anderen, siegreichen, die an ihr festhalten will.

In der zweiten Hälfte des 20. Jahrhunderts boomte der Maschinen-, Flugzeug- und Motorradbau. Natürlich hinterließ das seine Spuren, die Moderne ist über die Gartenstadt hinweggewalzt. Neue Mittelstandsvillen entstanden im Grün um die Seen. Dafür wurden aber auch alte Villen und ihre Parks neu belebt. Eine dieser Villen bekam als Wohnsitz des Kunstsammlers Panza ein besonders aufregendes neues Innenleben.

Von Villa Menafoglio zu Villa Panza

Mit vollem Namen heißt sie Villa Menafoglio Litta Panza. Darin stecken die Namen ihrer Besitzer, um 1750 war es der adlige Bankier Paolo Antonio Menafoglio, der in dieser eleganten Villa in herrlich exponierter Lage auf der kleinen Anhöhe Biumo Superiore am exklusiven Leben in Varese teilnahm.

Im 19. Jahrhundert gelangte sie 1823 in den Besitz des Fürsten Pompeo Litta Visconti Arese, aus dieser

Die Gartenstadt Varese

Zeit stammt der klassizistische Ehrensaal mit den Glas- und Goldlüstern und den feinen Stuckdekorationen. Die letzten Erben boten die Villa 1934 zum Verkauf an, die Zeit der Feste und der *delizia* war längst vorbei. Der wohlhabende Weinhändler Ernesto Panza erwarb sie schließlich als Wohnhaus für seine Familie.

Vom Schatten ans Licht

Bei dessen damals neunjährigem Sohn Giuseppe hat die erste Begehung der Villa einen entscheidenden Eindruck hinterlassen. »Ich erinnerte mich an die lange Mauer des Gebäudes, die die Villa zur Straße begrenzte, völlig ohne architektonische Reize. Aber das Durchschreiten des Eingangsportals hinein ins Innere verursachte einen totalen Wandel. Vom Schatten ans Licht, vom Geschlossenen ins Offene, von der bescheidenen Mittelmäßigkeit zur Einzigartigkeit. Von einer gesichtslosen Architektur zu konzentrierter Raffinesse. Das, was mich am stärksten beeindruckte, war der Garten, das Licht. Der Horizont in allen Himmelsrichtungen. Es war ein großer grüner Raum zwischen Himmel und Erde. Die Vorstellung, in diesem Ambiente leben zu können, machte mich glücklich.«

Diesen »Wandel« erlebt auch der Besucher. Auf der Rückseite öffnet sich der elegante u-förmige Bau zu einem lichtdurchfluteten Garten, der wie eine Terrasse über der Landschaft und der Stadt zu schweben scheint. Die Suche nach der Magie des Lichtes sollte das Leben des Giuseppe Panza (1923–2010) beherrschen und ihn, mit seiner Frau Giovanna, zu dem wohl wichtigsten italienischen Sammler der Nachkriegszeit machen. In den Fünfzigerjahren begann er die ersten Arbeiten amerikanischer Gegenwartskünstler zu sammeln, als diese in Europa noch weitgehend unbekannt waren. Arbeiten von Robert Rauschenberg, Marc

AUTORENTIPP!

LUCE – DAS LICHT
So heißt das Restaurant in der Villa Panza, das Licht scheint durch die Fenster auf die weißen Tischdecken. Man sitzt im Parterre, und im Sommer ist es noch schöner, da tafelt man draußen und schaut in den zauberhaften Villenpark. Die raffinierte Beleuchtung macht das Lokal auch am Abend zu etwas Besonderem. Das hätte dem Grafen Panza bestimmt gefallen. Besonders ist auch die Küche. Kreativ werden traditionelle Zutaten neu gemischt, es empfiehlt sich das Gourmet-Menü, das die Küchenkunst von Chef Matteo Pisciotta aufs Beste vorführt. Längst ist das Lokal ein Feinschmeckertipp. Ein Saal bietet Bistro-Küche an, einfacher, handfester, aber ebenfalls sehr gut und ideal, wenn man es schlichter haben möchte. Außerdem gibt es eine kleine Caffetteria mit hübschen Tischen im Innenhof der Villa, auch die Kuchen sind exzellent.

Luce. Piazza Litta 1, 21100 Varese, Tel. 03 32/24 21 99

Oben: Der Prozessionsweg endet in der Wallfahrtskirche Santa Maria del Monte auf der Anhöhe.
Unten: Die Szene in der dreizehnten Kapelle zeigt die Entsendung des Heiligen Geistes.

Rothko, Bruce Nauman, Robert Ryman und vielen mehr. Deren Werke waren fremd, unorthodox und die Kriterien, um sie zu begreifen, mussten erst noch entwickelt werden. Die Villa, die Stallgebäude und der Park wurden der faszinierende Ausstellungsraum für diese neue Kunst, im engen Zusammenleben mit der Familie. In den Neunzigerjahren begann Panza für sein Konvolut von nunmehr über 2500 Werken nach Möglichkeiten zu suchen, sie der Öffentlichkeit zugänglich zu machen. Die amerikanischen Museen wie die Guggenheim Foundation und das MOCA in Los Angeles waren glücklich über die Chance, an frühe Werkgruppen dieser Künstler zu gelangen. In Italien garantiert der FAI, der private Kulturschutzverein (siehe auch die Mailänder Villa Necchi Campiglio S. 210), dass die Villa ein Gesamtkunstwerk bleibt und besucht werden kann. Hier sind nämlich vor allem die als *site specific* entstandenen Werke verblieben: Die magischen Lichträume, die Dan Flavin mit Neonröhren und James Turrel mit Tageslicht kreierten. Oder die monochromen Meditationsflächen von David Simpson, Phil Sims, Ford Beckman und Ruth Ann Fredenthal, schwebende Zeitlosigkeit in den

Die Gartenstadt Varese

Salons der Villa zwischen Stukkaturen und Goldbordüren – ein wahrlich glücklich machender Ort.

Auf den »Heiligen Berg«

Im Norden Vareses geht es hinauf auf den Campo dei Fiori. Den sanft ansteigenden Hang begleiten zahllose Liberty-Villen mit ihren Türmchen und Parks voller Zedern und Zypressen. Villen und heilige Orte suchen sich immer die besten Lagen aus. So beginnt hier auch der Prozessionsweg, Sacro Monte genannt. Die »Heiligen Berge« waren im 15. Jahrhundert an den Südhängen der Alpen entstanden, in einer Zeit, als die Pilgerreisen ins Heilige Land zu gefährlich geworden waren. Der erste, und berühmteste, war der Sacro Monte in Varallo am Monte-Rosa-Massiv im Piemont. In über vierzig Kapellen führen lebensgroße Figuren das Christusleben vor. Religion zum Miterleben, das war die Idee. Als der Mailänder Erzbischof Carlo Borromeo 1578 Varallo besuchte, war er so begeistert von diesem »Neuen Jerusalem«, dass er etwas Ähnliches auch im Mailänder Hinterland schaffen wollte. Geschichten aus der Bibel zum Anfassen als Kampagne gegen die von jenseits der Alpen drohende Reformation. 1604 begann man hier am Vareser Hausberg mit dem Bau der Kapellen im barockmanieristischen Stil, 14 an der Zahl, die über einen grandiosen Panoramaspaziergang hinaufgeleiten zum alten Marienheiligtum Santa Maria del Monte (12./16. Jh.) mit dem dazugehörigen Bergdorf. Jede Kapelle erzählt eine Geschichte aus dem Marien- bzw. Jesusleben, durch die Fenster schaut man wie in einen Schaukasten. Man sieht die Verkündigung in Marias Schlafzimmer, Jesus' Disput im Tempel und die Himmelfahrt Marias, ein ausdrucksstarkes Figurentheater mit reicher Bühnenmalerei. Ansprechende Trattorien und ein paar hübsche Hotels verweisen auf die alt eingesessene Ausflugstradition, als Naturerlebnis und als Pilgerweg.

AUTORENTIPP!

RADTOUR UM DEN LAGO DI COMABBIO

Varesotto heißt das Gebiet von Varese, zu dem drei Seen gehören. Der größte ist der Lago di Varese, im Südwesten liegen dann noch die beiden kleineren, der Lago di Monate und der Lago di Comabbio. Die Vareser fahren an die Seen zum Rudern und Kanufahren, alljährlich werden hier wichtige Wettkämpfe ausgetragen. Am Sonntag gehören die Ufer den Spaziergängern und Radfahrern. Ein besonders schöner Radweg führt um den Lago di Comabbio (12,5 km). Man staunt über die üppige Vegetation und den Reichtum an Wasservögeln. Räder kann man im Hotel Montelago im Uferort Ternate stundenweise mieten (Via Roma 32, 21020 Ternate (Varese), Tel. 03 32/96 01 36, www.hotelmontelago.com). Für eine Einkehr empfiehlt sich die nette Trattoria Lago dei Cigni direkt am Seeufer (Via Lago 28, 21029 Vergiate-Corgeno). Auch den großen Lago di Varese kann man mit dem Rad umrunden.

AUSFLÜGE

Infos und Adressen

SEHENSWÜRDIGKEITEN

Casa Museo Lodovico Pogliaghi. An diesen magischen Ort auf dem Sacro Monte hatte sich der Mailänder Maler, Bildhauer (sein Werk ist das mittlere Portal am Mailänder Dom), Grafiker und Lehrer an der Kunstakademie Brera, Lodovico Pogliaghi (1857–1950), zurückgezogen. Seit 2014 kann man sein eklektisches Atelierhaus besuchen. Sa, So 9–18 Uhr, Via Sacro Monte, 21100 Varese

Isolino Virginia im Lago di Varese. Zu den vorgeschichtlichen Funden bei Varese gehören auch die Reste eines über 4000 Jahre alten Dorfes aus Pfahlbauten, die auf dem Inselchen Isolino Virginia

Stillleben am Lago di Varese

am oberen Westufer des Lago di Varese ausgegraben wurden. Dieser Fund ist so bedeutend, dass er 2011 ins Weltkulturerbe der UNESCO aufgenommen wurde. Im Sommer starten Bootstouren vom Uferstädtchen Gavirate aus zum Inselchen. Sa 14, 17 Uhr, So 10, 14, 17 Uhr

Museo Baroffio. In einem Teil des Gebäudekomplexes des auf dem Gipfel des Sacro Monte gelegenen Marienheiligtums zeigt dieses Museum sakrale Kunst vom Mittelalter bis in die Neuzeit. Ostern bis Allerheiligen Do, Sa, So 9.30–12.30, 15–18.30 Uhr, Piazzetta Monastero, 21100 Varese

Villa Mirabello. Im oberen Teil der weiten Parkanlage des Palazzo Estense liegt diese hübsche ländliche Villa aus dem 19. Jh., in der heute das archäologische Museum von Varese untergebracht ist. Die reichen Bestände bezeugen die vor- und frühhistorische Besiedlung des Varesotto-Territoriums. Di–So 9.30–12.30, 14–18 Uhr, Piazza della Motta, 21100 Varese

Villa Panza di Biumo. Vom Bahnhofsvorplatz Piazza Trieste fährt alle 30 Min. die Buslinie A hinauf auf die Anhöhe Biumo Superiore zur Villa. Oder man geht in 20 Minuten zu Fuß über die Via Corsa vorbei an den hohen Mauern der Villengärten. Tgl. 10–18 Uhr, Piazza Litta 1, 21100 Varese, www.visitfai.it

Sacro Monte und der Santuario Santa Maria del Monte. Man erreicht ihn vom Bahnhof aus mit der Buslinie C, Halt am Haupteingang mit der 1. Kapelle. Parken kann man an der Piazzale Montanari. Von hier führt ein Fußgängertunnel zur Talstation der Drahtseilbahn »Funicolare«, die einen ins Dorf Borgo Santa Maria del Monte hinaufbringt. So kann man den Prozessionsweg bergab begehen. Der Weg mit den 14 Kapellen ist 2 km lang mit einem Höhenunterschied von 300 m. Mit dem Auto gelangt man auch an einen Platz oberhalb des Borgo Santa Maria del Monte: Der Weitblick von hier oben auf Alpengipfel und die Anhöhen des Campo dei Fiori ist grandios. Von hier führt der Prozessionsweg durch die Wallfahrtskirche hindurch. Via dell'Assunzione 21, 21030 Santa Maria del Monte (Varese), www.sacromonte.it

ESSEN & TRINKEN

Ristorante Milano. Das modernisierte, alteingesessene Restaurant wartet mit feiner Fleisch- und Fischküche auf und liegt neben dem Aufgang zur Wallfahrtskirche, am Sonntag kommt man nach der Messe zum Caffè her. Via Assunzione 7, 21100 Varese (Sacro Monte), Tel. 03 32/22 70 29, www.ristorantemilanosacromonte.it

Die Gartenstadt Varese

Ristorante Montorfano. Diese Trattoria belohnt nach dem Aufstieg mit deftigen Wildgerichten, Polenta und Pilzen. Auf die Berge, den Prozessionsweg und die Ebene mit Varese und den Seen schaut man von der Restaurantterrasse, das wohl schönste Schau-ins-Land-Plätzchen. Via del Santuario 74, 21100 Varese (Sacro Monte), Tel. 03 32/22 70 27

ÜBERNACHTEN

Al Borducan. Das Gebäude stammt aus dem Jahr 1924, die Zimmer sind aber frisch restauriert, und das gemütliche gastliche Mobiliar von anno dazumal wurde beibehalten. Dieses Flair passt zum Sacro-Monte-Besuch, und der Ausblick ist natürlich umwerfend. Via Beata Caterina Morriggi 43, 21100 Varese (Sacro Monte), Tel. 03 32/22 05 67, www.hotelborducan.com

Art Hotel Varese. Das moderne komfortable Hotel in einer schön restaurierten Villa liegt nah an der Villa Panza. Beliebter Treff bei einer Radtour um die oberitalienischen Seen, man kann hier auch Tourenräder mieten. Via Giuseppe Bertini 3, 21100 Varese, Tel. 03 32/21 40 00, www.arthotelvarese.it

B&B Il Parco e gli Affreschi. Hier wohnt man in einer echten Jugendstilvilla, in Zimmern mit kunstvollem Originalmobiliar. Park, Veranda und kulturelle Aktivitäten der engagierten Besitzer machen das Ganze zu einem Hochgenuss. Via Fincarà 27, 21100 Varese (Sacro Monte), Tel. 03 32/1 67 09 43, http://ilparcoegliaffreschi.it

Hotel Colonne. Dieses zauberhafte Hotel an der Bergstation der Drahtseilbahn versetzt einen mit seinem Panorama, seinen reizenden Zimmern, seiner exzellenten Küche in die *delizia* der einstigen Sommerfrische. Via Fincarà 37, 21100 Varese (Sacro Monte), Tel.03 32/22 04 04, www.albergocolonne.it

AKTIVITÄTEN

Strandbad L'Ultima Spiaggia. Besonders schönes Badewasser hat der Lago di Monate, der kleinste der drei Seen von Varese. Dieses sympathische Strandbad hat bequeme Sonnenliegen, eine schöne Liegewiese, Tretboote zum Mieten, ein hübsches Eiscafé und herrlich erfrischendes Seewasser zu bieten. Juli–Sept. tgl. bis spät abends, Via Milano 1458, 21028 Travedona Monate

Ein Werk von Renato Guttuso (1983) an der 3. Kapelle

REISEINFOS

Mailand von A bis Z 272

Anreise, Auto, Ärzte und Apotheken, Diebstahl, Diplomatische Vertretungen, Essen und Trinken, Feiertage, Festivals, wichtige Messen und Events, Mailand im Internet, Notruf, Öffentliche Verkehrsmittel, Öffnungszeiten, Rauchen, Stadtführungen, Stadtfahrten, Taxi, Touristeninformationen

Mailand für Kinder und Jugendliche 282

Kleiner Sprachführer 284

Register 286

Impressum 288

270/271: Entspannen im Schatten des Arco della Pace
Oben: Straßenbahnen vom Typ 1928.
Mitte: Jenseits des Kulinarischen lässt sich über Geschmack bekanntlich streiten.
Unten: Am Fuß des Torre Branca gibt es sogar eine Disco.

REISEINFOS

Mailand von A bis Z

Anreise

Mailand ist über drei Flughäfen zu erreichen: Den internationalen Aeroporto Malpensa, 50 km westlich von Mailand (www.milanomalpensa-airport.com), der von Lufthansa, Germanwings, Easyjet und Swiss Airlines angeflogen wird (Shuttlebus ins Zentrum bzw. zum Messegelände: www.malpensashuttle.it sowie Zug zum Stadtbahnhof Cadorna: www.malpensaexpress.it). Den Flughafen Linate 7 km östlich von Mailand (www.milanolinate-airport.com), von dem aus die Buslinien 73 und X73 sowie ein Shuttlebus in die Innenstadt fahren. Der dritte Flughafen ist der Aeroporto Internazionale di Orio al Serio bei Bergamo, der vor allem von Ryanair angeflogen wird (www.sacbo.it), von hier aus gibt es regelmäßige Bus- und Zugverbindungen nach Mailand und zu den Messegeländen.

Auto

Für die Mailänder Innenstadt innerhalb der »Area C«, die von den Ringstraßen der sogenannten Cerchia dei Bastoni, dem ehemaligen spanischen Befestigungsring, begrenzt wird, zahlt man wochentags eine City-Maut von 5 Euro pro Tag. Man bekommt das Ticket an Parkometern, in Tabakläden (*tabacchi*), in Zeitungskiosken, an ATM-Points (Verkaufsstellen der öffentlichen Verkehrsmittel) oder online unter www.aerac.it. Überall dort bekommt man auch den Parkschein für die mit blauen Streifen gekennzeichneten Parkplätze. Es gibt einige recht teure Parkgaragen und Parkhäuser in der Innenstadt.

Ärzte und Apotheken

In der Stadt gibt es sehr viele Apotheken (*farmacia*), am Hauptbahnhof befindet sich eine, die rund um die Uhr geöffnet ist (Galleria delle Carrozze,

Mailand von A bis Z

Tel. 02/6 69 07 35). Sofortige Hilfe bekommt man auch beim *pronto soccorso*, in der Notaufnahme, im Krankenhaus, z. B. im Ospedale Maggiore Policlinico, Via Francesco Sforza 33, 20122 Mailand, Tel. 02/55 03 66 86; die Notrufnummer lautet 118. Ein internationales Praxiszentrum ist das Milan Medical Center in der Innenstadt (Via Angelo Mauri 3, 20144 Mailand, Tel. 02/43 99 04 01, www.milanmedicalcenter.it), in dem auch deutschsprachige Ärzte praktizieren. Auf jeden Fall sollte man bei den Reisepapieren immer auch die Europäische Krankenversicherungskarte der eigenen Krankenkasse mitführen (EHIC European Health Insurance Card). In der Regel zahlt man in einer Arztpraxis gegen Rechnung bar und lässt sich die Ausgaben zu Hause von der eigenen Kasse zurückerstatten.

Diebstahl

Sollte man Opfer eines Diebstahls geworden sein oder Wichtiges verloren haben, empfiehlt sich eine sofortige Anzeige bei der Polizei, bei Diebstahl die *denuncia di furto*, bei Verlust die *denuncia di smarrimento*. Das kann man in jeder Station der Polizia oder der Carabinieri machen, in der Innenstadt beispielsweise bei der Questura di Milano, Via Fatebenefratelli 11, 20121 Mailand, Tel. 02/6 22 61 oder bei der Stazione Carabinieri, Via della Moscova 19, 20121 Mailand, Tel. 02/6 27 61.

Diplomatische Vertretungen

Deutsches Generalkonsulat: Via Solferino 40, 20121 Mailand, Tel. 02/6 23 11 01, www.italien.diplo.de
Österreichisches Generalkonsulat: Piazza del Liberty 4/8, 20121 Mailand, Tel. 02/78 37 43, www.bmeia.gv.at/botschaft/gk-mailand.html
Schweizer Generalkonsulat: Via Palestro 2, 20121 Mailand, Tel. 02/7 77 91 61, www.eda.admin.ch

Oben: Zeitgenössische Kunst im Garten der Villa Panza di Biumo in Varese
Unten: Mailand ist eine selbstbewusste Bürgerstadt mit stattlicher Wohnarchitektur.

REISEINFOS

Essen und Trinken

Man kann in Mailand sehr gut und abwechslungsreich essen. Die Mailänder Küche selbst ist ausgesprochen deftig, da sie aber heute auch dem ernährungsbewussten Städter schmecken soll, bemühen sich die Köche, sie um einiges leichter als früher zuzubereiten. Aber wenigstens einmal sollte man sich die Klassiker zu Gemüte führen. Dazu gehört das feine *Risotto allo zafferano*, das gelbe sämige Safranrisotto, ein weiterer *primo piatto*, ein erster Gang, ist die *Insalata di Nervitt*, glasig gekochtes Knorpelfleisch vom Knochen von Kalb oder Rind, das mit Zwiebeln, Karotten, Staudensellerie, Essig und Öl angemacht wird. Früher aß man – und heute wieder – Kutteln, *Trippa* oder *Busecca* genannt, oder die *Cassoeula*, ein Eintopf aus Schwein und Wirsingkohl. Die Königsgerichte sind allerdings der *Ossobuco*, die zart geschmorte Beinscheibe vom Kalb, sowie die *Cotoletta alla milanese*, das Kalbsschnitzel mit Knochen, das paniert und kross gebraten wird.

Zu dieser deftigen Küche findet sich auch der passende Wein, zum Beispiel der leicht moussierende rote Bonarda aus dem Anbaugebiet Oltrepò Pavese südlich von Pavia. Beliebte rote Tropfen kommen auch aus den hoch gelegenen Weinbergen der Valtellina, des Veltlins; weiße Weine wie Riesling, Weißburgunder und Lugana kommen aus dem Raum Brescia Richtung Gardasee. Und das in Italien hochkarätigste Anbaugebiet für Schaumwein nach Champagnerart ist die Franciacorta im Süden des lombardischen Sees Lago d'Iseo.

Der Mailänder Kost stehen all die anderen Küchen gegenüber, die man sonst noch in der Stadt der Zuwanderer genießen kann. So findet man hier Trattorien und Restaurants mit toskanischer, sizilianischer, piemontesischer und apulischer Küche. Auch kann man in Mailand ausgezeichnet Fisch essen, der Fischmarkt der Stadt gilt als der größte und wichtigste Handelsplatz für Meeresfrüchte in

Oben: Ein wichtiger Job in Mailand ist der des Barkeepers für das Aperitif-Ritual.
Mitte: Ins Risotto gehört Safran, besonders lecker im El Barbapedana.
Unten: Zum Aperitif gibt es Finger Food-Buffets wie in der Hotelbar Straf.

Mailand von A bis Z

Italien, entsprechend gut und frisch ist die Qualität. Heute kann man allerdings eine Art moderne Angleichung der Speisekarten feststellen. Es hat sich in den letzten Jahren eine feine leichte mediterrane Küche durchgesetzt, mit kurzen schonenden Garzeiten, viel frischem Gemüse und Kräutern, Meeresfrüchten und ausgesuchtem Edelfisch und -fleisch. Außerdem ist Mailand sicherlich die Stadt in Italien, die die meisten Restaurants mit ausländischer Küche aufbieten kann: asiatische Speisen in allen Varianten, wobei die japanische Sushi-Küche in ihrer hochästhetischen Darbietung bei den schicken kalorienbewussten Mailändern den meisten Anklang findet. Hinzu kommen afrikanische, indische und südamerikanische Restaurants und Imbisse.

In den letzten Jahren gibt es immer mehr Lokale, die den ganzen Tag über geöffnet sind, in denen man frühstücken, lunchen, snacken, Tee trinken und Kuchen essen kann, in denen man sich zur Happy Hour am Buffet trifft, zu Abend isst und den letzten Cocktail trinkt.

Die Preise sind vor allem in der Innenstadt höher als sonst in Italien, man muss sich aber nur ein wenig vom Zentrum entfernen, und alles normalisiert sich. Man sollte damit rechnen, dass in der Regel ein Gedeckzuschlag berechnet wird, und immer noch gibt es das eine oder andere Lokal, das zusätzlich den Service auf die Rechnung setzt. Das steht aber immer auf der Speisekarte. Viele Restaurants haben am Sonntag geschlossen, das gilt natürlich nicht für die Ausgehlokale an den Navigli oder an der Porta Ticinese, die wiederum schließen dafür in der Regel montags. Wer ein gehobenes Restaurant besuchen möchte, dem sei dringend empfohlen, vorher telefonisch einen Tisch zu reservieren, das gilt vor allem für den Freitag- oder Samstagabend.

Oben: In der Stadt liebt man es ländlich wie im Un posto a Milano in der Cascina Cuccagna.
Mitte: Das Auge isst mit.
Unten: Design gehört im Restaurant Larte auch zum Essen.

Wer in einer Bar eine Kleinigkeit essen möchte, ein *panino* oder ein *croissant*, der kann das an der

Oben: Wohnblocks aus den zwanziger Jahren
Mitte: Interessante Modelle zur Luftfahrt im Museo della Scienza e della Tecnologia
Unten: Aus einem Marmorblock meißelte Michelangelo diese Pietà, zu sehen im Castello Sforzesco.

REISEINFOS

Theke im Stehen tun, sobald man sich an ein Tischchen setzt, werden andere, höhere Preise berechnet.

Noch ein Hinweis: In der Regel warten die Gäste am Eingang des Restaurants darauf, dass eine Bedienung kommt und sie an einen Tisch geleitet, das gilt auch in einer Pizzeria. Auch wird üblicherweise nicht einzeln abgerechnet, vielmehr zahlt einer die gemeinsame Rechnung, dann teilt man sie untereinander auf.

Feiertage

1. Januar: Capodanno (Neujahr)
6. Januar: Heilige Drei Könige
25. April: Anniversario della Liberazione '45 (Nationalfeiertag)
1. Mai: Festa del Lavoro (Tag der Arbeit)
2. Juni: Festa della Repubblica (Nationalfeiertag)
15. August: Ferragosto (Mariä Himmelfahrt)
1. November: Ognissanti (Allerheiligen)
7. Dezember: Sant'Ambrogio (Fest des Stadtpatrons)
8. Dezember: Immacolata Concezione (Mariä Empfängnis)
25./26. Dezember: Natale (Weihnachten)

Festivals, wichtige Messen und Events

Jeden Mittwoch liegt der Mailänder Tageszeitung *Il Corriere della Sera* der wöchentliche Veranstaltungskalender *Vivimilano* bei.
Corteo dei Magi: Der Zug der Heiligen Drei Könige am 6. Januar.
Carnevale Ambrosiano: Die Mailänder feiern einen späten Karneval, und zwar erst am Samstag nach Aschermittwoch, so hatte es noch Erzbischof Ambrogio im 4. Jahrhundert festgelegt. Dann zieht ein bunter Maskenzug durch die Innenstadt.

Mailand von A bis Z

Borsa Internazionale del Turismo (BIT): Mitte Februar findet die größte Tourismusmesse Italiens statt (www.bit.fieramilano.it).
MiArt: Die große Kunstmesse Mitte April (www.miart.it)
Salone Internazionale del Mobile: Eine Woche später steht die ganze Stadt im Zeichen des Designs, der Möbel und Einrichtung (www.salonemilano.it).
Fiori sul Naviglio: Mitte April und Anfang Oktober verwandeln sich die Naviglio-Ufer in einen zauberhaften Garten- und Pflanzenmarkt.
Milano Marathon: Alljährlich Mitte April findet der große Marathon statt. Start ist der Vorort Rho, beim Messe- und EXPO-Gelände, Ziel ist das Kastell in der Innenstadt (www.milanomarathon.it).
Piano City: Im Mai ertönen drei Tage lang an ausgefallenen Orten die schönsten Klavierklänge (www.pianocitymilano.it).
EXPO – Esposizione Internazionale Milano 2015: Die Internationale Weltausstellung 2015 findet vom 1. Mai bis zum 31. Oktober in Mailand statt, in rund 150 Pavillons stellen Länder und Organisationen zum Thema »Feeding the Planet, Energy for Life« aus (www.expo2015.org).
Gelato Festival: Das jedes Jahr durch die größeren italienischen Städten tourende Eis-Festival beglückt seine Besucher mit den Kreationen der besten Eiscrememacher, in Mailand machen sie jeweils für mehrere Tage Station – meist ums und im Kastell – Anfang Juni und in der ersten Septemberhälfte (www.gelatofestival.it).
Tra Sacro e Sacro Monte: Theaterfestival am Sacro Monte von Varese jedes Jahr im Juli (www.trasacroesacromonte.it)
MiTo: Ein besonders hochkarätiges Konzertprogramm beherrscht den ganzen September: Gespielt wird in Theatern, in Konzertsälen, in Kirchen und auf Plätzen. Festivalorte sind sowohl Mailand

Oben: Eine Kirche mit besonders schönen Fresken ist Sant'Eustorgio.
Unten: Typisch für Mailand ist die *casa ringhiera* mit Balkonen, die die Wohnungen verbinden.

REISEINFOS

Oben: Das Museo del Novecento im Stil des Rationalismus der dreißiger Jahre
Mitte: Höchste gotische Bildhauerkunst zeigt der Sarkophag (14. Jh.) in der Kapelle Portinari.
Unten: Architektur des 20. Jhs. kann man in Mailand entdecken.

als auch Turin (www.mitosettembremusica.it).
O Bej, o bej: Am 7. Dezember, dem Patronatsfest zu Ehren des Stadtheiligen Sant'Ambrogio, wird ein Markt um das Kastell aufgebaut. Außerdem wird an dem Abend desselben Tages die Saison des Teatro alla Scala eröffnet.

Mailand im Internet

Neben den im Reiseführer genannten Internetadressen empfehlen sich weitere Websites, zum Beispiel der auch deutschsprachige Online-Guide www.milano24ore.de; oder das Magazin für Ausländer in Mailand www.easymilano.it. Ein weiteres interessantes Magazin, das von in Mailand lebenden Ausländern gemacht wird, ist www.wheremilan.org , auch mit zahlreichen Blogeinträgen. Ein australisches Paar, das in der Stadt lebt, berichtet von seinen Entdeckungen und Empfehlungen auf www.ourmilantransfer.blogspot.de.

Notruf

Der Notruf für alle Belange: 112

Öffentliche Verkehrsmittel

Mailand hat ein gutes Netz aus Bussen, Straßenbahnen, mehreren U-Bahn-Linien und Stadtzügen. Fahrkarten (Einzelfahrt 1,50 Euro) bekommt man an den Automaten oder in den Zeitungskiosken in den U-Bahn-Stationen. Zur Orientierung geht man entweder auf www.atm.it, oder man besorgt sich einen Metro- und Busplan am ATM-Schalter an den Bahnhöfen (Centrale, Cadorna, Porta Garibaldi, Lambrate) oder am ATM-Schalter im Metrobahnhof unterhalb des Domplatzes. Hier erhält man auch Informationen darüber, wie man sich ein City-Bike mieten kann. Überall in der Innenstadt stehen die gelben Bikes, die von den Einhei-

Mailand von A bis Z

mischen eifrig genutzt werden, denn Mailand hat sich zu einer recht radfahrerfreundlichen Stadt entwickelt. Auch das Carsharing findet immer mehr Anklang.

Die Suburbana-Zuglinien sind mit einem S gekennzeichnet, sie durchziehen die Innenstadt, darüber hinaus verbinden sie Mailand aber auch mit dem Hinterland zwischen Como und Pavia, Lodi, Varese, Monza und Bergamo (www.trenord.it).

Öffnungszeiten

In der Regel schließen die Läden und kleinere Boutiquen in der Mittagszeit zwischen 13 und 16 Uhr, allerdings sind in der Innenstadt die größeren internationalen Stores alle durchgehend geöffnet. Zu den offiziellen Schließzeiten gehört in der Lombardei auch der Montagmorgen. Doch auch hier gilt, dass sich in der Innenstadt die für Touristen interessanten Läden nicht daran halten. Viele Supermärkte haben am Sonntagvormittag und sonst bis 21 Uhr geöffnet.

Rauchen

In allen öffentlichen Räumlichkeiten wie Bars, Restaurants, Hotels oder Zügen ist das Rauchen strikt verboten. Man trifft sich vor den Eingangstüren, meist schon mit Raucherbänkchen und Aschenbecher ausgestattet.

Stadtführungen

Es gibt zahlreiche Agenturen und Stadtführer, die Touren auf Englisch oder Deutsch zu allen möglichen Themen anbieten, etwa die Fashion- oder Designtour, auf den Spuren von Leonardo da Vinci, zum Thema Food & Drink oder klassische Museumstouren. Man kann sie zu Fuß, auf dem Segway

Oben: An den Ufern der Navigli findet sich z. B. das Sofa Café.
Mitte: Murales, die Kunst der Writer: Die Mauern sind regelrechte Street-art-Galerien.
Unten: Das Museo Poldi Pezzoli ist ein Casa Museo, ein Museum in einem ehemaligen Wohnhaus.

Oben: Die prachtvolle Galleria Vittorio Emanuele II.: Symbol für die Mailänder Eleganz.
Unten: Vielerorts stößt man auf Bronzeskulpturen des Bildhauers Arnaldo Pomodoro.

oder mit dem Fahrrad unternehmen. Angebote finden sich zum Beispiel auf den Webseiten www.viator.com oder auf www.aboutmilan.com. Im Touristenbüro liegen auch immer wieder neue aktuelle Führungstermine aus.

Stadtrundfahrten

Auch durch Mailand fahren die roten City-Sightseeingbusse mit dem offenen Panoramadeck. Man kann mit dem Ticket ein Stück mitfahren, abspringen und an anderer Stelle wieder zusteigen, eine sogenannte Hop-On-Hop-Off-Tour (www.milano.city-sightseeing.it). Eine weitere Möglichkeit, die Stadt zu erkunden, ist die Fahrt in einer historischen Straßenbahn, ebenfalls eine Hop-On-Hop-Off-Tour (www.tramilano.com).

Taxi

Die offiziellen Mailänder Taxis sind weiß, man kann sie beispielsweise unter den Nummern 02/53 53 oder 02/85 85 bestellen. Die Taxis zum Flughafen Malpensa ruft man unter der Nummer

Mailand von A bis Z

02/40 09 90 29. Eine Fahrt vom Flughafen Malpensa in die Innenstadt kostet 90 Euro, zur Messe Rho 65 Euro.

Touristeninformationen

Informazione Turistica in der Galleria Vittorio Emanuele/Ecke Piazza della Scala. Tgl. 9–19 Uhr, Tel. 02/88 45 55 55; Stazione Centrale, Galleria delle Partenze, Bahnsteig 21, Tel. 02/77 40 43 18 (www.turismo.milano.it, www.visitamilano.it). Die Mailänder Fremdenverkehrszentrale gibt die Monatszeitschrift *MilanoMese* heraus, die alle aktuellen Informationen zu Museen, Ausstellungen, Kulturveranstaltungen und Sightseeingtouren auch auf Englisch beinhaltet. Man kann sie auch von der oben genannten Website herunterladen. Mit einem Besucherpass für 24 Stunden oder mehr erhält man Nachlässe in Geschäften, Restaurants, Ausstellungen, Museen, Konzerten und vielem mehr (www.themilanpass.com).
EXPO-Gate. Das sind die beiden weißen Zelte vor dem Kastell, die während der EXPO alle möglichen nützlichen Informationen zur Weltausstellung bereithalten (www.expo2015.org).
ENIT-Italienische Zentrale für Tourismus, für deutschsprachige Länder: Barckhausstraße 10, 60325 Frankfurt a. M. Tel. 0 69/23 74 34, www.enit-italia.de

Oben: Man sollte den Blick auf die Fassaden der Wohnhäuser richten.
Mitte: Köstlichkeiten für einen Moment des puren Genusses
Unten: Superschicke Extravaganz in der edlen Vintage-Boutique L'Arabesque

Mailand für Kinder und Jugendliche

PARKS UND EISDIELEN

Mailand ist eine Einkaufs- und Businessstadt, eben eine echte Erwachsenenstadt. Da fällt es im ersten Moment schwer, sich einen Stadtbesuch mit Kindern vorzustellen. Doch nun leben ja auch jede Menge Familien hier, und man staunt, wie viele Aktivitäten und Events für Kinder organisiert werden. Aber die sind natürlich alle auf Italienisch, vom Marionettentheater bis Vorlesen, das gilt auch für die sonntäglichen Spiel- und Bastelstunden in den Museen. Dennoch, wer vielleicht doch mal ausprobieren möchte, ob Kinder auch ohne Sprachkenntnisse mitmachen können, der kann sich im Touristenbüro informieren bzw. im Veranstaltungskalender MilanoMese (auch auf Englisch) des Fremdenverkehrsamts (www.visitamilano.it), in dem die Kinderprogramme aufgeführt sind. Immerhin, es gibt sogar Kochkurse für Kinder, etwa bei Eataly (s.S. 178), in denen Kinder zusammen Spaghetti kochen.

Spaßbäder gibt es in Mailand auch

Nun hat Mailand auch wenig Grün oder Freiflächen, alles ist auf den Straßenverkehr konzentriert. Die größte autofreie Freifläche, auf der Kinder herumtollen können, ist natürlich der weite Domplatz. Doch egal in welchem Innenstadtteil man unterwegs ist, einer der wenigen, aber hübschen und sämtlich mit Spielplätzen und Spielangeboten ausgestatteten Stadtparks ist immer irgendwo in der Nähe, so die **Giardini Pubblici** im Osten, der **Parco Sempione** mitten im Zentrum hinterm Kastell, der **Parco delle Basiliche** im Rücken der Basilika San Lorenzo oder der **Parco Don Giussani** im Tortona-Viertel. Bei den Parks befinden sich auch die altmodischen grünen Wasserspeier, an denen man seine Wasserflaschen mit sauberem Trinkwasser nachfüllen kann.

Ein Stimmungsaufheller ist auch immer ein Eis, die Innenstadt wimmelt nur so von appetitlichen, darunter auch vielen neuen **Eisdielen**, die *gelato artigianale* anbieten, frisch aus Früchten und kein Industrieeis.

Benutzt man die öffentlichen Verkehrsmittel, sind sie für Kinder bis 10 Jahre in Begleitung Erwachsener gratis.

MUSEEN MIT KINDERN

Einige Museen, die im Führer erwähnt sind, sind auch für Kinder empfehlenswert: Das **Aquarium im Parco Sempione** (s. S. 145), das **Naturwissenschaftliche Museum in den Giardini Pubblici** (s. S. 195) und natürlich das große **Technikmuseum »Leonardo da Vinci«** (s. S. 228). In einige Museen dürfen Kleinkinder bis 3 Jahre gratis hinein, Kinder und Jugendliche zahlen einen reduzierten Preis.

Museo dei Bambini MUBA. Das Mailänder Kindermuseum befindet sich in den spektakulären Räumen der Rotonda Besana (s. S. 214). Es gibt interaktive Ausstellungen zu den Elementen, Welten und Materialien, schön gemacht und im kleinen Park kann man spielen und relaxen. Mo 9.30–15.30, Di–Fr 9.30–18.30, Sa, So 10–19 Uhr, Via Enrico Besana 12, 20122 Mailand, www.muba.it

WOW Spazio Fumetto. Das ist das italienische Comicmuseum. Hier werden Ausstellungen gezeigt zum *Herrn der Ringe*, zu Mickey Mouse und zu japanischen Mangas. Comics haben eine lange Tradition in Italien, und sie werden auch von Jugendlichen und Erwachsenen gern gelesen. In Mailand sitzen die Comiczeichner und die entsprechenden Verlage. Hier kann man Originalzeichnungen sehen, es gibt eine Comicsammlung, eine Bibliothek, ein Café und einen Garten. Di–Fr 15–19, Sa, So 15–20 Uhr, Viale Campania 12, 20133 Mailand, www.museowow.it

FREI- UND ERLEBNISBÄDER

Im Sommer, wenn es recht drückend und stickig werden kann, kann man sich in ein paar Freibädern erfrischen: Im Viertel der Navigli im **Centro Balneare Argelati,** Via Giovanni Segantini 6, 20143 Mailand (Di geschl.), im Norden der Stadt im **Centro Balneare Romano,** Via Ampère 20, 20131 Mailand (Mi geschl.), im Nordosten im **Centro Balneare Scarioni,** Via Valfurva 9, 20162 Mailand (Mo geschl.).

Acquaworld. Richtung Monza liegt dieses noch recht neue, ganzjährig geöffnete Erlebnisbad, schön mit verschiedenen Becken, Liegeinseln und Kinderbecken. Tgl. 9–22 Uhr, Via Giorgio la Pira 16, 20863 Concorezzo, www.acquaworld.it

Gardaland Waterpark. Dieser Wasserpark im westlichen Vorort Quinto Romano gleich an der Stadtautobahn hat viele waghalsige Attraktionen zu bieten, sodass hier auch Jugendliche ihren Spaß haben werden. Und für die Kleinen tun es die Wasserrutschen. Via Gaetano Airaghi 61, 20153 Mailand, www.gardalandwaterpark.it

Idroscalo und Luna Europark. Nahe beim Flughafen Linate wurde 1926 ein 2,6 Kilometer langes Wasserbecken als Start- und Landefläche für Wasserflugzeuge ausgehoben. Das ist heute ein Freizeitgebiet voller Wassersportangebote, mit Wald, Liege- und Spielwiesen, das »Meer der Mailänder« genannt. Im Sommer finden hier auch Musikfestivals statt. Es gibt auch einen klassischen Vergnügungspark mit Kirmesattraktionen, den Luna Europark. Via Rivoltana 64, 20090 Segrate (Mailand).

In den Stadtparks trifft man sich zum Bolzen.

Kleiner Sprachführer

ALLGEMEIN

Guten Tag Buongiorno
Hallo! Ciao!
Auf Wiedersehen Arrivederci
Wie geht es Ihnen/Dir? Come sta/stai?
Danke, gut Bene, grazie
Ja Si
Nein No
Bitte ... Per favore ...
Danke Grazie
Gern Con piacere
Wie bitte? Come dice?
Ich verstehe nicht. Non capisco.
Ich heiße ... Mi chiamo ...
Ich spreche kein Italienisch.
 Non parlo l'italiano.
Sprechen Sie ...? Parla ...?
Wie viel Uhr ist es? Che ore sono?

UNTERWEGS

links a sinistra
rechts a destra
geradeaus diritto
nah vicino
fern lontano
Gibt es in der Nähe ...?
 C'è ... qui vicino?
Entschuldigung, wo ist ...?
 Scusi, dov'è ...?
geöffnet aperto/a
geschlossen chiuso/a
die Briefmarke il francobollo
die Touristeninformation l'ufficio di turismo
der Hauptbahnhof la stazione centrale
die U-Bahn la metropolitana
die Bushaltestelle la fermata dell'autobus
das Busticket (U-Bahn-Ticket) il biglietto per l'autobus (metropolitana)
der Flughafen l'aeroporto
das Museum il museo
die Kirche la chiesa
das Hotel l'albergo
Hilfe! Aiuto!
die Polizei la polizia
der Arzt il medico

ÜBERNACHTEN

Ich habe ein Zimmer reserviert.
 Ho riservato/a una camera.
Haben Sie ein freies Zimmer?
 C'è una camera libera?
Ich suche ein Zimmer für ... Personen.
 Cerco una camera per ... persone.
das Einzelzimmer la camera singola
das Doppelzimmer la camera doppia
mit Bad con bagno
mit Frühstück con prima colazione
mit Halbpension a mezza pensione
für eine Nacht per una notte
für eine Woche per una settimana
das Gepäck il bagaglio

ESSEN UND TRINKEN

Haben Sie einen Tisch für ... Personen?
 Avete una tavola per ... persone?
Reservieren Sie bitte für 20 Uhr einen Tisch für 4 Personen. Per favore, ci riservi un tavolo per quattro persone per le ore venti.
Ist dieser Tisch noch frei? È libero questo tavolo?
Herr Ober! cameriere!
Fräulein! cameriera!
Die Speisekarte, bitte! La lista, per favore!
Ich bin Vegetarier. Sono vegetariano/a.
Ich möchte ... Desidero ...
Guten Appetit! Buon appetito!
Die Rechnung bitte. Il conto, per favore.

Das ist für Sie. Questo è per Lei.
das Tagesmenü il menu a prezzo fisso
das Frühstück la colazione
das Mittagessen il pranzo
das Abendessen la cena
die Vorspeise l'antipasto
der erste Gang il primo
die Hauptspeise il secondo
die Beilage il contorno
die Nachspeise il dolce
das Gedeck il coperto
die Weinkarte la lista dei vini
das Glas la bicchiere
die Flasche la bottiglia
das Mineralwasser mit/ohne Kohlensäure l'aqua minerale gassata/naturale
der Orangensaft il succo d'arancia
das Bier la birra
der Weißwein il vino bianco
der Rotwein il vino rosso
gebacken al forno
gegrillt alla griglia
der Käse il formaggio
das Eis il gelato
der Salat l'insalata
das Öl l'olio
das Brot il pane
der Pfeffer il pepe
der Salz il sale
das Fleisch la carne
das Huhn il pollo
das Kalb il vitello
das Würstchen la salsiccia
gekochter/geräucherter Schinken prosciutto cotto/crudo
der Fisch il pesce
der Tintenfisch i calamari
der Thunfisch il tonno
die Garnelen i gamberi
die Meeresfrüchte i frutti di mare
der Kuchen la torta
die Kartoffeln le patate
der Reis il riso
die Tomate il pomodoro
der Zucker lo zucchero

EINKAUFEN

das Geschäft il negozio
der Markt il mercato
der Supermarkt il supermercato
die Bäckerei il panificio
die Apotheke la farmacia
Ich hätte gerne … Vorrei …
Wie viel kostet das? Quanto costa?
Das gefällt mir (nicht). (Non) mi piace.
Ich nehme es. Lo prendo.
teuer caro/a
billig a buon mercato
die Größe la taglia
bezahlen pagare
das Geld i soldi
die Kreditkarte la carta di credito
der Geldautomat il bancomat

ZAHLEN

1 uno
2 due
3 tre
4 quattro
5 cinque
6 sei
7 sette
8 otto
9 nove
10 dieci
100 cento
1000 mille
1/4 un quarto
1/2 un mezzo

REGISTER

Abendmahl 7, 19, 35, 116, 222 ff.
Abteien
   Abbazia di Chiaravalle 260
   Abbazia di Mirasole 258 f.
   Abbazia di Viboldone 259 f.
Aeroporto Internazionale 272
Aeroporto Linate 272
Aeroporto Malpensa 272
AC Milan 160
Acquario Civico 145
Ambrosius 18, 24, 36, 78, 126 f., 168, 213, 216, 232
Arco della Pace 145
Armani, Giorgio 6, 62 ff., 251 f.

Basilika Sant'Ambrogio 7, 126 ff.
Biblioteca Ambrosiana 112 ff.
Börse 108 f.
Brera 92 ff., 170
Brian & Barry Building 56

Casa Milan 158 ff.
Cascina Cuccagna 217
Castello Sforzesco 7, 136 ff.
Castiglioni, Achille 16, 150 f.
Chinatown 152 f.
Cimitero Monumentale 22, 154 ff.
City Life 158 ff.

Codex Atlanticus 116 f.
Corso Buenos Aires 186 ff.
Corso Vittorio Emanuele II. 54

»**D**esign District Tortona« 250 ff.
Dom 6, 30 ff., 38 ff.

Eataly 178 ff.
Einstein, Albert 66 f.
Excelsior 53
EXPO 25, 256 f.
EXPO-Gate 143, 257, 277, 281

Galleria Vittorio Emanuele II 6, 15, 48 ff.
Gallerie d'Italia Piazza Scala 84 ff.
Giardini Pubblici Indro Montanelli 195 f., 282

Isola 180 ff.

La Rinascente 52 f.
Lago di Comabbio 267
Leonardo da Vinci 7, 19, 35, 39, 41, 65, 76 f., 86, 112 ff., 116 f., 138, 222 ff., 228 ff., 246, 257, 279
Luini, Bernardino 122

Magistretti, Vico 35, 44, 151, 172, 207, 209
Maria Theresia 20, 24, 38, 62, 78, 96, 99, 263
Mediolanum 17, 109, 120, 124 f., 222
Memoriale della Shoah 185

Montanelli, Indro 194 f.
Museen
   Casa Museo Bagatti Valsecchi 70 f.
   Casa Museo Boschi Di Stefano 192 f.
   Casa Museo Poldi Pezzoli 6, 59, 72 ff.
   Casa Museo Villa Necchi Campiglio 210 f.
   Galleria d'Arte Moderna 197
   Museo Archeologico 124 ff.
   Museo Civico di Storia Naturale 195
   Museo d'Arte Antica 142
   Museo d'Arte e Scienza 231
   Museo dei Bambini MUBA 282
   Museo del Duomo 6, 38 ff.
   Museo della Prestoria e Protostoria 142
   Museo delle Culture del Mondo 253
   Museo del Novecento 6, 42 ff.
   Museo Diocesano 238 ff.
   Museo Egizio 142
   Museo Mangini Bonomi 113
   Museo Martinitt e Stelline 229
   Museo Nazionale della Scienza e della Tecnologia »Leonardo da Vinci« 228 ff.

Padiglione d'Arte Contemporanea 198
Pinacoteca di Brera 6, 98 ff.
Studio Museo Achille Castiglioni 150 f.
Studio Museo Francesco Messina 237
Studio Museo Vico Magistretti 207
Trienale Design Museum 7, 13, 146 f.
Mussolini, Benito 22, 25, 39, 43, 110, 264

Napoleon Bonaparte 20, 25, 33, 38, 63, 96, 98f., 100, 140f., 144f., 196f., 239, 259
Navigli 7, 11, 19, 244 ff., 277
Nouvel, Jean 53

Palazzo della Ragione 107
Palazzo Litta 123
Palazzo Reale 38 ff., 47, 257
Parco Portello 160
Parco Sempione 144 f.
Piazza Cordusio 108 ff.
Piazza dei Mercanti 106 f.
Piazza della Scala 6, 49, 62 f., 76 f., 84, 117
Piazza San Babila 54ff.
Piazza Sant'Alessandro 233
Piccolo Teatro 166 f.
Pinacoteca Ambrosiana 112 ff.
Pinacoteca di Brera 6, 98 ff.

Planetario »Ulrico Hoepli« 195
Porta Nuova 170
Porta Romana 216 f.
Porta Ticinese 238 f.
Porta Venezia 186 ff.

Quadrilatero della Moda 54f.
Quadrilatero d'oro 6, 54 ff.

San Lorenzo Maggiore 232 ff.
San Maurizio al Monastero Maggiore 120 ff.
San Simpliciano 168 f.
Santa Maria delle Grazie 19, 116, 222 ff.
Sant'Eustorgio 238 ff.
Scala 78 ff.
Stadion San Siro Meazza 160
Stazione Centrale 184 f.

Teatro alla Scala 78 ff.
Teatro dell'Elfo 187
Torre Branca 138

Università Ca' Granda 212 ff.

Varese 262 ff.
  Casa Museo Lodovico Pogliaghi 268
  Sacro Monte 262
  Villa Panza di Biumo 262
Via Manzoni 62f.
Via Paolo Sarpi 152f.
Via Torino 232 ff.

»Viertel der Stille« 204 ff.
Villa Meissen 58
Villa Reale 196 ff.

IMPRESSUM

Verantwortlich: Ulrich Jahn,
Franziska Sorgenfrei
Redaktion: Nadja Pietraszek
Layout: Roman Bold & Black, Köln
Repro: Repro Ludwig, Zell am See
Kartografie: Kartographie Huber,
Heike Block, München
Herstellung: Bettina Schippel
Printed in Slovenia by Florjancic

Sind Sie mit diesem Titel zufrieden?
Dann würden wir uns über Ihre
Weiterempfehlung freuen.

Erzählen Sie es im Freundeskreis,
berichten Sie Ihrem Buchhändler, oder bewerten Sie bei Onlinekauf.

Und wenn Sie Kritik, Korrekturen
Aktualisierungen haben, freuen wir uns über
Ihre Nachricht an
Bruckmann Verlag,
Postfach 40 02 09,
D-80702 München
oder per E-Mail an
lektorat@verlagshaus.de.

Unser komplettes Programm finden
Sie unter

 www.bruckmann.de

Alle Angaben dieses Werkes wurden von den Autoren sorgfältig recherchiert und auf den neuesten Stand gebracht sowie vom Verlag geprüft. Für die Richtigkeit der Angaben kann jedoch keine Haftung übernommen werden.

Bildnachweis:
Alle Bilder des Innenteils und des Umschlags stammen von Thilo Weimar, außer: Antica Locanda Leonardo: S. 227o.; Archiv Museo Poldi Pezzoli: S. 74,Hosteria Borromei: S. 111 o.;Hotel Straf: S. 33; Huber Bildagentur (www.huber-images.de): S. 40 u. (Ripani Massimo), S. 112, S. 114 o., S. 115, S. 117 o.

(Croppi Gabriele), S. 120 (Da Ros Luca); La Terrazza: S. 199 o. Mario Zanaria: S. 79; mauritius images (www.mauritius-images.com): S. 52 (CuboImages), S. 182 u. (Alamy, © HermesMereghetti), S. 232 u. (Alamy,© MARKA), S. 267 (Alamy,© Universal Images Group); Meissen: S. 58; Museo Mangini Bonomi, Fondazione Emilio Carlo Mangini: S. 113; Oliver Rösler: S. 59, S. 64 u., S. 66, S. 67 o.; Oliviero Carlo Venturi: S. 118; Ostello Bello: S. 237.; Pasticceria Galdina: S. 131 o.; picture alliance (www.picture-alliance.com): S. 54 (HermesImages – www.TipsImages.it), S. 225 o. (akg-images); Shutterstock (www.shutterstock.com): S.9 (Atlaspix), S. 36, S. 231 u., S. 257 (Paolo Bona), S. 38 (Joymsk140), S. 39 (Vipavlenkoff), 40 o. (Rob van Esch), 45 (serenarossi), S. 62 (claudio zaccherini), S. 63 (Nomad_Soul), S. 76 (D.serra1), S. 125 (Malgorzata Kistryn), S. 161 o. (360b), S. 171 (Dmitrijs Dmitrijevs), S. 175 (LuminatePhotos by judith), S. 112 o. (Greta Gabaglio), S. 232 o. (Elisa Locci), S. 256 (Adriano Castelli), S. 259 (OmiStudio), S. 268 (elesi), S. 282 (Francesco Dazzi); Massimo Franco: S. 119; UNA Maison Milano: S. 37; Wait and See: S. 111 u.;

Umschlagvorderseite:
Oben: Rote Lederhandtasche (M. Unal Ozmen/shutterstock.com)
Porträt: Kellner serviert Drinks in der Bar Camparino (age fotostock/LOOK-foto)
Streifen: Löwenstur vor dem Dom
(age fotostock/LOOK-foto)
Hauptmotiv: Gallerie Vittorio Emanuele II.
(age fotostock/LOOK-foto)

Umschlagrückseite:
Links: Ausgefallene Schuhmodelle findet man in Brera
Rechts: Die beschauliche Via della Spiga im luxuriösen Modeviertel

Die Deutsche Nationalbibliothek verzeichnet diese Publikation in der Deutschen Nationalbibliografie; detaillierte bibliografische Daten sind im Internet über http://dnb.d-nb.de abrufbar.

© 2015 Bruckmann Verlag GmbH
ISBN 978-3-7654-6187-3